미학의 탄생

미학의 탄생
근대 초기 미학의 성립과 전개

지은이 / J. 콜린 매퀄런
옮긴이 / 이한균
펴낸이 / 강동권
펴낸곳 / (주)이학사

1판 1쇄 발행 / 2022년 5월 10일

등록 / 1996년 2월 2일 (신고번호 제1996-000015호)
주소 / 서울시 종로구 율곡로13가길 19-5(연건동 304) 우 03081
전화 / 02-720-4572 · 팩스 / 02-720-4573
홈페이지 / ehaksa.kr
이메일 / ehaksa1996@gmail.com
페이스북 / facebook.com/ehaksa · 트위터 / twitter.com/ehaksa

한국어판 ⓒ (주)이학사, 2022, Printed in Seoul, Korea.

ISBN 978-89-6147-410-8 93100

EARLY MODERN AESTHETICS by J. Colin McQuillan
Copyright ⓒ J. Colin McQuillan 2015

All Rights Reserved.
Korean Translation Copyright ⓒ 2022 Ehaksa Inc.

This Korean edition is a complete translation of the U.S. edition, specially authorized by the original publisher, Rowman & Littlefield, an imprint of The Rowman & Littlefield Publishing Group, Inc., Lanham, MD, U.S.A.
This arrangement is made by Guy Hong Agency.

이 책의 한국어판 저작권은 기홍에이전시를 통해 Rowman & Littlefield 출판사와 독점 계약한 (주)이학사에 있습니다. 저작권법에 의해 한국 내에서 보호를 받는 저작물이므로 무단 전재와 무단 복제를 금합니다.

* 책값은 뒤표지에 표시되어 있습니다.

미학의 탄생

Early
Modern
Aesthetics

———

근대 초기 미학의
성립과 전개

———

J. 콜린 매퀼런 지음

이한균 옮김

김수배 감수

이학사

일러두기

1. 이 책은 J. Colin McQuillan, *Early Modern Aesthetics*(Rowman & Littlefield International, 2015)를 우리말로 옮긴 것이다.
2. 인명이나 주요 용어는 처음 나올 때 한 번 원어를 병기하는 것을 원칙으로 하였으나 각주에 해당 인명의 원어가 제시된 경우에는 본문에 병기하지 않았다.
3. 숫자로 표기한 각주는 지은이의 것이고, 별표(*)로 표기한 각주는 옮긴이의 것이다.
4. 번역 과정에서 발견한 원서의 오류와 실수는 옮긴이가 지은이에게 직접 확인하고 논의하여 바로잡았다.
5. 부호의 쓰임은 다음과 같다.
    『 』: 책, 신문 제목
    「 」: 논문 제목
    ( ): 지은이의 부연 설명 및 원어 병기
    [ ]: 옮긴이의 부연 설명

차례

한국어판 서문	7
감사의 말	11
서문	15

서론 — 19
근대 초기의 철학 — 19
미학 — 26
개관 및 개요 — 37

제1장 고대인과 근대인 — 43
2차 르네상스 — 45
근대주의의 고취 — 54
고대에 대한 옹호 — 63
초기 근대주의 — 72

제2장 예술 — 77
다섯 가지 주요 예술 — 80
민족 전통 — 94
예술의 체계 — 104
철학 체계 — 118

제3장 취미 비판 — 125
다양한 비평 — 128
생리학과 심리학 — 138
사회와 역사 — 150
천재와 취미, 비평과 학문 — 162

제4장 미학   **171**
    새로운 학문   **175**
    주제의 변화   **187**
    예술철학   **200**
    복잡성 등   **214**

제5장 오늘날의 근대 미학   **221**
    예술적 근대주의   **222**
    근래의 『라오콘』   **227**
    역사주의와 자연주의   **236**
    오늘날의 미학   **248**

참고 문헌   **255**
옮긴이의 말   **285**
찾아보기   **291**

한국어판 서문

내가 이 책을 쓰기 시작한 것은 2013년 여름에 베이징대학교에서 동료 조지프 탄케Joseph Tanke와 함께 비교 미학 관련 대학원 세미나 수업을 하고 난 이후부터였다. 집필을 시작했을 당시 나는 이 책을 17-18세기 유럽의 미학을 소개하는 단순한 개론서로 염두에 두고 있었다. 하지만 글을 계속 써내려가면서 나는 기존과 같은 방식의 작업이 시점 착오의 오류를 범할 수 있다는 사실을 깨달았다.

미학은 18세기에 경건주의 루터교파의 그리스도교 및 볼프의 합리주의에 헌신했던 바움가르텐과 그 주위의 소수의 독일 철학자를 통해 새로운 학문이자 철학의 신진 분야로 도입되었다. 하지만 19세기 후반까지도 미학은 유럽 대부분의 철학자에게 철학의 한 독자적인 분야로 인정받지 못했다. 따라서 예술, 아름다움, 비평, 취미 등에 관해 근대 초기 유럽의 철학자들이 말했던 것들 중 대부분은 사실 미학과 전혀 무관하다. 그런데도 내가 이러한 사실을 간단히 무시한 채 근대 초기의 "미학적" 논의들을 모두 "미학의" 논의로 여기고 글을 썼다면 이는 미학을 당시의 시각이 아닌 오늘날의 시각으로 다룰

뿐더러 미학사를 오도하는 셈이 되었을 것이다. 그런데 미학의 역사 자체는 이처럼 그다지 찬란하지도 유구하지도 않지만 미학에는 역사적으로 특별히 흥미로운 점이 있다. 바로 미학이 하위의 인식능력에 속하는 혼연한 감성적 인식의 지위를 격상시켜 당시 독일의 강단 철학계를 지배하던 라이프니츠-볼프 학파의 체계에서 특수한 기능을 수행하는 독특한 입지를 차지했다는 사실이다. 헤르더, 칸트, 셸링, 헤겔 같은 이후의 독일 철학자들이 미학을 취미 비판이나 예술철학에 편입시켜서 미학의 대상과 그 학문적 위상에 관한 바움가르텐의 설명을 잇달아 논박했던 것도 흥미로운 일이다.

한편 취미 비판, 예술철학, 미학의 상호 간 차이점들은 이 책의 출간 이후로 나에게 더욱 명확해졌다. 이를 최대한 간단하게 말해보자면, 그리고 역사 용어가 아닌 철학 용어를 통해 설명하자면 다음과 같다. 우선 취미 비판은 인간에게 아름다움과 추함을 체험할 수 있게 만들어주는, 또 그러한 체험에서 비롯되는 쾌와 불쾌의 감정을 경험할 수 있게 해주는 주관적 조건을 다룬다. 취미 비판이 생리학적, 심리학적, 인식론적, 윤리학적 차원들을 아우르는 까닭은 바로 여기에 있다. 예술철학은 특정 부류의 대상들 — 예술 작품 — 과 그것들의 속성 — 예술 작품이 다른 종류의 대상들과 어떤 공통점을 갖는지, 또 무엇이 예술 작품을 다른 종류의 대상들과 구분시켜주는지 — 및 기능 — 예술 작품이 아름다움을 의도하는지, 쾌를 의도하는지, 특수한 종류의 진리를 드러내는 것을 의도하는지 등 — 을 주로 형이상학적 차원에서 다루는 담론이다. 한편 미학은 18세기에 독일에서 성립될 당시 혼연한 감성적 인식의 완전성을 다루는 학문이었다. 즉 미학은 형이상학의 한 분야였으며, 좀 더 구체적으로 말하자면 경험심리학이었다. 당시의 미학은 예술철학의 주제인 특수한 부류의 대상(예술 작품)이나 취미 비판의 주제인 특수한 종류의 경험(아름다움, 쾌)과는 무관했다. 21세기의 유럽과 북아메리카의 철학계에서 취미 비판과 예술철학에 "미학"이라는 이름을 쓰고 있긴 하지만 바움가르텐의 미학에는 오늘날 우리가 미학으로 알고 있는 학문 분야와 유사한 점이 딱히 없다. 바움가르텐의 미학은 차라리 현대의 지각 심리학과 어느 정도 비슷한 면이 있는 것 같다. 하지만 그의 미학을 구성하는 대부분의 골자는 감성적 인식과 혼연한 인식을 동일시하고 완전성을 추구하는 그 자신의 입장과 더불어 폐기 처분된 지 오래다. 이러한 사실들은 바움가르텐의 미학이 현대 미학에 도대체 어떤 기여를 했는지 이해하기 어렵게 만든다. 하지만 내가 생각하기에 그럼에도 그의 미학은 철학이 역사적 담론과 체제 가운데서 어떻게 체계적으로 정교화되는지, 분과 학문으로서의 철학의 구조가 어떻게 변화할 수 있는지뿐만 아니라 철학적 용어, 주장, 논변, 견지 등이 그것들을 받아들이는 입장에 따라 — 때로는 순식간에 — 놀라울 만큼 바뀔 수 있다는 사실을 보여주는 특별히 유용한 사례이다.

이 책을 출간한 이후 나는 철학사를 다루는 데서 맥락주의적 방법론이 지니는 가치를 더욱 깊이 확신하게 되었다. 한때 분석철학적 철학사가들 사이에서는 철학사를 합리적으로 재구성하는 방식이 유행한 적이 있었다. 대륙철학자들 사이에서는 서사에 기대는 것이 철학사를 다루는 기본 방법론처럼 여겨지기도 했다. 하지만 이제 그러한 방법들은 각각의 이유로 부적절하고 불충분해 보인다. 우선 철학사를 합리적으로 재구성한다는 것은 오늘날의 시각에서 합리적이게 보이는 방식으로 철학사를 이해한다는 뜻이다. 이러한 방식에는 종종 현대의 선입견과 편견이 개입된다. 그래서 합리적 재구성은 시점 착오의 오류에 노출되기 쉽다. 한편 철학사에서 서사는 사람들의 입맛에 맞게 편집된 것이거나 당파적이고 이데올로기적인 의도가 개입된 것일 수 있다. 따라서 철학사를 다룰 때 우리는 맥락주의적 방식을 취할 필요가 있다. 물론 두 방식에 비해 맥락주의적 접근법에는 까다로운 면이 있다. 철학사적 맥락들의 행간을 고려하려면 다양한 원原자료에서 취득한 증거들을 세심하고 신중하게 다루어야 하며, 철학자들의 관점 및 그들의 작품이 저술되던 당시의 맥락을 이해하는 데 그 증거들을 어떻게 활용할지를 알아야만 한다. 하지만 이러한 까다로움은 철학자들이 저술한 작품의 철학적 내용을 객관적으로 평가하기 위해 꼭 필요하다. 그래서 나는 철학사에 맥락주의적으로 다가가는 방식이 그 어느 접근법보다도 역사적으로 더 정확할 뿐만 아니라 더 철학적이기까지 하다고 확신한다.

 이 책이 한국에서 어떤 평가를 받게 될지 궁금하다. 옮긴이 이한균은 내가 미처 발견하지 못한 오류나 실수를 꼼꼼히 지적하여 성실하게 작업해주었다. 그 덕분에 이 책은 새로운 독자들을 만날 수 있게 되었다. 그에게 고마움을 전한다. 모쪼록 이 책이 독자들에게, 특히 세계의 각기 다른 시간과 장소에서 연구되고 실천되는 철학의 다양한 맥락을 세심하게 고려하면서 철학사를 공부하는 사람들에게 많은 정보를 제공해주는 유용한 자료가 될 수 있으면 좋겠다.

2021년 3월
미국 텍사스주 산 안토니오에서
J. 콜린 매퀄런

감사의 말

내가 이 책을 쓰게 된 배경은 조지아주의 애틀랜타에 있는 에모리대학에서 연구년을 보냈던 2009-2010년으로 거슬러 올라간다. 나는 2009년 가을에 박사 학위논문을 완성했지만, 그럼에도 그 학기에 루돌프 매크릴Rudolf Makkreel 교수의 미학 세미나를 청강하기로 했다. 루돌프는 나의 박사 학위논문 지도 교수였고, 해당 세미나는 그의 강의를 들을 수 있는 마지막 기회였기에 나는 그 기회를 놓치고 싶지 않았다. 다음 학기에 나는 줄리아 하스Julia Haas와 우르줄라 골덴바움Ursula Goldenbaum과 함께 근대 초기 미학 연구 모임에 참여했다. 나는 줄리아와 함께 우르줄라의 지도를 받으면서 이 책에서 논의된 여러 문헌을 처음 읽었다. 이 책에서 제시한 근대 초기 미학에 관한 설명은 내가 조지프 탄케Joseph Tanke와 함께 『블룸즈버리 미학 선집The Bloomsbury Anthology of Aesthetics』(2012)을 편집하기 시작한 이듬해 여름에 구체화되기 시작했다. 나는 조지프를 보스턴대학의 뱁스트 예술 도서관 사서에게서 소개를 받아 2003년부터 알고 지낸 사이다. 우리는 그때부터 친구가 되었다.

나에게 가르침을 준 루돌프, 우르줄라, 조지프에게 감사의 말을 전한다. 세인트메리대학의 인문대학 및 사회과학대학 학장인 자넷 디치노Janet Dizinno와 철학과 전임前任 학과장이자 현재 대학원장 대리를 맡고 있는 메건 머스테인Megan Mustain에게도 감사의 뜻을 전하고 싶다. 그들은 나의 연구를 지원해주려 노력했다. 그들의 도움으로 나는 2013년에 에드워드와 린다 스피드Edward and Linda Speed의 역량 개발 보조금 지원 사업에 선정되었다. 그 덕분에 나는 베이징대학에서 조지프와 함께 대학원 세미나를 지도할 수 있었다. 미학 및 미학 교육 연구소에 우리를 초청한 펑펑Peng Feng은 내가 중국 현대 예술의 넓은 세계에 눈뜰 수 있게 만들어주었다. 같은 시기에 중앙예술원의 판공카이Pan Gongkai와 진르미술관[今日美術館] Today Art Museum의 알렉스 가오Alex Gao와 나누었던 대화는 대단히 유익했다. 이웬황I-wen Huang과 융팅완Yung Ting Wan 역시 훌륭한 스승들이었다. 미국에 다시 돌아왔을 때 나는 머릿속을 맴돌던 근대 초기 미학에 관한 책을 집필해야겠다고 결심했다. 로우먼 앤 리틀필드Rowman & Littlefield 출판사의 검토자들은 나의 출간 제의에 아주 유용한 조언을 제공해주었다. 이 책의 편집자인 사라 캠벨Sarah Campbell은 출판에 적합하게 글을 다듬어주었다.

마지막으로 나를 지지해준 가족과 친구들, 동료들에게 고마움을 전하고 싶다. 나의 부모님인 제임스와 에일린 매퀼런James and Eileen McQuillan은 내가 아주 어렸을 때부터 생각하고 글을 쓰는 일을 격려해주셨다. 부모님의 향학심을 공유하고 있는 누이 로렌Lauren 과 매형 나탄 프랭크Nathan Frank에게도 고마움을 느낀다. 네이트 홀드렌Nate Holdren, 크리스티나 니켈-소머즈Christina Nickel-Somers, 취치

엔 토Tzuchien Tho는 비록 서로 멀리 떨어져 지낸 지 10년이 넘었지만 여전히 좋은 친구들이다. 알렉스 쿠퍼Alex Cooper, 크리스 에델만Chris Edelman, 지나 헬프리치Gina Helfrich, 매튜 맥앤드류Matthew McAndrew는 대학원 시절부터 친구이자 말동무였다. 크리스와 같은 도시에서 함께 지내게 된 것, 지나가 이제 오스틴에 있게 된 것은 나에게 행운 같은 일이다. 한편 나는 샌안토니오에 있는 친구들과 세인트 메리의 동료들 덕분에 텍사스에서의 새로운 생활에 대한 걱정을 덜 수 있었다. 이 점에서 나는 특히 앤드류 브레이Andrew Brei, 스티브 칼로게로Steve Calogero, 에릭 첼스트롬Eric Chelstrom, 에린 쿠삭Erin Cusack, 로즈 마리 칼레고스Rose Mary Gallegos, 제임스 그리너웨이James Greenaway, 칩 휴스Chip Hughes, 마헤라 지밴지Mahera Jeevanjee, 로렐 라마스쿠스Lorelle Lamascus, 나탈리 모라쉬Nathalie Morasch, 에런 모레노Aaron Moreno, 웨인 오웬스Wayne Owens, 주디스 노먼Judith Norman, 이토 로모Ito Romo, 로버트 스키퍼Rovert Skipper 그리고 앨리스테어 웰치먼Alistair Welchman에게 감사의 말을 전하고 싶다.

서문

  이 책은 근대 미학 입문서로 읽을 수도 있고, 아름다움, 예술, 문학, 비평에 관한 17세기와 18세기의 철학적 논의들을 다루는 개론서로 읽을 수도 있다. 그러나 이러한 주제들에 익숙하지 않은 독자들에게 나는 다음과 같은 주의를 주어야겠다. 이 책은 근대 미학을 바라보는 현대의 관점을 객관적으로 요약하고 있지도 않고, 근대의 취미taste의 문제에 관해 철학자들이 남긴 모든 생각과 글을 완벽하게 조망하고 있지도 않다.

  서론은 대부분 그 책이 다루는 분야에서 현재 가장 유력한 관점을 요약한다. 그러나 나는 그러한 접근법을 택하지 않기로 했다. 그 까닭 중 하나는 영어로 쓰인 방대한 학술 문헌들의 내용과 관련되어 있다. 각주와 참고 문헌을 통해 나는 근대 초기의 미학을 다루는 수많은 훌륭한 작품이 있다는 사실을 보여주려 했다. 그 문헌들에서 나는 많은 것을 배웠으며, 이하 내용의 여러 부분을 의존하였다. 그럼에도 나는 그러한 문헌들이 영국 전통을, 특히 허치슨 및 흄과 같은 인물들을 지나치게 강조하고 있다는 사실이 염려스럽다. 또 그 문헌들에서 아마도 루소를 제외한 다른 프랑스 저자들과 칸트 이전의 독일 저자들이 무시되고 있다는 사실 역시 염려스럽다. 나는 애디슨, 섀프츠베리, 스위프트를 좋아하지만 영국 전통의 학자들이 다른 전통의 학자들보다는 덜 인상적이라고 생각한다. 나는 부알로, 다시에, 디드로, 뒤 보, 페로와 같은 프랑스 저자들을 간과해서는 안 된다고 확신한다. 또 레싱과 멘델스존이 특히 예술 및 미학에 관한 논의에서 칸트만큼이나 중요하다고 생각한다. 결론적으로 근대 초기 미학을 이해하는 나의 관점은 이 분야에서 가장 유력한 관점과 크게 다르다.

내가 여타의 서론들이 취하는 접근법을 피한 데는 방법론적 이유도 있다. 나는 수많은 학술 문헌이 근대 초기에 미학이 무엇이었는지 또 무엇이 아니었는지를 명확히 이해하지 못하고 있다는 게 우려스럽다. 그 문헌들에서 발견되는 시점 착오anachronism*에는 나름의 장점이 있다. 시점 착오는 과거를 더 친숙한 것으로 보이게 만들어줄 수 있고, 그래서 그렇지 않을 때보다 더 많은 호감을 불러일으킬 수 있다. 역사적 사실에 더 충실한 관점을 택했더라면 아마도 간파하지 못했을 역사적 저작들의 여러 측면을 밝혀줄 수도 있다. 그럼에도 시점 착오는 과거를 현재와 동일한 것처럼 잘못 생각하게 만들 수 있다. 또 과거와 관련해 가장 흥미로운 점을, 즉 과거가 현재와 차이 나게 되는 방식을 간과하게끔 만들 수도 있다. 이 책에서 나의 우선적 관심은 시점 착오가 빚어내는 이 같은 해로운 행태를

---

*   한 시대를 다른 시대의 관점에서 이해하려는 태도를 말한다. 이 책에서는 주로 과거를 현대의 시각에서 이해하려는 태도를 가리킨다.

피하고, 수많은 학술 문헌에서 발견되는 미학사에 관한 설명보다 더욱 정확한 설명을 제공하며, 그리고 아름다움, 예술, 문학, 비평에 관한 근대 초기의 철학적 논의를 나중에 미학이라 불리게 되는 철학의 한 분야에서 분리하여 철학자들이 각각의 논의에 마땅한 관심을 가질 수 있게 하는 것이다.

이 책은 17세기와 18세기 미학에 관한 개요를 제공해줄 수도 있을 것이다. 그러나 이쯤에서 몇 가지 주의 사항을 언급하는 것이 좋겠다. 우선 이 책에서 나는 미학과 직접적인 관련이 없는 많은 내용을 논했다. 그 까닭은 "미학"이라는 말이 근대 초기에야 비로소 사용되기 시작한 용어라는 사실을 염두에 두면 이해될 것이다. 만일 미학과 상관없어 보이는 내용들을 논하지 않았더라면 이 책의 두께는 훨씬 얇아졌을 테지만 내가 다룬 문헌학, 예술, 비평, 취미에 관한 논의들은 근대 초기의 미학을 이해하는 데 중요한 전후 사정을 알려준다. 미학이 무엇이 아니었는지를 이해하는 것은 미학이 무엇이었는지를 이해하는 것만큼이나 중요하므로 이 논의들을 다루지 않는 것은 잘못이라 할 수 있다. 나는 문헌학적 비평, 예술에 대한 성찰, 취미 비판 그리고 미학의 차이를 중시한다. 이것이 근대 초기의 미학을 이해하는 데 최선의 방법이라고 생각하기 때문이다.

이 책을 개론서로 여기는 것이 완전히 편치 않은 또 다른 이유는 이 책에서 제외된 내용보다 이 책에 포함된 내용과 관련된다. 나는 무엇을 논해야 할지, 그리고 그것을 얼마나 다루어야 할지 선택의 기로에 서지 않을 수 없었다. 역사의 어느 시기를 다루든 그 시기에 다루어진 주제에 관련된 모든 사유와 글을 완벽하게 제시하기란 불가능한 일이다. 하물며 역사적으로 가장 중요한 몇몇 철학자가 가장 중요한 작품들을 발표했던 두 세기 동안의 시기를 다룰 경우에는 더욱 그렇다. 비교적 짧은 분량의 이 책이 떠안고 있는 제약 안에서 나는 가능한 한 광범위하고 포괄적으로 서술하고자 노력했다. 그러나 나는 그렇게 성취한 광범위함과 포괄성이 실제로는 매우 협소한 범위에 한정되어 있을 뿐이라는 고통스러운 사실을 깨닫게 되었다. 이 책에서 나는 학술 문헌들에서 논의되지 않는 인물들과 작품들을 다루었다. 하지만 내가 다룬 인물들과 작품들 역시 그 부류가 다르지 않다. 즉 이 책에서 다루는 인물은 대부분 유럽의 백인 남성이다. 그래서 나는 혹시 역사를 공정하게 다루기 위해 필요한 일종의 포괄성을 성취하지 못한 것은 아닐까 염려스럽다.

이러한 염려는 진지하게 받아들여져야 할 필요가 있다. 하지만 그럼에도 이 책이 근대 미학 입문서이자 개론서가 될 수 있다는 사실에는 변함이 없다. 이 책은 독자들이 잘 모를 수도 있는 인물, 작품, 사상을 소개하고 그것들을 이해하는 데 도움을 줄 맥락을 제공하며 독자가 탐험할 수 있는 더 멀리 나 있는 길들을 제시해준다는 점에서 입문서다. 예술사가, 문학비평가, 여타 인문학자에게 이 책은 근대 초기의 철학적 미학과 그와 결부된 논의들에서 때때로 나타나는 독특한 사안들에 대한 통찰을 제공해줄 수 있다. 또 철학자들에게는 현대의 분석철학 및 대륙철학에서의 근대 미학 관련 논의에서 간과되곤 하는 역사적 맥락을 제공해줄 수 있다. 모쪼록 이 책을 덮을 때 독자들이 미학, 철학, 근대 초기에 관해 공부할 만한 많은 흥미로운 점이 있다는 사실을 알게 되기를 바란다.

서론

 본 서론은 이 책에서 다루는 시대, 주제 그리고 이 책의 구조를 독자가 숙지할 수 있게 도와줄 것이다. 첫째 절에서는 17세기와 18세기의 철학, 과학혁명 그리고 유럽 계몽주의의 상호 관계에 초점을 맞추어 근대 초기의 철학을 개괄한다. 둘째 절에서는 미학이 현대의 전문 철학에서 주변부의 위상을 차지하고 있다는 사실을 언급하고 18세기에 미학이 철학의 한 독자적 분야로 등장하게 된 배경을 기술한다. 셋째 절에서는 이하의 장들을 간략히 소개하고 거기서 다룰 내용을 요약한다. 이 책의 나머지 부분에서는 위 세 가지 절에서 전개된 주장들을 뒷받침하는 증거를 제시하고 이를 상세히 검토하면서 설명할 것이다.

근대 초기의 철학

 근대 초기는 여러 분과 학문에서 저마다 다르게 규정된다. 예술 비평가들과 문학사가들은 "근대 초기early modern"라는 문구를 때때로 19세기 말엽과 20세기 초를 가리키는 데 사용한다. 그 시기에 화가들은 추상화를 받아들이기 시작했으며, 작가들은 새로운 문학 양식을 실험했다. 철학사가들은 근대 초기를 17세기와 18세기에 일어난 과학혁명 및 유럽의 계몽주의와 동일시하는 경향이 있다. 일부 역사학자는 근대 초기가 빠르면 15세기부터 시작되었을 거라고 간주하기도 한다. 하지만 여기서 근대성modernity이라는 것이 진정 언제부터 시작되었는가에 지나치게 골몰할 필요는 없다. 근대성은 갑론을박되는 개념이기 때문에 이 문제에는 아마 명확한 답변이 제시될 수 없을 것이다. 어떤 사람들은 자신들이 지지하는 정치적, 철학적, 과학적, 종교적 운동에 근대성의 칭호를 붙이고 싶어 한다. 반면 또 다른 사람들은 자신들이 중시하는 가치와 전통이 근대성 때문에 약화되었다며 이 개념을 비난하려 한다. 각각이 사용하고 있는 근대성에 대한 규정에는 저마다의 이해관계가 반영되어 있다. 그 점으로 미루어 보면 우리가 근대라는 역사적 시기를 구분하기 위해 사용하고 있는 기준들은 결코 중립적이지 않다.[1] 이런 시기 구분은 마치 역사적 실체들을 정확하게 기술하고 있는 것인 양 다루어져서는 안 된다. 우리는 시기 구분이 단지 역사를 일반화하거나 상이한 종류의 현상들을 분류하기 위해 사용되는 허구적 장치일 뿐이라는 사실을 알아야 한다. 때때로 허구는 그것이 밝혀내는 사실들보다 오히려 불분명하다. 그러한 경우에 우리는 허구를 거부해야 한다. 그러나 다른 경우에 허구는 발견에 도움을 주는 유용한 장치이

1   시기 구분의 기준을 확립하는 작업의 어려움을 다룬 논의는 Schapiro et al., "A Symposium on Periods", 113-125를 보라.

다. 그래서 우리는 만일 이 같은 장치를 사용하지 않았더라면 간과했을 법한 무언가를 알게 되기도 한다. 철학사가들이 사용하는 시기 구분은 완벽하지는 않지만 이러한 측면에서는 도움이 된다.[2]

17세기의 과학혁명은 근대 철학사에서 참조할 만한 중요한 지점이다. 당시에 철학과 과학은 서로 밀접하게 연관되어 있었기 때문이다. 근대 초기에 많은 철학자는 과학자이기도 했으며, 많은 과학자는 철학자이기도 했다. 근대 초기에 철학자이자 과학자였던 사람들을 모두 열거할 수는 없겠지만 몇몇 유명 인사만 꼽아보자면 갈릴레오 갈릴레이Galileo Galilei, 토머스 홉스Thomas Hobbes, 르네 데카르트René Descarets, 토머스 보일Thomas Boyle, 아이작 뉴턴Isaac Newton, 고트프리트 빌헬름 라이프니츠Gottfried Wilhelm Leibniz 등이 있다. 이들이 이룩한 업적에 관한 이야기는 근대의 철학과 과학이 성경의 권위를 무너뜨리고, 프톨레마이오스Ptolemaeos의 천문학과 아리스토텔레스Aristotle의 자연학을 논박했으며, 스콜라적 형이상학의 독단주의를 거부하면서 이성과 경험을 받아들였다고 칭송하는 승리주의 서사의 형태를 취하고는 한다.[3] 20세기 후반에 수행

---

[2] 철학사에서 시기를 구분하는 작업이 불완전하게 이루어질 수밖에 없다는 사실은 중세 후기와 르네상스 시대의 철학을 연구하는 학자들에게 특히 골칫거리다. 이 두 시기를 철학사의 기억에서 배제하는 것과 관련된 내용은 Copenhaver and Schmidt, *Renaissance Philosophy*, 329-357을 보라.

[3] 19세기에 윌리엄 휴웰William Whewell과 오귀스트 콩트Auguste Comte는 과학혁명을 바라보는 이러한 승리주의 관점을 고쳐시켰다. 20세기 실증주의자들은 이 관점을 옹호했으나 과학사가들은 피에르 뒤엠Pierre Duhem과 알렉상드르 코이레Alexandre Koyré의 영향을 받아 20세기 전반前半의 좀 더 미묘한 관점을 채택했다. 과학혁명에 대한 역사 기록학과 관련해서는 Cohen, *The Scientific Revolution*, 1994를 보라.

된 역사학과 과학철학의 학제 간 연구는 이와 같은 서사의 승리주의에 정당성을 부여하기 시작했다. 코페르니쿠스 천문학의 등장을 다룬 토마스 쿤의 연구는 이와 관련하여 중요한 사례이다. 이 연구는 과학혁명이 단순히 일련의 새로운 사실들을 발견한 데서 일어난 것이 아니라는 점을 보여주었기 때문이다.[4] 근대과학의 우월성이 합리적이고 박식한 모든 탐구자에게 즉각적으로 분명했던 것도 아니다. 실제로 17세기에 과학 이론과 실제에서 일어난 변화들은 새롭게 밝혀진 사실들뿐만 아니라 이론, 실험 절차, 기술 발전, 제도적 구조, 사회변혁과 같은 수많은 요인에서 영향을 받았다.[5] 철학사가들은 이러한 요인들의 중요성을 인식하기 시작했고, 이는 근대 초기의 철학자들이 그 시대를 산 [평범한] 남성과 여성이었다는 더 광범위한 인식으로 이어졌다. 또 그들은 근대 초기의 철학자들과 과학자들이 옹호한 철학적 입장에 대한 더 정교한 해석을 발전시키기 시작했다. 나는 후자가 적어도 어느 정도는 전자의 결과라고 주장하고 싶다. 근대 초기의 철학과 과학을 역사적 "맥락"에 위치시키고 주요 인물들과 주변 인물들이 수행했던 주요 작업들과 주변 작업들을 중요하게 받아들이면, 그리고 근대 초기의 철학자들과 과학자들이 몰두했던 논쟁들을 재구성하면 그들이 제기했던 일부 주장들의 근거는 더욱 분명해지고 우리의 이해는 더 풍부해진다.[6] 그

4 Kuhn, *The Copernican Revolution*, 1957. Kuhn, *The Structure of Scientific Revolutions*, 2012도 보라.
5 내가 "맥락주의contextualism"라는 용어를 사용할 때 이 용어의 의미는 쿤이 「물리학의 발전에서 원인 개념들Concepts of Cause in the Development of Physics」에서 사용한 의미와 유사하다. Kuhn, *The Essential Tension*, 21-30을 보라.

들이 우리 중 대부분이 더는 신경 쓰지 않는 문제 — 실체의 본성, 본유관념의 존재, 원격작용action at a distance*의 가능성 등 — 를 다루는 경우에조차 그러한 논쟁이 벌어졌던 맥락을 이해한다면 우리는 어떤 쟁점들이 철학사에서 그저 우연한 특징에 불과한지, 어떤 문제들이 철학 그 자체에 더 근본적인지를 잘 구분해낼 수 있을 것이다.[7] "맥락주의"는 근대 초기의 철학자들과 과학자들의 업적을 폄하하지 않는다. 오히려 그 시기에 대한 우리의 이해를 더욱 정확하고 더욱 진실하게, 훨씬 철학적이게 만들어준다.

맥락주의는 우리가 18세기와 유럽의 계몽주의를 달리 이해할 수 있게 만들어주기도 한다. 계몽주의를 옹호하는 사람들은 과학혁명을 옹호하는 사람들이 견지하는 것과 동일한 종류의 승리주의 서사에 호소한다. 그들은 아마 계몽주의 시대에 합리적 이기심을 긍정하는 주장들이 자연법의 전통적 개념들에 도전했고, 국가권력이 신

[6] 이러한 접근법은 Rutherford, *The Cambridge Companion to Early Modern Philosophy*, 1-4에서 "근대 초기 철학의 새로운 역사"로 기술된다.
* 한 사물이 다른 사물과 물리적으로 접촉하지 않고도 스스로 변화하거나 운동할 수 있음을 일컫는 물리학 개념. 뉴턴의 중력이론을 둘러싼 근대과학의 쟁점 중 하나이기도 했다. 뉴턴은 서로 떨어져 있는 두 사물 중 하나의 사물이 다른 하나를 끌어당기는 성질을 지닌다고 주장했다. 그런데 이처럼 물질적 물체가 중력과 같은 어떤 힘을 그 자체로 지닌다는 그의 주장은 물질 스스로는 아무런 활동적 힘을 지니지 않는다는 당시의 데카르트적 기계론의 전제와 맞지 않았다. 그래서 물체들이 직접 접촉하는 경우에만 힘이 작용한다고 믿었던 데카르트주의자들은 원격작용의 가능성을 인정하는 뉴턴의 이론이 스콜라주의적 신비주의에 호소하는 것과 다르지 않다고 비판하기도 했다.
[7] 누군가는 모든 철학적 문제가 시간과 무관하며 필연적이라고 주장하겠지만 또 다른 누군가는 철학적 문제들이 역사적이며 우연적이라고 주장할 것이다. 이러한 두 관점을 다룬 논의로는 Waugh and Ariew, "The Contingency of Philosophical Problems", 91-114를 보라.

성한 권리보다는 사회계약을 통해 정당화되었으며, 인권 및 개인의 자유가 지니는 중요성이 인지되기 시작했고, 근대경제학의 제1원리들이 정식화되기 시작했고 그리고 종교전쟁이 종식되면서 관용의 새로운 시대가 도래했다고 말할 것이다.[8] 이러한 이념들을 고취시키는 데는 물론 철학자들이 중요한 역할을 했다. 하지만 그 이면에는 승리주의자들이 주장하는 것보다 훨씬 더 복잡한 배경이 자리잡고 있다. 합리적 이기심은 이기주의를 정당화하는 데 이용되었고, 사회계약론은 절대적 전제군주제를 지탱해주었으며, 노예와 토착민의 권리와 존엄성은 유럽인들에게 부정당했다. 산업혁명이 진행되면서 노동은 착취당했고, 종교적 관용은 대개 그리스도교의 다른 교파의 구성원들에게만 베풀어졌다. 계몽주의의 그늘진 측면에 대한 탐구는 20세기에 아주 공격적인 몇몇 비판으로 이어졌다. 막스 호르크하이머와 테오도르 아도르노는 『계몽의 변증법』(1944/1947)에서 계몽주의가 홀로코스트에 책임이 있다고까지 주장했다.[9] 별로 타당해 보이지 않는 이와 같은 극단적 비판을 따르는 대신 계몽주의와 그 이상을 역사적 맥락에 위치시키는 편이 아마 훨씬 나을 것이다. 계몽주의가 마땅한 정도로 계몽되어 있지 않았던 것은 사실이다. 하지만 계몽주의는 그것에 가해진 비판에 사용된 수많은 가

---

[8] 이러한 승리주의 서사의 한 사례는 Russell, *A History of Western Philosophy*, 491-495에서도 찾아볼 수 있다. 좀 더 세심한(그리고 정확한) 관점으로는 Cassirer, *The Philosophy of the Enlightenment*, 1979를 보라. Israel, *Radical Enlightenment*, 2012도 보라.

[9] Horkheimer and Adorno, *Dialectic of Enlightenment*, 137-170. 호르크하이머와 아도르노의 주장을 비판적으로 재구성한 연구로는 James Schmidt, "Genocide and the Limits of Enlightenment", 81-102를 보라.

치 — 자유와 평등, 공평함과 공정함 같은, 계몽주의의 유산과 구분되기 어려운 근대적 개념들 — 의 원천이기도 하다. 이러한 가치들이 생겨나게 된 맥락을 이해한다면 미셸 푸코가 "극단적으로 단순하고 권위주의적인 양자택일"이라고 불렀던, 계몽주의에 그저 찬성만 하거나 반대만 하는 식의 태도를 벗어날 수 있으리라고 나는 확신한다.[10]

근대 초기의 철학에 대한 이 같은 밑그림은 결코 완벽하지 않다. 나는 합리주의와 경험주의 전통의 차이 및 그 차이가 철학과 과학의 방법에서 지니는 함의를 전혀 언급하지 않았다. 또 철학에서 수학이 차지하는 위상과 삼단논법에 관련된 논쟁도 언급하지 않았고, 힘과 운동을 다룰 때 철학자들과 과학자들이 사용한 상이한 개념들을 논하지도 않았다. 나는 마음과 몸의 본성 및 양자의 상호작용 가능성을 둘러싼 논쟁들을 그리 중요하지 않은 것으로 간주했고, 유물론, 원자론, 회의주의의 떠들썩한 등장을 무시했으며, 정념이 도덕성과 사회적 삶에서 수행하는 역할에 대해 근대 초기의 철학자들이 보여준 통찰을 무시했다. 이러한 주제들에 관심 있는 독자들은 그중 상당수가, 비록 그 주제들 모두에 충분한 지면과 시간이 할애되지는 못했지만, 이 책의 후반부에서 다루어지고 있다는 사실을 발견할 것이다. 이하의 장들에서 다루지 못한 주제들에 대해서는 관심 있는 독자들에게 근대 초기 철학과 관련하여 당장 도움이 될 만한 훌륭한 입문서, 안내서, 참고서를 추천해줄 수 있을 따름이다.[11]

---

10 푸코는 계몽주의의 편에 서야 한다는 요구를 "계몽주의가 보내는 협박 편지the blackmail of the Enlightenment"라 불렀다. Foucault, "What is Enlightenment", 51-52를 보라.

미학

21세기에 미학은 독자적이기는 하지만 상대적으로 주변부에 위치해 있는 전문 철학이다. "새들을 위한 미학Aesthetics for Birds"이라는 블로그에 게시되었던, 2014년에 안나 크리스티나 리베이로Anna Christina Ribeiro가 수행한 조사에 따르면 미국의 상위 50개 철학과에서 미학 전공자는 겨우 14명에 불과했다.**12** 한편 2013-2014년에 필잡스Philjobs라는 웹사이트에 게시된 철학 교수직 채용 공고 2,922개 중 미학이 언급된 곳은 단 7개(0.2%)에 불과했다. 그중 3개는 미학 전공자를 우대하겠다고 언급했지만 나머지 4개에서는 미학 전공자가 다른 철학 분야 전공자들과 경쟁해야 했다.**13** 2009년에 필페이퍼스philpapers가 수행한 조사에서는 응답자 3,226명 중 119명(3.6%)만이 미학을 자신의 전문 분야로 기재했다.**14** 그리고 겨우 53명(1.6%)만이 주요 분야로 기재했다.**15** 이 숫자들로 미루어 보면 미학이 현

---

11 근대 초기의 문헌들을 모아놓은 선집으로는 Ariew and Watkins, *Modern Philosophy*, 2009를 보라. 유용한 안내서로는 Rutherford, *The Cambridge Companion to Early Modern Philosophy*, 2006을 보라. Mercer and O'Neill, *Early Modern Philosophy*, 2005; Nadler, *A Companion to Early Modern Philosophy*, 2002도 보라.

12 Ribeiro, "Aesthetics' Philosophical Importance", 2014. 미학의 주변부적 지위에 관해서는 Devereaux, "The Philosophical Status of Aesthetics", 1998; Forsey, "The Disenchantment of Philosophical Aesthetics", 581-597도 보라. 로저 시먼은 Seamon, "For the Ghettoization of Aesthetics", 2006에서 미학이 주변부적 지위에 머무르는 까닭이 미학의 주제 때문이라고 본다.

13 Philjobs, 2013-2014(http://philjobs.org/#). 미학 분야의 학술 전문직 취업에 관해서는 Irvin, "Aesthetician Seeks Work", 2007; Nathan, "Department Seeks Aesthetician", 2007도 보라.

14 The PhilPapers Surveys, "Demographic Statistics", 2009.

15 The PhilPapers Surveys, "Demographic Statistics", 2009.

대의 전문 철학에서 주변부에 머물러 있다는 사실에는 의심의 여지가 거의 없다.

누군가는 미학이 제기하는 물음들이 서양철학 전통의 출발점까지 거슬러 올라감에도 불구하고 어째서 미학이 전문 철학에서 핵심 영역으로 간주되지 못하고 있는지 의아해할 수도 있겠다.[16] 플라톤과 아리스토텔레스 같은 고대 그리스철학자들은 오늘날 미학의 한 부분으로 간주될 수 있을 법한 주제들에 관해서, 예컨대 아름다움의 본성, 시와 음악에서 형식과 내용의 관계, 예술적 모방과 재현의 기준, 비판적 판단의 원리 등에 관해서 폭넓게 기술했다.[17] 스토아학파의 철학자 크리시포스Chrysippus는 논리학자로 유명해졌지만 시를 읽고 쓰는 최선의 방법을 다룬 작품도 저술했다. 신플라톤주의자인 플로티누스는 추醜함이라는 것이 영혼을 덮고 있는 질료 때문에 생겨난다고 생각했다.[18] 아우구스티누스는 반달족이 로마를 약탈하기 수년 전에 자신의 첫 저서에서 절대적 아름다움과 상대적 아름다움의 차이를 탐구하는 데 천착했다.[19] 중세에 위僞 디오니시

---

[16] 무엇이 철학의 "핵심 영역"을 이루는지를 둘러싸고 여러 논쟁이 있었다. 어떤 철학자들은 "핵심 영역"에 형이상학과 인식론만 해당된다고 주장한다. 그러나 미국철학회는 학부생을 위한 안내서에서 논리학, 윤리학, 형이상학, 인식론, 철학사를 철학의 "전통적 하위 분야"로, 심리철학, 종교철학, 과학철학을 윤리학의 하위 분야로, 미학, 언어철학 등을 "전통적 핵심 영역에서 생겨난" "특수 분야"로 열거한다. APA, "Philosophy: A Brief Guide for Undergraduates", 1981을 보라.

[17] 이를테면 Plato, *Republic*, 376d-401d; Plato, *Symposium*, 201a-212b; Aristotle, *On Poetry and Style*(*Poetics*), 1447a-1448b, 1460b-1461b를 보라.

[18] Plotinus, *The Essential Plotinus*(*Enneads*, I.6), 39.

[19] Augustine, *Confessions*, IV.13.

우스 같은 그리스도교 신학자들과 알-파라비 같은 이슬람교 철학자들은 아름다움을 신성의 여러 이름 중 하나로 간주했다.[20] 토마스 아퀴나스는 아름다움과 선함이 "논리적으로"는 그리고 "양상의 측면에서"는 상이하지만 궁극적으로는 동일하다고 주장했다.[21] 근대 철학의 아버지로 통상 간주되는 데카르트는 첫 작품으로 음악에 대한 글을 썼다. 흄은 논리학, 도덕, 정치학과 함께 [예술]비평을 "인간의 정신을 알게 해줄 수 있을 뿐만 아니라 인간의 정신을 향상시키거나 풍부하게 만들 수 있는 거의 모든 것"을 담고 있는 네 가지 학문 중 하나로 열거했다.[22] 칸트는 스스로 자신의 비판철학의 정점이자 결론으로 간주했던 작품에서 미학을 다루었다.[23] 이렇게나 많은 위대한 철학자가 그토록 관심을 가졌던 주제가 도대체 어떻게 학문 분야의 주변부로 밀려날 수 있는 것일까?

어떤 사람들은 아름다움이 상대적이기 때문에 미학이 주변부에 머무르는 것이며, 예술은 현대 전문 철학의 핵심 영역들에서 다루는 주제들에 비해 덜 중요하다고 주장할 것이다. 이러한 주장은 상식적인 관점에서 그럴듯하게 보인다. 실제로 많은 학생에게 이 주장은 당연하게 보일 것이다. 그러나 아름다움의 본성을 둘러싸고 — 사람들 사이에서, 문화 사이에서, 역사를 통틀어 — 서로 의견이 일치되지 않는다 해도 그러한 사실은 아름다움이 보는 이의 안목

---

20 Pseudo-Dionysius, *The Divine Names*, 701c-708b. Al-Farabi, *The Virtuous City*, 85도 보라.
21 Thomas Aquinas, *Summa Theologica*, I-II.27.1.
22 Hume, *A Treatise of Human Nature*, xv-xvi.
23 Kant, *Critique of the Power of Judgment*, 58(V:170).

에 따라 다르다는 점을 실제로 증명해주지 않는다. 아름다움이 정말로 상대적인지를 증명하는 작업은 미학을 비판하는 사람들의 생각보다 훨씬 더 도전적인 과제이다.[24] 한편 미학이 부수적인 차원에서만 의의를 지니는 문제를 다룬다는 관점과 관련해서는 2013년에 국제 예술 시장에서 이루어진 예술품 거래의 총액이 약 660억 달러에 육박했다는 유럽예술재단(TEFAF)의 보고를 주목해야 한다.[25] 중국의 예술 시장 수입액은 지난 10년 동안 900% 이상 증가했다.[26] 국제화가 이루어지고 기술이 발전하면서 상품생산을 위한 가격은 저렴해졌으며 품질의 차이는 미미해졌다. 이러한 상황에서 미학적 고려는 상업과 경제학에서 중요한 요인이 되었다 — 애플의 컴퓨터가 거둔 성공은 주목할 만한 사례이다.[27] 건축가들과 도시 설계자들은 훌륭한 디자인이 학습 환경의 효율성, 주택단지의 쾌적함 그리고 공동체의 안전성을 증가시킨다는 사실을 깨달았다.[28] 이러한 것들은 일자—者, 진리, 선 등에 관한 논쟁을 벌이는 데 시간을 보내는 철학자들에게는 기초적인 것으로 보일 수도 있다. 하지만 그럼에도 아름다움의 중요성은 결코 부정할 수 없다. 현실

[24] 하지만 상대주의를 옹호하는 입장도 살펴보는 것이 좋겠다. 이와 관련해서는 Margolis, "Robust Relativism", 37-46을 보라.
[25] Kazakina, "Art Market Nears Record with $66 Billion in Global Sales", 2014.
[26] Barboza, Bowley and Cox, "A Culture of Bidding", 2013.
[27] 『뉴욕 타임스』는 스티브 잡스의 사망 소식을 전하는 기사에서 그가 "취미라는 개념을 상당히 신뢰"했으며, 훌륭한 상품을 "취미가 거둔 승리"로 여겼다고 밝힌다. Markoff, "Steven P. Jobs, 1955-2011", 2011을 보라.
[28] British Commission for Architecture & the Built Environment(CABE), "The Value of Good Design: How Buildings and Spaces Create Economic and Social Value", 2002를 보라.

세계에서 미학은 중요하다.

　미학의 위상이 현재 어떠한지, 그리고 왜 전문 철학의 주변부에 머물러 있는지를 이해하려면 미학의 출발점으로 되돌아가 그 역사를 고찰해보는 것이 유용하다. 많은 철학자의 생각과 달리 미학은 사실 그렇게 오래된 학문이 아니다. 미학은 알렉산더 바움가르텐이 『시에 관한 성찰』(1735), 『형이상학』(1739) 그리고 『미학[감성학]』*(1750/1758)에서 그것을 "감성적 인식을 다루는 학문"으로 언명하기 이전까지는, 그러니까 18세기 중반 이전까지는 철학 내부의 독자적인 분야가 되지 못했다.29 그러나 바움가르텐이 이같이 공표한 이후에도 그가 제창한 새로운 학문의 지위와 대상은 아주 거센 논쟁에 휩싸였다. 『순수이성비판』(1781/1787)에서 칸트는 "[아름다움에 대한 비판적 평가에서] 생각된 규칙들이나 기준들은 그것들의 원천이 순전히 경험적이어서 우리의 취미판단이 준거해야 할 아프리오리

---

*　영어 Aesthetics, 라틴어 Aesthetica, 독일어 Ästhetik는 인간의 감성적 인식을 다루는 학문이라는 점에서는 "감성학"을 의미하면서도 그러한 감성적 인식과 결부된 미적 체험이나 예술 활동까지 포괄하여 다룬다는 점에서는 "미학"을 의미한다. 바움가르텐의 Aesthetica에는 이러한 두 가지 의미가 모두 담겨 있다. 그래서 바움가르텐의 Aesthetica는 "감성학"으로도, "미학"으로도 옮길 수 있다. 이 책에서는 Aesthetica를 주로 "미학"으로 옮기되 필요한 경우에는 "감성학"으로도 옮겼다. 감성학과 미학을 병기한 경우는 주로 이 학문에 대한 칸트의 비판이 제시되는 맥락에서다. 칸트에게서 Aesthetics/Ästhetik은 바움가르텐을 비판하는 맥락에서는 "감성학"과 "미학" 모두를 지칭할 수 있고, 『순수이성비판』에서 감성의 형식을 다루는 맥락에서는 주로 "감성학"을, 『판단력비판』의 맥락에서는 주로 "미학"을 의미한다. 원어로는 이 모든 의미가 Aesthetics라는 하나의 단어로 표현될 수 있지만 우리말에서는 그렇지 않으므로 부득이하게 이 방식으로 해당 용어를 옮겼다.

29　Baumgarten, *Reflections on Poetry*, §§115-116. Baumgarten, *Ästhetik*, Teil I, §1도 보라.

a priori*한 법칙으로 결코 쓰일 수가 없"는데도 바움가르텐이 "아름다움에 대한 비판적 평가를 이성의 원리에" 종속시킬 수 있다고 생각했다며 그를 비판했다.30 1820년대에 게오르크 빌헬름 프리드리히 헤겔은 『미학 강의』(1835)를 시작하면서 사실 책의 제목이 자신이 다루려는 주제에 적합하지 않다고 언급한다.31 헤겔은 바움가르텐의 미학이 주로 감각sensation**과 감정을 다루는 반면 자신의 강의는 그가 "이상the ideal"이라 불렀던 예술적 아름다움의 이념을 표현하기 위해 감각과 감정을 초월하는 예술에 대한 철학에만 전념한다고 주장한다. 바움가르텐의 미학의 지위와 대상에 관한 칸트와 헤겔의 관심은 20세기에 벌어진 미학 관련 논쟁들의 초석이 되었다. 이 논쟁들에서 철학자들은 미학이 특정한 종류의 감정, 태도나 체험을 다루는지, 예술 작품이 정말로 독특한 종류의 대상이며 그러한 대상의 두드러진 특징이 무엇인지, 그리고 미학이 형이상학,

* "후험적後驗的" 혹은 "경험적"이라는 의미의 "아포스테리오리a posteriori"와 반대되는 개념으로 '경험에 앞선다'라는 뜻이다. 이 용어를 굳이 음차한 까닭은 '경험에 앞서면서도 경험 인식을 가능하게 만들어준다'(Kant, Prolegomena, IV:374)라는 뜻의 "선험적transzendental"이라는 칸트철학의 또 다른 주요 개념과 구분하기 위함이다.
30 Kant, Critique of Pure Reason, A 21. 칸트는 『순수이성비판』 재판(B판)에서 이와 같은 주석을 수정한다. 수정 당시에 그는 자신이 미적 판단의 비판에 필연적으로 아프리오리한 원리를 발견했다고 믿었기 때문이다. 그는 그러한 원리를 『판단력비판』에서 정교화한다.
31 Hegel, Hegel's Aesthetics: Lectures on Fine Art, I:1.
** 이 책에서 sense와 sensation은 비슷한 의미로 사용되는 경우가 많기에 대부분의 경우 양자를 모두 "감각"으로 옮기되 양자가 동시에 등장할 경우에는 원어를 밝혔고, 맥락에 따라 전자는 "감각기관"이나 "감관"으로 번역하기도 했다. 한편 sensibility는 "감성"이나 "감수성"으로, sentiment는 "감정", "정서", "정감"으로, sensitivity에 결부된 sensitive는 "예민함" 등으로 주로 옮겼다.

인식론, 논리학, 언어철학, 과학철학만큼 실제로 엄밀할 수 있는지 등을 따졌다.[32]

미학이 철학의 한 분야로 등장한 지 얼마 되지 않았다는 사실은 근대 초기 미학을 다루는 책에 역사 기록학적 난점을 일으킨다.[33] 오늘날에는 미학에 해당하는 것으로 간주되는 주제를 다룬 논의가 미학이 철학의 한 분야로 자리매김하기 이전에 이루어졌다면 우리는 그 논의를 어떻게 이해해야 할까? 누군가는 18세기 이전까지 미학이 철학의 독자적인 분야로 성립하지 못했다는 사실을 간단히 무시하고서, 오늘날에 보기에 미학과 관련된 어떤 주제에 관한 모든 논의를 그것들이 제기되었을 당시에 미학이 이미 있었던 양 다룰 수도 있을 것이다. 이는 20세기에 영미 전통 철학이 역사를 다루던 표준 방식이었는데, 그러나 이러한 방식에는 명백한 단점이 있다.[34] 플라톤과 아리스토텔레스, 위 디오니시우스와 알-파라비, 아퀴나스와 데카르트가 현대의 전문 철학자들과 동일한 종류의 작업을 수행했다고 주장한다면, 그리고 그들의 작업을 우리가 오늘날에 적용하고 있는 것과 동일한 기준으로 평가한다면 이는 시점 착오를 범하

[32] 이러한 논쟁들은 수많은 미학 입문서의 기틀로 사용되었다. 이와 관련한 좋은 사례로는 Stecker, *Aesthetics and the Philosophy of Art*, 1-10을 보라.
[33] 미학사에 접근하는 현대의 방식, 즉 내가 여기서 제시하는 설명과는 중요한 면에서 다른 방식을 다룬 연구로는 Guyer, "History of Modern Aesthetics", 25-52를 보라.
[34] 분석철학 전통에서 철학사에 접근하는 방식에 관해서는 아주 명쾌한 논의를 제시하는 Glock, *What Is Analytic Philosophy?*, 89-114를 보라. 한편 미학에 대한 분석철학 전통의 접근법에서 가장 중요하고 대표적인 방식은 아마도 Beardsley, *Aesthetics*, 1981일 것이다. 미학에 비역사적으로 접근하는 비어즐리의 방식에 관한 개괄로는 Wolterstorff, "Beardsley's Approach", 191-195를 보라.

는 것이므로 부적절하다. 시점 착오가 철학에서 유용한 경우도 있겠지만 그렇다 하더라도 그러한 방식이 상이한 역사적 시기를 살아간 철학자들이 무엇을 사유했고 어떠한 입장을 견지했는지, 그들의 주장이 어떻게 작용했는지에 대한 그릇된 설명이라는 사실은 바뀌지 않는다.35 역사적 맥락을 무시한다는 것은 철학자들이 자신들의 주장을 펼치는 데 사용했던 언어를 무시하는 것과 같다. 그들이 말했던 것에 더 면밀한 주의를 기울이지 않는다면, 그리고 그들이 말을 하던 당시의 맥락을 진지하게 고려하지 않는다면 그들이 무엇을 의도했는지를 이해할 수 없을 것이다. 역사적 맥락을 무시한다면 언어를 무시하는 것이 오해로 귀결되는 것과 동일한 이유로 심각한 오류에 빠지게 된다.36

미학을 분명하게 정의 내리지 않음으로써 이와 같은 오류를 피하려는 접근법도 있다. 이러한 접근법은 미학이 무엇인지를 가정하고 그러한 가정을 과거의 미학에 덧씌우는 대신 역사에게 안내자 역할을 맡긴다.37 이러한 접근법을 택하는 사람들은 『국가』(기원전 380)

---

35   에릭 슐리저Eric Schliesser는 철학사에서의 방법론적 시점 착오를 옹호해온 대표적인 인물 중 하나이다. 그의 게시물 "On Rules for the History of Philosophy"와 "Three Cheers for (Methodological) Anachronism!"을 보라.

36   예컨대 Rorty et al., *Philosophy in History*, 10을 보라. 글록은 "대부분의 분석철학적 역사학자가 … 이러한 점을 잘 수용한다"라고 밝히고 있다. Glock, *What is Analytic Philosophy?*, 104를 보라.

37   이는 폴 가이어가 『근대 미학사』에서 채택한 접근법이다. 나는 가이어가 이 저서에서 보여준 광범위함과 깊이에 존경을 표하고 싶다. 하지만 나는 "미학"이라는 용어가 도입되기 이전인 18세기에 영국, 프랑스, 독일의 철학자들이 예술, 비평, 취미에 관한 논의들에서 모두 "동일한 주제를 취급"했다는 사실을 그가 증명해냈다고 생각하지는 않는다. Guyer, *A History of Modern Aesthetics*, vol. 1, *The Eighteenth Century*, 3-5를 보라.

에 등장하는 시와 음악에 관한 플라톤의 논의가 풍요로운 도시국가의 수호자 계급에 대한 교육을 설명하기 위해 제시된 것 중 일부이지, 미학적 이론을 제시하는 것은 아니라는 사실을 인정한다.[38] 또 그들은 선함과 아름다움이 논리적으로만 다르다는 아퀴나스의 주장이 우리가 오늘날 이해하고 있는 것 같은 미학적 가치와 도덕적 가치 사이의 관계에 관한 설명이 아니라 초월자의 본성에 관한 형이상학적 주장이라는 사실을 인정한다.[39] 그리고 그들은 흄의 「취미의 기준에 대하여」라는 논문이 미학사에 자리할 곳이 없다는 사실을 받아들일 수밖에 없다. 18세기 영국 철학자들은 미학을 철학의 한 분야로 인정하지 않았기 때문이다.[40] 이러한 접근법의 단점은 이미 분명하게 드러난다. 우리가 미학의 본성에 대한 판단을 유보한다면 예술과 아름다움에 관한 고대와 중세의 논의들을 역사의 일부로 다룰 근거가 없어진다. 또 근대 예술의 가치, 예술들의 상호관계, 비판적 판단의 기준 그리고 좋은 취미의 원리에 관한 근대 초기의 논쟁들도 배제할 수밖에 없다. 미학이 철학의 독자적인 분야로 등장하기 전까지는 이러한 논쟁들 중 대다수가 철학 이외의 분야나 철학 내부의 각기 상이한 분야들에서 이루어졌기 때문이다.[41] 이 논쟁들이 이루어졌을 당시에 미학이 존재하지 않았다면 역사는 그것들을 미학사에 속하는 것으로 결론지을 수 없다. 선결문제 요구의 오류를 범하지 않으면서 내릴 수 있을 만한 가장 그럴듯한 결

---

38 Plato, *Republic*, 52-79(376d-404c).
39 Thomas Aquinas, *Summa Theologica*(I, Q5, A4), 39-41.
40 Hume, *Essays*(*Of the Standard of Taste*), 226-249.
41 Costelloe, *The British Aesthetic Tradition*, 2-3.

론은 이 같은 논쟁들이 미학이 철학의 한 분야로 성립하기 직전이나 동시대에 이루어졌으며, 미학으로 알려지게 된 것과 공통된 어떤 사항들을 지닌다는 것이다. 두 번째 접근법을 택하는 사람들 중 이런 온건한 주장에 만족하는 사람은 거의 없지만, 오직 그들만이 이 접근법과 양립한다.

세 번째 접근법은 오늘날 미학과 관련된 주제들에 대한 논의들을 그것들이 등장한 역사적 맥락에서 — 당시에 그것들이 미학의 일부로 인정되었든 그렇지 않든 — 다룸으로써 첫 번째 접근법이 범하는 시점 착오의 오류와 두 번째 접근법의 한계를 비켜 간다. 이 접근법은 역사에게 우리의 사유 방식을 따를 것을 요구하지도 않고, 우리가 연구한 것의 의미를 전혀 포기하지도 않는다. 그 대신에 우리가 오늘날 미학과 관련짓는 주제들이 서로 다른 역사적 시기에 어떻게 이해되었는지를 깨닫게 해주고, 그러한 깨달음이 우리의 연구를 인도하게 한다. 역사학자들은 이 같은 이해가 가능하다는 사실을 인정하지 않는데, 왜냐하면 그들은 우리가 살아가고 있는 역사적 순간을, 그리고 그 순간이 우리의 의식에 부여하는 한계를 벗어날 수 없다고 생각하기 때문이다. 역사학자들은 고대 그리스철학자들이 근대 물리학에 대한 그들의 무지에 책임을 질 수 없듯이 우리도 고대, 중세 혹은 지금보다 300년 이상 앞선 시대를 살아간 근대 철학자들의 사유 방식을 이해할 수 없을 것이라고 생각한다. 하지만 역사학자들이 그렇게 보이게 만드는 것처럼 과거가 정말로 이해할 수 없는 것인지는 분명하지 않다. 세 번째 접근법은 현재를 이해의 한계로 간주하지 않는다. 또 과거를 상승이 하강이 될 수 있고 검정색이 흰색이 될 수 있는, 모든 것이 보이는 것과 반대가 될 수 있는 그런 별세계로 여기지도 않는다. 그 대신 — 실제 역사학자들처럼 — 과거를 최대한 이해할 수 있게끔 증거와 최선의 방법들을 활용하라고 촉구한다. 물론 이러한 접근법에도 난점은 있다. 철학사에서 서로 다른 시대는 각각 그 시대의 고유한 방식으로 이해해야 하기 때문이다. 그러나 그러한 일이 불가능하다고 생각할 하등의 이유가 없다. 그것은 역사를 공정하게 다루는 유일한 방법이므로 그 일이 이미 마땅히 이루어졌어야 했다고 말할 수도 있을 것이다.

이 책에서 나는 세 번째 접근법을 택했다. 이 책의 제목 —『미학의 탄생: 근대 초기 미학의 성립과 전개』— 은 역설적인데, 미학은 이 책이 다루는 대부분의 시기 동안 철학의 독자적인 분야로 인정받지 못했기 때문이다. 바움가르텐이 미학이라는 용어를 도입한 이후에도, 그리고 그가 제시한 새로운 학문의 지위와 대상을 칸트와 헤겔 같은 철학자들이 문제 삼기 시작한 이후에도 오늘날 미학과 관련된 주제들이 [당시에] 같은 철학 분야에 속했는지는 결코 분명하지 않다. 오늘날 미학과 관련된 주제들은 지난 200년 동안 점차 전문 철학에 병합되어왔다. 그리고 많은 철학자가 이 주제들이 같은 철학 분야에 속하지 않고 아예 철학의 한 분야일 수 없었던 때가 있었다는 사실을 그냥 잊은 채 그것들에 몰두하고 있다. 하지만 그렇다고 해서 미학이 그 점에서 유별나다고 할 수 있을 것 같지는 않다. 현대 철학의 다른 분야들도, 그것들이 분과 학문의 핵심 영역이든 주변부에 머무르든, 이와 유사한 역사를 가질 수 있다. 철학을 이해하려면 철학의 역사를, 그리고 우리가 현재를 이해하는 데 그 역사가 영향을 주는 방식을 이해해야만 한다.

개관 및 개요

앞 절에서 나는 미학이 철학의 한 분야로 뒤늦게 등장했다는 사실이 근대 미학사 전반에 심각한 문제를 야기한다고 주장했다. 단적으로 말하자면 오늘날 미학과 관련된 주제들에 대한 논의들이 정말로 철학에 속했는지 혹은 근대 초기에 같은 철학 분야에 속했는지는 전혀 분명하지 않다. 나는 그러한 논의들을 미학의 예고편 avant la lettre*처럼 취급하는 데 반대해왔다. 그것이 시점 착오를 야기할 수 있기 때문이다. 또 나는 우리가 철학적 미학사라는 분야를 분명하게 정의 내리지 않는다면 무엇이 그 분야에 속하는지를 규정할 수 없을 것이라고도 주장했다. 이러한 난점들을 비켜 가기 위해 나는 미학에 통합되는 주제들을 그것들이 등장한 근대 초기의 맥락에서 제시하기로 결심했다. 이는 이하의 몇몇 장이 미학의 "전사前史"로 불릴 법한 시기, 즉 바움가르텐이 미학이라는 새로운 학문을 공표하기 이전, 그리고 칸트와 헤겔 같은 철학자들이 미학의 지위와 대상을 논박하기 이전의 시기를 다룰 것임을 의미한다.42

제1장(「고대와 근대」)은 미학의 전사에 할애될 것이다. 이 장에서는 근대의 미술과 문학이 17세기 말에 고대와 중세의 미술과 문학에서 어떻게 구분되어 나왔는지를 살펴본다. 근대 초기에 고전 학

---

* avant la lettre는 본래 동판화를 인쇄할 때 선명도 등을 미리 확인해보기 위해 찍는 시험쇄試驗刷를 말한다. 그러나 원어를 그대로 쓰면 어색하고 "시험쇄"로 옮기면 의미가 제대로 전달될 것 같지 않아 "예고편"이라 옮긴다.

42 "전사"라는 용어는 코이레가 코페르니쿠스적 혁명에 이르기까지의 과정을 서술할 때 사용했던 표현을 차용하였다. Koyré, *From the Closed World to the Infinite Universe*, ix를 보라.

문이 전개된 과정, 고대의 예술과 문학에 대한 묘사, 17세기에 몇몇 시인과 극작가들이 고대의 모델을 거부하고 그 모델을 능가하고자 노력했던 까닭, 그리고 고대인을 옹호한 사람들이 근대인에 대한 고대인의 상대적 우월성을 확립하기 위해 펼쳤던 주장을 고찰하면서 우리는 근대의 예술과 문학에 관한 논쟁들이 근대 초기의 과학과 철학의 새로움에 관한 논쟁들과 얼마나 유사했는지 볼 것이다. 근대 초기의 철학자들, 과학자들, 시인들은 자신들을 고대인과 구분하기 위해 고대인과 동일한 가치들에 호소하고 동일한 종류의 논증들을 사용했다. 그렇게 그들은 "근대주의modernism"*에 대한 관심이 철학, 과학, 예술에 대한 근대 초기의 논의들을 통합시킨다는 사실을 보여준다.

예술가들이 사용했던 기법들, 기법들이 사용된 매체들, 그리고 매체들과 기법들이 빚어낸 효과들을 구분하고 분류함으로써 예술에 질서를 부여하려 했던 시도는 17세기와 18세기에 중요한 논쟁거리였다. 제2장(「예술」)의 첫째 절에서는 다섯 가지 주요 예술 — 회화, 조각, 건축, 시, 음악 — 각각에 관련된 문헌들을 개괄해본다. 이를 통해 우리는 각 예술이 근대 초기에 얼마나 열렬한 관심을 받았는지 알 수 있다. 이어지는 절에서는 예술들 사이에 체계적인 연결 관계를 확립하려 했던 근대 초기 철학자들의 시도에 주목한다. 때로

---

* 영어의 modernism을 음차하여 '모더니즘'으로 옮기는 것이 바람직하겠으나 우리나라에서는 '모더니즘'이 20세기의 문예사조를 가리키는 것으로 굳어져 있기 때문에 용어의 혼동을 피하기 위하여 '근대주의'로 옮긴다. 이 책에서 '근대주의'는 '모더니즘'을 포함한 근대 시기 전체의 사상적 경향을 포괄적으로 가리킨다.

이런 연결 관계는 프랑스, 영국, 독일에서 각기 상이한 민족적 전통 개념들이 출현했다는 사실에, 또 그 민족들이 거주하던 지역의 기후, 지리, 인구수가 저마다 달랐다는 사실에 기초를 두고 있다. 한편 철학자들은 예술의 철학적 체계를 만들어내기 위해 이성의 원리를 끌어들였다. 결국 예술을 근대의 일반적인 철학 체계와 과학 체계에 통합시키려는 사람들이 등장했는데, 이들은 철학과 과학에서처럼 예술에서도 인간의 지식에 질서를 부여하고 지식의 진보를 촉진시키는 데 도움을 줄 연결 관계들을 확립했다.

제3장(「취미 비판」)에서는 근대 초기의 문헌학과 문예비평에서 취미판단의 일반 원리를 정식화하려는 시도로 탄생한 취미 비판을 살펴본다. 신학적이고 도덕적인 이유에서 근대 초기의 몇몇 철학자는 우리에게 신의 창조의 아름다움을 감지할 수 있게 해주는 특별한 내적 감각이 있다고 주장했다. 다른 철학자들은 취미의 원리를 인간 생리학에 결부된 기계론적 설명에서 도출하려 했다. 또 다른 이들은 취미의 기준이 인간 심리학에서 도출될 수 있다고 믿었다. 그들은 대개 취미를 상상력과 관념연합에 기반을 두고 설명한다. 결국 좋은 취미를 지니고 있다고 인정받은 사람들의 사회적 권위와 그들이 내린 판단의 역사적 맥락을 추종하는 사람들이 생겨났다. 그들은 저마다 좋은 취미와 나쁜 취미의 정당한 구분이 어떻게 이루어질 수 있는지 설명하려 했다. 하지만 당시에는 아직 미학이 성립되지 않았기 때문에 그들은 다른 학문들과 철학의 여러 분야에 의존하여 취미의 원리를 설명할 수밖에 없었다. 그들이 제시한 구분이 철학적이거나 과학적인 것으로 간주될 수 있는지를 둘러싸고 벌어진 이후의 논쟁들은 이 장 말미에서 다룰 것이다.

제4장(「미학」)에서는 새로운 학문에 대한 바움가르텐의 공표와 게오르크 프리드리히 마이어Georg Friedrich Meier가 이룬 그 학문의 대중화에서 출발해 전사에서 역사로 넘어간다. 바움가르텐이 자신의 새로운 학문에 부여한 이름을 현대 철학자들도 여전히 사용하고 있음에도 미학에 대한 그의 이해가 오늘날의 미학의 개념들과 어떻게 다른지가 이 장에서 논의될 것이다. 이 장 첫째 절에서는 바움가르텐의 미학을 재구성해봄으로써 그러한 차이를 강조한다. 이후의 절에서는 칸트와 헤겔의 바움가르텐 비판을 통해 미학이 형성되어가는 과정에 주목해본다. 칸트와 헤겔의 비판은 특히 흥미로운데, 그들이 바움가르텐의 새로운 학문의 이름을 차용했으면서도 그가 옹호하려 했던 미학 개념은 거부했기 때문이다. 칸트와 헤겔은 미적 판단과 예술철학에 대해 바움가르텐이 제시한 접근법을 자신들의 접근법으로 대체했다. 마지막 절은 미학의 본성, 지위, 대상을 둘러싸고 20세기 내내 진행된 논쟁들을 살펴본다. 이 시기에 철학자들은 미학이 특수한 부류의 대상, 속성, 체험, 태도 혹은 제도 중 어느 쪽에 관계되는지를 규정하려 했다.

마지막 장(「오늘날의 근대 미학」)에서는 예술적 근대주의, 예술, 취미 비판, 미학에 관한 근대 초기의 물음들이 오늘날에도 여전히 의의를 지니는지를 논하며, 이를 위해 나는 앞선 장들에서 다루었던 주제로 되돌아갈 것이다. 첫째 절에서는 17세기 말과 18세기 초에 벌어진 고대인과 근대인 논쟁이 철학과 과학에서 벌어진 근대주의 논쟁을 이해하는 데 유용할 수 있다는 사실을 논한다. 이것들은 모두 동일한 철학적 문제와 관련되어 있기 때문이다. 둘째 절은 새로운 매체와 새로운 예술형식의 도전을 다룬다. 이 절에서는 어떻게 철학자들과 비평가들이 예술의 본성과 예술이 취할 수 있는 형식들, 실험과 혁신을 통해 극복될 수 있는 한계, 그리고 그 결과물이 지닌 미적 가치에 대한 근대 초기의 논의들을 계속해나가면서 레싱의 『라오콘』에서 제시된 예술들 사이의 관계에 대한 설명을 20세기의 영화와 추상화로 확장시키려 했는지를 살펴본다. 셋째 절은 취미의 기준을 규정하려 했던 근대 초기의 시도들이 지금도 여전히 지속되고 있음을 논한다. 그것들은 역사주의자들 — 취미가 사회, 문화, 역사를 통해 설명되어야 한다고 생각하는 사람들 — 과 자연주의자들 — 취미가 진화 이론, 지각 심리학, 신경과학을 통해 더 잘 설명될 수 있다고 생각하는 사람들 — 의 논쟁에 등장하는 용어들을 여전히 규정한다. 마지막 절에서는 미학의 역사 및 미학이 현대 철학에서 차지하는 위상을 고찰해본다. 비록 미학은 현대 전문 철학의 주변부에 머무르고 있지만 근대 초기에도 그랬듯이 철학과 과학의 핵심 물음과 밀접하게 연관되어 있다. 다른 철학자들이 미학의 가치를 인정하든 인정하지 않든 미학은 철학의 중요한 한 분야로 남아 있으며, 근대에 자신이 차지한 영역을 계속해서 탐험하고 있다.

제1장
고대인과 근대인

　근대 초기의 철학자들과 과학자들이 남긴 작품은 고대인들과 그들을 해석한 중세 주석가들을 비판하는 내용으로 가득하다. 베이컨은 『자연사 및 경험사 개요』(1620)에서 "고대의 유물과, 저자들과 권위자들에 대한 인용, 또한 논박, 논란, 반대 의견들 — 한마디로 문헌학"이 학문을 진보시키는 일과 무관하다고 비판한다.[1] 갈릴레오는 『세계의 주요한 두 체계에 관한 대화』(1632)에서 "아리스토텔레스의 가장 경건하고 가장 겸손한 노예들"이 고대의 스승[아리스토텔레스]의 권위에 의존한다고 비난한다.[2] 데카르트는 『방법서설』(1637)에서 고대의 도덕철학자들의 작품들을 "모래와 진흙 위에 세운 아주 자랑스럽고 장엄한 궁전"에 비유한다.[3] 홉스는 그리스도교 신학에 고대 그리스철학을 도입해서 너무 많은 모순과 부조리가 발생하는 바람에 종교개혁 시대에 사람들이 성직자들에게 대항해 들

---

1 Bacon, *The New Organon*, 225.
2 Galilei, *Dialogue Concerning the Two Chief World Systems*, 372.
3 Descartes, *The Philosophical Writings of Descartes*, I:113-114.

고 일어났다고 생각했다.[4] 한편 뉴턴은 아리스토텔레스에게서 유래한 자연과학에 대한 접근법을 저버렸다. 거기서 사용된 전문용어들이 철학에 아무 기여도 하지 않는다고 생각했기 때문이다.[5] 이러한 사례들은 끝없이 열거할 수 있다. 물론 우리는 그것들을 걸러서 받아들여야 한다. 근대 초기의 철학자들과 과학자들은 자신들의 사상의 새로움을 고취시키는 데 관심이 있었기 때문에 고대인의 관점을 왜곡하고 고대인과 근대인의 차이를 과장하는 경향이 있었다.[6]

고대의 시와 예술에 대한 비판은 아리스토텔레스와 스콜라철학자들에 대한 비판보다는 온건한 편이었다. 근대 초기의 고대 시 비평가들은 호메로스가 가끔 "꾸벅꾸벅 존다"고 여기면서도 여전히 그의 업적을 존경하고 그의 작품을 번역했다.[7] 그러나 그들이 제시한 가장 중립적인 비평조차도 결국에는 고대와 근대의 시를 비판적으로 비교하기 위한 토대로 사용되었다. 프랑스 학술원에서 벌어진 고대인과 근대인 논쟁은 샤를 페로Charles Perrault가 근대의 과학과 예술이 고대보다 훨씬 낫다고 주장하면서부터 시작되었다. 그리고

---

4   Hobbes, *Leviathan*, 85(I.12.59).
5   Newton, *Philosophical Writings*(*Principia Mathematica*), 43.
6   로저 아리유Roger Ariew의 『스콜라철학자들 사이에서 데카르트』(2011)와 데니스 데스 쳰Dennis Des Chene의 『생리학』(1996)은 고대, 중세, 근대 초기와 과학의 연속성을 강조하는 인상적인 최근의 연구들이다.
7   호메로스의 결점을 다룬 근대 초기의 논의들은 대개 호라티우스Horace의 『시학』의 358-360행, 즉 *Et idem indignor quandoque bonus dormitat Homerus; uerum operi longo fas est obrepere somnum*(위대한 호메로스가 우리 앞에서 졸 때마다 나 역시 기분이 상한다. 하지만 긴 작업에 약간의 졸음이 스며드는 것은 허용된다)를 인용한다. Hardison and Golden, *Horace for Students of Literature*, 18을 보라. "호메로스조차 꾸벅꾸벅 존다"라는 표현은 존 드라이든John Dryden과 알렉산더 포프Alexander Pope가 위 구절을 대중적으로 느슨하게 번역한 것이다.

얼마 지나지 않아 영국에서는 고대의 시와 근대의 학문의 상대적인 가치의 우위를 두고 책들의 전쟁The Battle of the Books이 격렬해졌다. 이 장에서 나는 이러한 논쟁들이 과학과 철학에서 일어난 혁명적 변화와 상통하는, 근대주의를 위한 투쟁의 일부였다는 사실을 보일 것이다. 이 논쟁들은 미학의 전사에서 중요한 부분을 차지한다. 왜냐하면 이 논쟁들을 통해 예술과 철학이 근대 초기에 한데 묶일 수 있게 되었기 때문이다.

2차 르네상스

『유럽 정신의 위기』(1935)라는 책의 결론에서 정신사학자 폴 아자르는 근대 초기를 "2차 르네상스"로 기술한다.[8] 그런데 그가 근대 초기를 "라블레Rabelais 없는 르네상스, 웃음기 없는 르네상스"라고 말한 것은 실수다.[9] 왜냐하면 근대 초기에는 재치 있고 불경한 수많은 풍자문학 작품이 출판되었기 때문이다. 조너선 스위프트Jonathan Swift의 『걸리버 여행기』(1726)와 볼테르Voltaire의 『캉디드』(1759)가 유명한 사례들이다. 이 시대에 출판된 또 다른 한 작품은 『가르강튀아와 팡타그뤼엘』(1532-1564년경) 이래로 가장 라블레스러운 소설이라고 할 수 있는데, 로렌스 스턴Lawrence Sterne의 『신사 트리스트럼 샌디의 생애와 견해』(1759)가 바로 그것이다. 그러나 아자르는 근대 초기를 2차 르네상스로 부르면서 이러한 작품들을 고려하지 않았

---

8   Hazard, *The Crisis of the European Mind*, 443.
9   Hazard, *The Crisis of the European Mind*, 443.

다. 그는 원문 비평이라는 르네상스 전통을 근대로 끌어들였던 "만족을 모르는 불굴의 책벌레들"의 작업에 주목한다.[10] 그들의 학문은 철학, 과학, 예술에서 근대주의에 관한 논쟁들의 기틀을 형성하는 데 도움을 주었다.

한편으로 근대 초기의 학문은 성경에 초점을 맞추었다. 스피노자는 『신학-정치론』(1670)에서 성경에 대한 자연주의적 접근법을 지지했다.[11] 이 논고의 도입부에서 스피노자는 예언 능력이 특별한 계시이거나 신과의 직접적인 소통이라기보다는 예언자의 상상력의 표현이라고 주장하면서 이 능력을 심리학적으로 설명하려 한다.[12] 때때로 예언자는 상상력에 휩싸여 신이 육신을 지닌다거나 신이 어떤 때는 현존하지만 또 다른 때는 부재한다고, 아니면 이리저리 움직인다고 말한다. 그러나 스피노자는 이러한 진술들을 문자 그대로 받아들여야 한다고 생각하지 않았다. 이 진술들은 철학과 과학에 대한 예언자들의 무지를 반영하고 있을 뿐이다.[13] 신의 본성을 철학적으로 이해하면 우리는 예언자들이 묘사하는 의인화된 신을 더는 받아들일 수 없다. 또 자연법칙을 위배하는 기적의 가능성도 받아들일 수 없다. 신은 완전하며 신에게서 나온 모든 것은 필연적인데 필연성은 예외를 인정하지 않기 때문이다. 성경의 저자들은 신의 완전성을 제대로 이해하는 데 필요한 적절한 과학적 지식이

---

10 Hazard, *The Crisis of the European Mind*, 443.
11 『신학-정치론』을 둘러싼 논란들을 다룬 대중적인 설명으로는 Nadler, *A Book Forged in Hell*, 2011을 보라.
12 Spinoza, *Complete Works*(*Theological-Political Treatise*), 399.
13 Spinoza, *Complete Works*(*Theological-Political Treatise*), 414.

나 철학적 소양을 지니지 않았기 때문에 성경에서 묘사되는 기적들은 그들이 모르는 원인들에서 발생한 자연현상으로 이해하는 것이 최선이다.**14**

스피노자의 성서 비평은 17세기 말에 구약성경과 신약성경에 대한 역사적-비판적 연구를 수행한 리샤르 시몽이 계속 이어나갔다.**15** 시몽은 스피노자의 자연주의를 받아들이지는 않았지만 성경 본문의 결함들 — 연대의 오류, 변환과 변형, 필사 전통에서 고질적으로 나타나는 변조 등 — 을 입증할 수 있었던 유능한 문헌학자였다. 하지만 이 때문에 그의 책들은 불태워졌고, 그는 자신이 속해 있던 교단에서 쫓겨나 네덜란드로 추방당했다. 크리스티안 볼프Christian Wolff의 합리주의의 영향을 받은 후대의 한 번역가도 비슷한 박해를 받았다. 요한 로렌츠 슈미트Johann Lorenz Schmidt가『베르트하임 성경』(1735)을 출판하자 10년 전 볼프를 프로이센에서 추방했던 경건주의 신학자 요하임 랑에Joachim Lange는 그를 "종교를 철학적으로 조롱하는 사람"이라고 비난했다. 슈미트는 구약성경이 고대 히브리인의 작품들처럼 역사적으로 독해되어야 한다고 주장했다.**16** 그래서 그는 성경 구절을 번역할 때 예수, 성령, 삼위일체에

14   Spinoza, *Complete Works*(*Theological-Political Treatise*), 456-457.
15   시몽은 자신의 연구를 1678년과 1689년에 프랑스에서 출판했으며, 이것들은 다양한 언어로 빠르게 번역되었다. Simon, *A Critical History of the Old Testament*, 1682를 보라. Simon, *A Critical History of the Text of the New Testament*, 1689도 보라. 아자르가 시몽에게 헌정한 열광적인 장章인 Hazard, *The Crisis of the European Mind*, 180-196도 보라.
16   폴 스팰딩Paul S. Spalding은 슈미트가 성경 구절을 합리적으로 해석하고 그 의미를 명확하게 만들려고 시도했다는 점에서 그가 이러한 원리를 완전히 일관되게 적용한 것은 아니라고 주장한다. Spalding, *Seize the Book, Jail the Author*,

관한 언급들을 생략했다. 신학자들은 이 책을 금지시켰으며 슈미트는 1년 넘게 투옥되었다.¹⁷ 결국 그는 함부르크로 탈출했고, 거기서 헤르만 사무엘 라이마루스가 『하느님을 이성적으로 숭배하는 사람들의 변명 혹은 변호』(1736-1768)를 저술하는 데 영감을 주었다. 라이마루스는 이신론자들에 대한 관용을 지지했고, 그리스도교의 진리가 이성을 통해서만 입증될 수 있다고 주장했으며, 자연종교에 찬성하여 기적과 계시를 부정하고 성경의 비일관성을 가차 없이 폭로하였다.¹⁸ 라이마루스의 견해들은 1770년대에 그의 『변명』의 단편들을 고트홀트 에프라임 레싱이 출판했을 때 또 다른 논란의 불씨가 되었다.

이러한 논쟁들은 우리의 주의를 끌긴 하지만 사실 근대 초기의 학문은 성경에 그리 엄격하지 않았다. 고전 작가들의 작품들을 연구, 편집, 번역하는 인문주의 전통은 17세기와 18세기에도 변함없이 계속되었다. 이러한 작업 중 일부는 근대 초기의 철학자들과 과학자들을 통해 이루어지기도 했다. 휴고 그로티우스Hugo Grotius는 겨우 15세였던 1599년에 마르티아누스 카펠라Martianus Capella의 『사티리콘』에 관한 해설서를 출판했고, 이후 루카누스Lucan의 『파르살리아』(1614)에 관한 주석본을 내기도 했다. 홉스는 투키디데스Thucydides의 『펠로폰네소스 전쟁사』(1629)와 호메로스의 『일리아

66-73을 보라.

17 베르트하임 성경을 둘러싼 논쟁에 관한 우르줄라 골덴바움Ursula Goldenbaum의 연구는 경이로운 역사적-철학적 연구이다. Goldenbaum, "Der Skandal der Wertheimer Bibel", 175-508을 보라.

18 Lessing, *Fragments from Reimarus*, 1879를 보라. Reimarus, *Fragments*, 1970; Schweitzer, *The Quest of the Historical Jesus*, 2005도 보라.

드』, 『오디세이아』(1675)를 번역했다. 새뮤얼 클라크Samuel Clarke는 『일리아드』(1729)를 직접 번역하여 출판했으며, 뒤이어 그의 사후에 『오디세이아』의 번역본(1759)이 출간되었다. 여타 작품들의 번역·출판은 당시의 가장 유명한 시인들과 극작가들을 통해 이루어졌다. 니콜라 부알로-데스페로Nicolas Boileau-Despréaux는 1674년에 호라티우스의 『시학』을 번역할 때 롱기누스Longinus의 『숭고에 관하여』를 함께 번역했는데,* 이 번역은 숭고를 근대 초기 비평의 중심 사안으로 만드는 데 일조했다.19 존 드라이든은 1700년에 사망하기 전까지 오비디우스Ovid의 『서간집』, 플루타르크Plutarch의 『영웅전』, 유베날리스Juvenal의 『풍자』, 베르길리우스Virgil의 『아이네이스』, 루키아노스Lucian의 『대화』, 이솝Aesop의 『우화』, 그리고 심지어 루크레티우스의 화제작이었던 『사물의 본성에 관하여』의 일부까지 번

---

* 사실 『숭고에 관하여』의 저자가 진정 롱기누스인지는 불분명하다. 그 어떤 고대 문헌에도 『숭고에 관하여』에 대한 언급이 없으며, 이 작품의 여러 판본을 문헌학적으로 검토했을 때 저자가 명확하게 특정되지 않기 때문이다. 그럼에도 『숭고에 관하여』의 저자를 롱기누스로 추정하는 까닭은 이 작품의 가장 오래된 필사본(1486)인 "파리시누스 2036Codex Parisinus 2036"에 저자의 이름이 "디오니시우스 롱기누스Dionysius Longinus"로 표기되어 있었기 때문이다. 그런데 이와 정확히 일치하는 이름이 발견되지 않아 연구자들은 저자를 기원후 3세기경에 활동했던 철학자이자 정치 고문 카시우스 롱기누스Cassius Longinus나 기원전 1세기경에 활동했던 수사학자이자 역사학자인 할리카르나수스의 디오니시우스Dionysius of Halicarnassus로 추정했다. 하지만 1808년에 이 필사본의 차례에 "디오니시우스 혹은 롱기누스"라는 문구가 적혀 있다는 사실이 부각되면서부터 저자를 미상의 인물로 두기로 잠정 합의가 이루어졌다. 따라서 많은 경우 이 작품의 저자는 "위僞 롱기누스Pseudo-Longinus"로 표기된다. 이와 관련한 내용은 Doran, *The Theory of the Sublime from Longinus to Kant*, 2015, 29-31을 보라.

19 Martin, "The Prehistory of the Sublime in Early Modern France", 77-101을 보라.

역하였다. 알렉산더 포프의 『일리아드』와 『오디세이아』 번역본은 1715년과 1720년 사이에 출간되었다. 독일에서는 요한 요하임 빙켈만Johann Joachim Winckelmann이 『그리스인들의 회화 및 조각에 관한 성찰』(1755), 『고대인의 건축에 관한 기록』(1762), 그리고 기념비적 작품인 『고대 예술사』(1765) 등을 통해 고전 예술 및 건축 관련 연구를 발전시켰다. 한편 레싱은 "시는 그림처럼(*ut pictura poesis*)"이라는 호라티우스의 격언이 받아온 오해들에 대한 오랜 성찰의 산물인 『라오콘』을 내놓았는데, 이 작품은 레싱이 고대문학에 능통했으며 시각예술에 안목이 있었다는 사실을 보여주기도 한다.[20]

물론 근대 초기 학문의 대부분의 작업은 오늘날 잘 알려지지 않은 인물들을 통해 이루어졌다. 다니엘 헤인시우스Daniel Heinsius는 1611년에 아리스토텔레스의 『시학』(기원전 335년경) 편집본을 출판했는데, 이때 그 부록으로 쓴 「비극의 구성에 관하여」는 프랑스 신고전주의의 주요 원천 중 하나가 되었다.[21] 헤인시우스의 작품은 피에르 코르네유Pierre Corneille의 『극시에 관한 세 가지 담론』(1660)과 르네 라팽René Rapin의 『아리스토텔레스의 시학에 관한 성찰』(1674)에서 논의되었으며, "서사시, 극작품, 비극과 희극을 판정하는 가장 정확한 규칙"을 담고 있다고 자랑하는 앙드레 다시에의 『시학』 프랑스어 번역본(1692)의 결정적인 참고 자료가 되기도 했다.[22] 다시

---

20 Hardison and Golden, *Horace for Students of Literature*, 18(*Ars Poetica*, 361).
21 Kern, *The Influence of Heinsius and Vossius upon French Dramatic Theory*, 1949를 보라.
22 Dacier, *La Poetique D'Aristote*, 1692. 다시에의 언급들에 대한 영어 번역은 *Aristotle's Art of Poetry, Together with Mr. Dacier's Notes Translated from the French*, 1705에서 볼 수 있다.

에의 아내인 안 르 페브르 다시에Anne Le Fèvre Dacier는 남편보다 훨씬 저명한 학자였다. 그녀는 호메로스의 『일리아드』(1699)와 『오디세이아』(1708)의 산문 번역을 출판하기 전에 사포Sappho와 아나크레온Anacreon의 시, 아리스토파네스Aristophanes, 플라우투스Plautus, 테렌스Terence의 희극 작품들, 마르쿠스 아우렐리우스Marcus Aurelius의 『명상록』, 플루타르크의 『영웅전』을 교정하고 번역했다. 한편 그리스어를 전혀 할 줄 몰랐던 앙투안 우다르 드 라 모트Antonie Houdar de la Motte가 1714년에 자신만의 독자적인 『일리아드』를 펴내며 자기 판본이 다시에의 번역보다 근대의 취향에 훨씬 잘 맞는다고 주장하면서부터는 "호메로스 전쟁"이 시작되었다. 애초에 이 전쟁은 호메로스의 시의 가치에 대한 의견 차이로 시작되었는데, 다시에와 드 라 모트가 이렇게 논쟁을 벌이자 17세기 말에 프랑스 학술원을 분열시켰던 고대인과 근대인 논쟁에 다시 불이 붙기 시작했고, 이후 그 불길은 예술, 비평, 사회의 상호 관계에 관한 좀 더 일반적인 논쟁으로 확산되기에 이르렀다.[23] 불길은 곧 영국으로도 번졌지만 독일 학자들은 18세기에 자신들이 하던 방식대로 "조용하고 얌전하게" 고전 연구를 계속해나갔다.[24] 요한 마티아스 게스너Johann Matthias Gesner, 요한 아우구스트 에르네스티Johann August Ernesti, 요한 야코프 라이스케Johann Jakob Reiske, 크리스티안 고틀로프 하이네Christian Gottlob Heyne 같은 학자들이 독일을 문헌학으로 유명해지게 만든 작품들을 출판하기 시작한 것은 18세기 중반 이후

23 Moore, "Homer Revisited", 87-107을 보라.
24 Pfeiffer, *History of Classical Scholarship*, 167.

에 이르러서였다.²⁵

근대 초기의 학자들은 고전 문헌의 여러 판본과 번역본을 내는 일만 한 것이 아니라 고대인을 어떻게 공부해야 할지 깊이 고민하기도 했다. "공부는 습관이 되기(*abeunt studia in mores*)" 때문에 베이컨은 학생들에게 고전을 읽을 때 신중해야 한다고 조언했다. 「공부에 관하여」라는 논문에서 그는 "어떤 책들은 맛만 보면 되고, 어떤 책들은 삼키기까지 해야 하며, 그리고 소수의 어떤 책들은 잘 씹어서 소화시키기까지 해야 한다. 즉 어떤 책들은 일부만 읽으면 되고, 어떤 책들은 읽기는 하되 호기심을 가질 필요는 없으며, 그리고 소수의 어떤 책들은 성실함과 집중력을 가지고 전체를 다 읽어야 한다"라고 언급한다.²⁶ 리처드 벤틀리Richard Bentley 같은 전문 문헌학자는 베이컨의 도덕적 관심사를 항상 공유한 것은 아니었다. 벤틀리는 『팔라리스의 편지들』에서 발견한 언어학적, 역사적 시점 착오에 주목하여, 편지 필사본들이 작성된 날짜가 루키아노스 시대(기원후 125-180년경)까지 거슬러 올라갈 수 있고 오랜 전통에서는 피타고라스 시대(기원전 570-495년경)까지 거슬러 올라가는 것으로 간주해왔음에도 이 작품이 위작이라는 사실을 밝혀낼 수 있었다.²⁷ 벤틀리의 업적은 학문적 박식함이 낳은 경이였다. 하지만 많은 사람은 그가 사용한 방법들이 고전을 문학적 관점에서 평가하는 일을 방해한다고 우려했다.²⁸ 한편 이탈리아에서는 잠바티스타 비코가 "근대의 철

---

25 Pfeiffer, *History of Classical Scholarship*, 171-172.
26 Bacon, "Of Studies", 439-440. Bacon, *The Major Works*("Advice to Fulke Greville on His Studies" and "Of Studies"), 102-106, 439-440도 보라.
27 Haugen, *Richard Bentley*, 110-123.

학 비평"의 기법을 통해 학생들에게 고전을 접하게 하는 것은 그들의 상상력을 억압할 위험이 있다고 경고하기도 했다.[29] 비코가 『새로운 학문』(1725)에서 제시한 참된 호메로스에 관한 설명은 확실히 상상력에 기반을 두고 있다. 하지만 그러한 설명 방식이 근대 학문의 방법을 버리게끔 당대 사람들을 설득하지는 못했다.[30] 고전 연구는 18세기 말에 프리드리히 아우구스트 볼프의 작업을 통해 그야말로 정교함의 새로운 지평에 도달했다. 『호메로스 서설』(1795)에서 볼프는 『일리아드』와 『오디세이아』의 원문이 여러 음유시인을 통해 각기 다른 시기에 창작된, 서사시의 형식으로 나중에야 정돈된 자료들의 모음집이었다고 주장했다.[31] 그의 주장들은 논란의 여지가 있었지만 당대에 그보다 그리스 역사에 관해 박식하고 문헌에 통달한 사람은 없었다. 곧 볼프는 "고대학(*Altertumswissenschaft*)"을 구상하기 시작했으며, 이를 토대로 19세기에는 고전 세계를 거의 모든 방면에서 체계적으로 연구할 수 있게 되었다.

---

28 예컨대 Pope, *The Dunciad*, 528(IV:38)을 보라.
29 Vico, *On the Study Methods of Our Time*, 42.
30 Vico, *The New Science*, 301-355.
31 Wolf, *Prolegomena to Homer*, 1989. 호메로스의 서사시들이 "모음집"의 구조를 지닌다는 주장은 18세기에 비교적 흔했고 심지어 고대에도 그런 주장을 하는 사람들이 있었지만, 볼프는 "빼곡한 참고 문헌과 인용문이라는 견고한 토대" 속에서 엄청나게 상세한 정보들을 담아낸 방대한 분량의 학문적 장치를 통해 자신의 논거를 확고하게 다졌다. Grafton, *Defenders of the Text*("Prolegomena to Friedrich August Wolf"), 214-243을 보라.

근대주의의 고취

17세기에 근대주의가 자기주장을 하기 시작한 것은 곧 근대 초기 학문의 바탕인 고대를 거스르겠다는 의미였다. 이 절에서는 예술에서의 근대주의에 초점을 맞출 것이다. 하지만 우리는 예술적 근대주의가 근대의 철학 및 과학의 발전과 긴밀하게 연관되어 있다는 사실을 잊어서는 안 된다. 실제로 예술적 근대주의에 도취된 사람들은 종종 근대의 철학, 과학, 예술이 서로 결합해 이뤄낸 성취를 현재가 과거보다 우월하다는 것을 보여주는 증거처럼 다루었다.

페로가 쓴 「루이 대왕의 시대」(1687)라는 시는 17세기에 등장한 예술적 근대주의를 가장 뚜렷하게 보여주는 사례 중 하나다. 페로가 프랑스 학술원에서 이 시를 낭송했을 때 그는 이미 근대의 화가들과 극작가들을 칭송하는 작품들을 저술한 상태였다.[32] 그런데도 그는 고대의 숭엄한 아름다움이 자신에게는 경탄스럽지 않다는 충격적인 고백으로 「루이 대왕의 시대」를 시작한다.[33] 이어서 그는 플라톤의 대화편 전체를 읽을 수 있는 사람은 아무도 없으며, 아리스토텔레스의 자연학은 헤로도토스Herodotus의 역사보다도 신빙성이 없고, 근대의 시인들과 연설가들은 데모스테네스Demosthenes와 키케로Cicero를 능가하고, 호메로스는 온갖 과잉와 결핍의 우를 범했으며, 고대인들은 메난드로스Menander, 베르길리우스, 오비디우스

---

[32] Perrault, *La Peinture: Poëme*, 1688을 보라. Perrault, *Critique de l'Opéra*, 1674도 보라.
[33] Perrault, *Le siècle de Louis le Grand*, 1687. 이 시의 영어 번역은 (안타깝게도 아주 정확하게 옮겨지지는 않지만) François De Callières, *Characters and Criticisms upon the Ancient and Modern Orators*, 1714에서 찾아볼 수 있다.

를 무시함으로써 자신들의 취향이 형편없다는 사실을 증명했다고 주장한다. 그리고 페로는 고대의 화가들이 라파엘로Raphael와 샤를 르브룅Charles LeBrun에 비하면 학생보다도 못한 수준이며, 〈라오콘 군상〉의 인물들의 신체 비율은 너무도 형편없어서 라오콘의 아들들이 난쟁이처럼 보일 지경이므로 프랑수아 지라르동François Girardon의 조각 〈님프 요정들의 시중을 받는 아폴론〉이 〈라오콘군상〉보다 월등하다고 말한다. 이 밖에도 페로는 그리스인들이 음악이라 부르는 불협화음의 소음보다 장-바티스트 륄리Jean-Baptiste Lully의 음악이 훨씬 자연스럽고 더욱 감동적이라고 말하기도 한다. 이러한 주장들은 당대 사람들을 분노하게 만들었다. 하지만 페로는 근대 예술이 우월한 이유들을 어렵지 않게 깨달을 수 있다고 생각했다. 위대한 예술가의 원숙한 작품들은 학생 때 내놓은 작품들보다 반드시 더 훌륭해야 하는데, 그동안 기술을 연마하고 통찰력을 기를 수 있었을 것이기 때문이다. 같은 이유로 루이 14세 통치하의 프랑스는 로마가 아우구스투스 황제의 재위 기간 동안 이룬 것보다 더 위대한 성취를 이루었다고 자랑할 만한데, 왜냐하면 로마 시대 이후로 수백 년이 흘렀고, 근대 예술가들은 고대인에게 수수께끼로만 남아 있던 회화, 조각, 음악의 비밀들을 밝혀냈기 때문이다. 페로는 『고대인과 근대인 비교』(1688-1697)에서 이같이 주장하면서 고대인을 뛰어넘는 근대인의 사례를 일반화하기 위해 철학과 과학에도 같은 논리를 적용했다.[34]

34 페로의 『고대인과 근대인 비교』의 두 번째 대화에서 발췌한 구절들을 크리스토퍼 밀러Christopher Miller가 영어로 옮긴 번역문은 Harrison et al., *Art in Theory*, 52-63을 보라.

페로의 시는 프랑스 학술원에서 논란의 불씨를 지폈지만 그는 뒤따른 논쟁에서 결코 혼자가 아니었다. 베르나르 르 보비에 드 퐁트넬은 고대인을 옹호하는 사람들에 맞서 페로의 편에 섰던 인물 중 한 명이다. 그의 논고 『전원시에 관하여』(1686)는 테오크리토스The-ocritus와 베르길리우스의 전원시를 비판하는데, 그들이 시의 주제였던 목동들에게 지나치게 많은 재주와 용맹함을 부여했으며, 전원생활을 실제보다 더 고상하게 보이게 만들었다는 것이 그 이유이다.35 이에 비해 근대인은 "자신들의 목동을 광대처럼 우스꽝스러워 보이게 만드는 과오를 거의 범하지 않는다"라고 퐁트넬은 말한다.36 그는 자신의 언급들이 적대적인 반응을 불러일으키리라는 사실을 알았기 때문에 논고의 말미에 『고대인과 근대인에 관한 여담』[이하『여담』]이라는 글을 부록으로 덧붙였다. 『여담』의 도입부에서 퐁트넬은 자신을 비판하는 사람들에게 고대인을 이성과 좋은 취미의 원천으로 떠받들지 말라고 경고한다. 왜냐하면 그것은 "자연이 그처럼 위대한 창작품들을 내놓는 것에 이제 지쳐버렸다"는 것을 암시하기 때문이다.37 그다음 몇 쪽에 걸쳐 그는 고대인과 근대인이 같은 지역에서 살았고 같은 기후를 즐겼으니 양자 사이에는 아무런 자연적 차이도 있을 수 없다고 말한다. 결국 그는 "우리, 즉 고대인과 근대인, 그리스인, 로마인, 프랑스인은 이제 모두 완전히 똑같다"라고 천명하지만 그의 평등주의는 딱 거기까지였다.38 고대인

---

35 Fontenelle, *Of Pastorals*, 339-347.
36 Fontenelle, *Of Pastorals*, 347.
37 Fontenelle, *A Digression on the Ancients and the Moderns*, 358.
38 그리스인, 로마인, 프랑스인이 모두 똑같다는 퐁트넬의 주장은 기후, 지리, 민

이 예술과 학문을 발견하고 그것들을 완벽하게 만들었다고 주장하는 사람들을 향해 퐁트넬은 근대의 철학, 과학, 예술의 토대를 놓은 것은 고대인의 지성이 아니라 그들이 범한 오류들이었다고 맞받아친다. 그는 이렇게 쓴다. "우리는 우선 플라톤의 이데아들, 피타고라스의 숫자들, 아리스토텔레스의 성질들을 검토해보아야 했다. 이것들이 거짓임을 간파하고 나서야 비로소 우리는 올바른 이론을 받아들이게 되었던 것이다."³⁹ 호메로스의 시는 고대인이 시적 허용을 터무니없을 만큼 확장시켰음을 보여주는 반면교사의 역할을 하며, 근대인은 결국 그 한계를 깨달았다.⁴⁰ 마침내 퐁트넬은 "소포클레스Sophocles와 에우리피데스Euripides, 아리스토파네스의 최고 작품들이 위대한 시대[근대]의 『시나』, 『호라티우스』, 『아리아드네』, 『인간 혐오자』, 그리고 다른 많은 희극이나 비극보다 우위에 서지는 못할 것이다"라고 자만하기에 이른다.⁴¹ 이와 같은 근대 작품들의 우월성은 고대인의 권위에 도전하고 그들의 실수를 교정하려는 의지에 입각한 것이었다.

고대인과 근대인 논쟁은 퐁트넬이 『여담』을 출간한 지 얼마 지나지 않아 영국해협을 건너갔고, 그리하여 훗날 책들의 전쟁으로 알

족성에 관한 이론들이 자주 논의되던 18세기에 논란을 일으켰다. 흄은 자연적 원인들(공기, 음식, 기후)이 민족성에 끼치는 영향을 무시하는 경향이 있었다. 하지만 루소는 『정치경제론』과 『사회계약론』에서 물리적 원인들의 역할을 강조했고, 심지어 "자유는 모든 기후에서 자라는 열매가 아니다"라고 주장하기까지 했다. Hume, *Essays*(*Of National Characters*), 197-215를 보라. Rousseau, *The Social Contract and Other Later Political Writings*, 12, 74, 76, 100도 보라.

39　Fontenelle, *Digression*, 361.
40　Fontenelle, *Digression*, 367.
41　Fontenelle, *Digression*, 368.

려지게 되는 논쟁이 시작되었다. 하지만 영국의 전쟁에서 각 당파의 노선은 프랑스의 논쟁에서의 노선과 꽤 달랐다. 영국에서 근대주의를 옹호했던 윌리엄 워튼William Wotton은 사실 저명한 고전주의자였다. 1666년에 태어난 워튼은 5세에 이미 호메로스와 베르길리우스의 작품들을 독파했으며, 11세가 되던 해에 히브리어, 그리스어, 라틴어, 아라비아어, 시리아어에 통달했다. 21세가 되던 해에는 영국왕립학회의 회원이 되었는데, 거기서 그는 학회의 설립자이자 경험철학자인 로버트 보일Robert Boyle의 전기를 쓰는 작업을 맡았다. 워튼의 가장 유명한 작품인 『고대와 근대의 학문 성찰』[이하 『성찰』](1694)에는 그의 고전에 대한 지식뿐만 아니라 근대과학에 대한 박식함이 녹아 있다. 워튼의 『성찰』은 고대인과 근대인의 도덕과 정치, 그들의 시와 수사학과 문법, 건축과 조각과 회화와 음악, 수학과 논리학과 형이상학, 자연철학과 천문학과 광학, 해부학과 내과의학과 외과의술, 동물학과 식물학 그리고 여타의 많은 분야에 대한 그들의 기여를 비교하면서 체계적으로 전개되어나간다. 『성찰』은 또한 고대 그리스와 로마를 훌쩍 넘어서 이집트, 아라비아, 인도, 중국의 고대 지혜를 고찰하는 데까지 이른다. 결국 워튼은 "이 시대의 지식 규모가 앞선 시대의 지식 규모보다 훨씬 더 크다"고 결론짓는다.[42] 그가 근대의 지식 규모를 끌어들인 까닭 중 하나는 학문의 영광을 위해 경쟁하도록 유럽 왕국들을 고무한 로마의 정치적 권위가 추락했기 때문이다.[43] 앞선 세대는 고전 학문 분야에서 서로를 능가

---

42   Wotton, *Reflections upon Ancient and Modern Learning*, 342.
43   Wotton, *Reflections*, 346.

하려고 노력한 반면, 워튼에 따르면 당대에 이르러서는 수학과 물리학이 "유럽의 지식인들이 가장 선호하는 연구 분야"가 되었다.**44** 이러한 전개의 이점 중 하나는 "특히 젊은이들 사이에서" 현학적인 체하는 일이 줄었다는 것이었다. "대학에서 이들은 일상 대화나 라틴어가 불필요한 논증에서 라틴어 구절이 빈번하게 인용되면 이를 비웃으라고 배웠다. 또 예전에는 엄청나게 유행했던 역겨운 독서 과시라든가 공개 기업의 장학금도 줄었다."**45** 현학적인 체하는 일에 관한 워튼의 언급은 그가 고대인을 옹호하는 사람들의 태도와 취향을 우습게 여겼다는 사실을 분명하게 보여준다. 하지만 그는 페로나 퐁트넬에 비해서는 고대 예술을 너그럽게 평가했다. 워튼은 "전대가 이 후대보다 더 위대한 연설가들과 더 귀한 시인들을 배출해냈다"는 사실을 인정하지만 근대인이 고대인의 성취를 따라잡거나 심지어 능가하는 것을 막을 수는 없다고 생각했다.**46** 그는 고대 예술이 원리적으로나 현실적으로 극복될 수 있다는 점을 입증해 보이며, 니콜라 푸생Nicolas Poussin, 르브룅, 잔 로렌초 베르니니Gian Lorenzo Bernini와 같은 근대의 화가들과 조각가들이 고대의 선배 예술가들만큼이나 높은 수준에 있다고 생각했다.**47**

리처드 벤틀리는 1697년 워튼의 『성찰』의 재판再版에 그의 『팔라리스, 테미스토클레스, 소크라테스, 에우리피데스의 편지들 및 이솝우화에 관한 논문』[이하 『논문』]이 부록으로 들어가면서부터 영국

---

44 Wotton, *Reflections*, 346-347.
45 Wotton, *Reflections*, 354.
46 Wotton, *Reflections*, 23-24, 39, 45.
47 Wotton, *Reflections*, 77.

근대주의의 기수旗手 중 한 사람이 되었다.『논문』에서 벤틀리는 방대한 지식을 활용해『팔라리스의 편지들』이 위작이라는 사실을 증명하였는데, 이는『고대와 근대의 학문에 관한 논고』(1690)에서 그것이 진본임을 옹호한 윌리엄 템플William Temple에게는 꽤 분한 일이었을 것이다. 벤틀리의『논문』은 1695년에 옥스퍼드에서 출판한『팔라리스의 편지들』의 새로운 판본의 편집자들이 고대 언어와 고전 문헌, 역사에 무지하다며 비난하기도 했다.[48] 벤틀리는 학술 언어인 라틴어 대신에 논쟁적인 영어로 글을 씀으로써 고대인을 옹호하는 이들이『팔라리스의 편지들』이 "그 어떤 생명력도 정신도 없는 흔해 빠진 것"이라는 사실을 간파하지도 못한, 따라서 고전고대의 훌륭함을 판정할 능력이 없는 사람들이라는 사실을 교양 있는 대중에게 보여주었다.[49]『논문』에서 벤틀리는 근대의 역사 비평 방법을 훈련한 학자들을 통해 고대인을 옹호하는 사람들에게서 고대인을 구출해야 한다고 주장하기도 했으며, 이는 바로 그가 1712년에 출판한 호라티우스 교정판[*Q. Horatius Flaccus*]에서 시도한 일이다. 섀프츠베리는 벤틀리의 호라티우스 교정판을 "학계가 지금껏 보지 못한 가장 정교한 괴물"이라고 불렀다. 왜냐하면 그것은 원문에 대해 폭넓으면서도 다양한 교정을 제안하며, 또 그 구성의 질서를

---

[48] 『팔라리스의 편지들』의 새로운 판본은 로버트 보일의 조카인 찰스 보일Charles Boyle이 작업한 것으로 간주되지만 실제로는 프랜시스 애터버리Francis Atterbury와 옥스퍼드대학 크라이스트 처치Christ Church 컬리지 소속의 몇몇 사람이 이 판본과 벤틀리의 비판에 대한 보일의 답변들을 준비했다는 증거가 있다. Levine, *The Battle of the Books*, 59-61을 보라. Haugen, *Richard Bentley*, 112-113도 보라.

[49] Bentley, *A Dissertation Upon the Epistles of Phalaris*, 62를 보라. Levine, *The Battle of Books*, 53도 보라.

자유롭게 고찰하는 400쪽 이상의 주석을 담고 있었기 때문이다.⁵⁰ 1712년에서 1713년 사이에 24권으로 출판된 한 풍자판은 "주석에 주석이 달린, 벤틀리 박사의 주석들에 대한 번역"을 포함하고 있다고 과장하여 말했다[비꼬았다].⁵¹ 하지만 벤틀리는 이러한 비판에도 흔들리지 않고 교정판의 서문에서 자신의 교정을 변호하면서, 자신을 반대하는 사람들이 대안적 독본을 지지하며 양산할 수많은 필사본보다 자신의 교정에 담긴 합리적 추측들이 훨씬 정확하다고 주장했다. 그의 결론 ― "필경사를 숭배하지만 말고, 스스로 생각할 용기를 가져라(*Noli itaque Librarios sols venerari, sed per te sapere aude*)" ― 은 영국 근대주의의 역설을 완벽히 압축하고 있다.⁵² 벤틀리는 근대 학문이 고전 예술 작품들을 교정할 권한을 지닌다고 주장하면서, 고대의 권위를 부정하는 자신의 입장을 정당화하기 위해 고대의 시 ― "스스로 생각할 용기를 가져라(*sapere aude*)"라는 구절은 호라티우스의 편지들 중 하나에서 등장한다 ― 를 인용하고 있다.⁵³

페로, 퐁트넬, 위튼, 벤틀리가 예술적 근대주의에 대해 모두 동일한 전망을 공유했다고 주장한다면 이는 잘못일 것이다. 페로는 예술에서 진보를 이끄는 음악, 회화, 시, 조각의 비밀들이 시간의 흐름에 따라 밝혀졌다는 이유로 고대 예술이 근대 예술에 비해 열등하다고 생각한다. 그는 고대인들이 최고의 예술적 기법들에 무지했으며, 이와 마찬가지로 근대의 물리학과 천문학의 발견들을 알지 못했다고

---

50   Haugen, *Richard Bentley*, 132.
51   Monk, *The Life of Richard Bentley, Master of Trinity College*, 249-250.
52   Bentley, *Q. Horatius Flaccus*, 2(*Praefatio*).
53   Bentley, *Q. Horatius*, 241(Ep. I.II.40).

상정한다. 퐁트넬도 유사한 주장을 펼치는데, 다만 그는 고대인들이 예술의 원리에 관해 실제로는 실수를 저질렀을 뿐이라고 주장한다는 점에서 페로와 차이가 있다. 근대의 물리학과 천문학이 아리스토텔레스의 자연철학과 프톨레마이오스의 천문학의 오류를 정정함으로써 성립했듯이 근대 예술가들은 고대의 시인들, 화가들, 조각가들의 실수를 바로잡음으로써 예술의 완성도를 한층 더 끌어올렸다.[54] 워튼은 페로나 퐁트넬에 비해 역사의 복합성을 훨씬 예민하게 의식했기 때문에 이런 식의 주장들을 못 미더워했다.[55] 워튼은 역사가 페로의 서술처럼 직선적인 진보 모델을 따르지 않는다는 사실을 깨달았다. 또 그는 예술이 퐁트넬의 주장처럼 항상 추측과 논박을 통해 개선되는 것은 아니라는 사실도 깨달았다. 예술에서 성취는 예술가들이 언제라도 사용할 수 있는 기법들뿐만 아니라 특정 시기의 취미에 영향을 주는 수많은 요인 — 워튼의 표현을 따르자면 "멀리서 보아서는 발견할 수 없는 수천 가지의 사건" — 에 달려 있다는 것이다.[56] 워튼은 고대인이나 근대인 중 어느 한쪽이 더 우월하다는 식의 주장을 할 것이 아니라 두 시대의 학문에서 최상의 것들을 결합해 이를 학문의 새로운 형식에 도입하자고 요구한다. 벤틀리의 문헌학은 워튼이 제안한 고대와 근대 학문의 결합 사례로 간주될 수 있을 것이다. 그러나 벤틀리의 방법이 근대적이라는 점에는 의문의 여

---

54 고대인들의 오류에 관한 퐁트넬의 주장들은 역설적인 면이 없지 않은데, 그는 데카르트의 소용돌이 이론에 계속 천착하면서 뉴턴의 중력이론을 거부했기 때문이다. Fontenelle, *The Panegyrick of Sir Isaac Newton*, 60-67을 보라.
55 워튼은 『성찰』에서 역사적 근거를 들어 페로와 퐁트넬의 주장들을 비판한다. Wotton, *Reflections*, 47-48.
56 Wotton, *Reflections*, 48, 356.

지가 없다. 벤틀리의 『논문』은 근대의 판본들이 고대의 필사본들보다 더 나을 수 있다는 사실을 매우 분명하게 밝혀주었다. 벤틀리는 호라티우스 교정판에서 고대의 필사본들이 지니는, 그리고 고대인들의 해석 전통이 지니는 권위를 부정하면서 근대 학문이 자신만의 기준에 따라 고전 예술 작품들을 교정할 권리를 지닌다고 주장하기도 했다. 일부 비평가들(예컨대 포프)은 벤틀리의 교정이 그가 편집한 작품들의 문학성에 영향을 끼쳤다는 이유로 그의 교정에 반대한 반면 다른 사람들(예컨대 스위프트)은 벤틀리의 교정을 고대에 대한 "근대의 맹렬한 파수꾼"의 공격으로 이해했다.[57]

고대에 대한 옹호

17세기가 끝나갈 무렵에 고대인을 옹호하는 많은 사람은 근대의 물리학과 천문학이 고대보다 우월하다는 사실을 기꺼이 받아들였다. 하지만 근대 예술의 우월성은 좀처럼 인정하려 들지 않았다. 우리는 근대주의를 비판하는 사람들을 어떠한 전통적 규준의 변화도 받아들이지 않는 보수주의자들로 치부해버리기 십상이지만 사실 그들 중 많은 이가 존경받는 학자, 주석가, 번역가, 작가였다. 이들은 근대인이 고대인을 과소평가했으며 근대인 스스로의 성취를 부풀렸다고 생각했다. 이들의 주장은 고대인과 근대인의 차이 및 그 차이를 평가하는 데 사용되는 기준들을 명확하게 하는 데 유용하므로 숙고해볼 가치가 있다.

---

[57] Swift, *The Battle of the Books*, 108.

프랑스에서 고대인을 옹호한 사람들 중 가장 유명한 인물은 부알로 데스페로다. 프랑스 학술원에서 논쟁이 발생하기 훨씬 전인 1674년에 부알로는 롱기누스의 『숭고에 관하여』 번역본과 호라티우스풍의 『시학』을 출판하여 고대인 해석가로 이미 명성을 얻었다. 『숭고에 관하여』의 번역본 서문에서 부알로는 고대의 수사학자 롱기누스가 양식에 관한 글을 그 주제에 맞는 방식으로 썼다며 그를 칭송한다. 부알로는 수사법의 규칙들을 일련의 건조한 계율처럼 제시한 아리스토텔레스와 달리 롱기누스가 숭고에 관하여 숭고한 논문을 우리에게 선사해주었다고 생각한다.[58] 부알로는 "자신들이 이해하지 못하는 것만 칭송하고" 또 "저자가 그의 글에서 완전히 사라지지 않는다면 높은 천재성을 가질 수 없다고 생각"하는 근대의 시인들이 이 점을 알아차릴 리가 없다고 인정하면서도 롱기누스는 근대문학에서 사라진 단순성 및 존엄함을 이성, 학식, 수사법의 위대함과 조합할 수 있는 사람이므로 연구될 가치가 있다고 역설한다.[59] 부알로는 근대 시인들의 타락과 방종을 용인하지 않으며, 그들이 그들 자신의 예술의 원천[고대 예술]으로 되돌아가서 그것이 얼마나 완벽한지 알아보는 법을 배워야 한다고 생각한다. 그 완벽함은 부알로의

---

58 Boileau-Despréaux, *Longinus' Treatise of the Sublime*, 2. 프랑스 신고전주의의 대표 주자 중 한 사람인 부알로가 아리스토텔레스와 쿠인틸리아누스Quintillian의 "건조한 계율들"을 불평했다는 사실은 역설적으로 보인다. 하지만 그렇게 보이는 까닭은 신고전주의에 대한 우리의 이해가 비평적 논쟁들이 벌어진 300년 동안 형성되었다는 사실에서 주로 기인한다. 비평가들은 신고전주의가 엄격하고 정형화되어 있다고 비난했지만 신고전주의자들은 그러한 엄격함과 정형성이 우아함, 단순성, 자연스러움을 보여준다고 생각했다. Bray, *La Formation de la Doctrine Classique en France*, 1966을 보라.

59 Boileau-Despréaux, *Longinus' Treatise of the Sublime*, 6.

『시학』에서 더욱 분명하게 서술된다. 부알로의 『시학』은 그것의 토대인 호라티우스의 편지와 마찬가지로 "매력적인 시의 위험한 경로"를 따르고 싶어 하는 시인들을 위한 실용적 지침을 제공한다.[60] 제1편에서는 시인들에게 운韻과 이성을 조합하고, 대상을 주목할 만한 가치가 있는 것으로 묘사하며, 적절한 문체를 선택하고, 화법을 변화시키고, 글을 쓰기 전에 미리 생각하며, 합당한 비평을 받아들이라고 말한다. 제2편은 전원시, 애가, 송시, 소네트, 경구, 풍자시 등 다양한 시적 장르를 구분하고, 제3편은 비극과 희극의 차이들을 설명한다. 제4편은 첫째 칸토의 일반적인 지시 사항들로 되돌아가서, 시인들에게 아첨이나 질투에 영향을 받아서는 안 된다는 점, 덕을 따르고 개선할 수 있는 점은 기꺼이 바꾸어야 한다는 점, 그리고 돈이나 명성을 위해 예술의 가치를 떨어뜨려서는 안 된다는 점을 주지시킨다. 이러한 권고 사항들은 다양한 지점에서 시의 규칙이나 원리의 특징을 규정하는데, 사실 이것들은 호라티우스의 『시학』에서 제시되는 규칙들과 전혀 다르지 않다. 이것들은 상이한 경우들에 각기 다르게 적용될 수 있는 세심하고 실용적인 지침들이다. 물론 예외가 있기는 하지만 또한 이것들이 최고의 시에서 일반적으로 관찰되는 이유들이 있다. 부알로가 생각하기에 고대인은 이성과 양식이 예술에 정해준 규칙들을 인정하지 않고 시를 써내려가는 일이 무모할 수 있다는 사실을 근대인보다 더 잘 알았던 것이다.[61]

안 르 페브르 다시에는 고대인을 옹호한 사람들 중 아마 부알로

---

60   Boileau-Despréaux, *Art of Poetry*, 159(C.I. 7-8).
61   부알로가 이성(*raison*)과 양식(*bon sens*)에 호소한 것에 관해서는 Pocock, *Boileau and the Nature of Neo-Classicism*, 88을 보라.

이후로 프랑스에서 가장 중요한 인물이었을 것이다. 호메로스의 『일리아드』와 『오디세이아』에 대한 그녀의 산문 번역본은 고대인과 근대인 논쟁이 잦아들고 여러 해가 지나서야 출판되었다. 하지만 그녀의 번역과 그녀가 서문에서 제시한 충격적인 주장들은 갈등의 불씨를 다시 지폈다. 부알로가 페로에게 "우리의 민족과 시대가 훌륭하다는 평가에 대해서는 서로 의견이 다르지 않다"라고 장담한 것과 반대로 다시에는 "고대는 우리 시대와 닮은 점이 거의 없다는 점에서 훨씬 더 아름답다는 사실을 알게 되었다"라는 과감한 주장을 펼친다.[62] 이러한 의견은 페로가 고대의 숭엄한 아름다움이 자신에게는 경탄스럽지 않다고 고백한 것만큼이나 그 자체로 파격적이었다. 다시에가 고대 세계를 향해 보낸 찬사에 대하여 알렉산더 포프는 자신의 『일리아드』 번역본 서문에서 격하게 반응하며 다음과 같이 물었다. "약탈과 강도질과 함께 복수와 잔혹함의 정신이 세상을 지배하던 시대, 돈을 위해서라면 자비를 내팽개치던 시대, 세계에서 가장 위대한 왕자들이 목숨을 잃고 그들의 아내와 딸이 노예와 첩으로 팔려 나가던 시대, 그러한 시대의 지복至福을 과장하는 일을 누가 마뜩해하겠는가?"[63] 하지만 이러한 비판이 그녀의 견해를 누그러뜨리지는 못했다. 라 모트는 다시에의 번역본을 기반으로 『일리아드』 운문 요약판을 출판했으면서도 호메로스의 유령이 작가에게 나타나 자기 작품에서 근대의 감수성을 해치는 오류들을 몰아내라고 촉구하는 내용의 송시를 실었고, 이에 대응하여 다시에는

---

[62] 이 구절들의 번역은 Norman, *The Shock of the Ancient*, 1, 15에서 찾을 수 있다.
[63] Pope, *The Iliad of Homer*, 21. Levine, *The Battle of the Books*, 198-199도 보라.

근대에 취미가 퇴락하게 된 원인들을 다룬 600쪽짜리 논고를 내놓았다.⁶⁴ 논고에서 그녀는 『일리아드』의 1권부터 12권까지 주석을 다는 방식으로 라 모트의 편집본에 산재한 오류와 오해를 모두 지적해낸다. 만일 누군가가 라 모트의 작품은 근대가 고전고대보다 열등한 모든 방식을 보여주고, 동시에 근대인의 무지, 부주의함, 형편없는 판단력의 원천을 드러내준다고 말한다면 다시에의 입장에서 볼 때 이는 결코 폄하가 아니라 오히려 정당한 평가다. 다시에는 쿠인틸리아누스의 『수사법 퇴락의 원인에 관하여』(75년경)를 따라 교육의 부족, 무지한 교사들, 게으른 학생들이 근대의 취미를 퇴락시켰다고 주장한다.⁶⁵ 그러나 퇴락의 궁극적 원인은 근대의 시인들과 수사학자들이 수사법의 원천[고대의 수사학]에 몰두하지 않는다는 데 있다. 근대인은 고대 원작들의 완벽성에 주의를 기울이지 않고 자신들이 이해하지 못하는 작품들을 제멋대로 뜯어고침으로써 자신들의 오류를 더욱 심화시킨 것이다.⁶⁶

고대인을 옹호하는 이들 중 영국에서 가장 중요한 인물인 윌리엄 템플은 부알로나 다시에만큼 학문적 명성을 얻지는 못했다. 교양 있는 귀족들이 17세기와 18세기에 그랬듯이 템플도 고대인을 취향과 예법의 모범으로 여겼다. 고대 시가 근대 시보다 열등하다고 주장하는 퐁트넬의 『여담』에 매우 격분한 그는 『고대와 근대의 학문에 관한 논고』의 지면 대부분을 고대 학문의 계보학에 할애했다. 거기서 그는 고대 그리스인들이 기후가 쾌적하고 사람들의 성정이나

---

64   De La Motte, *L'Iliade*, 175-180.
65   Dacier, *Des Causes de la Corruption du Goust*, 24.
66   Dacier, *Homère defendu*, 4. Simonsuri, *Homer's Original Genius*, 46-56도 보라.

정부의 안정성 측면에서 서구 유럽보다 학문에 유리한 조건을 지닌 인도와 중국에서 지혜를 얻은 게 틀림없다고 주장했다. 템플은 이것이 고대인들이 수학, 자연과학, 윤리학의 원천들에 관해 그 어떤 근대인이 성취할 수 있는 것보다 더 나은 지식을 지녔다는 점을 입증한다고 생각했다.[67] 고대인의 지식이 이후의 세대에서 퇴락한 까닭도 템플에게는 자명했다. 그는 중세에 성직자들은 종교적 제의에 몰두하고 교양 있는 평신도들은 병역에 복무해야 했던 탓에 고대의 학문이 망각되어 고대인의 지혜가 보존되지 못했다고 한탄한다.[68] 그는 근래에 고대 학문이 어느 정도 회복되기는 했다고 인정하면서도 근대 학문이 고대인의 지혜를 능가한다고 생각할 만한 하등의 근거는 없다고 여겼다. 템플은 데카르트나 홉스도 그 어떤 고대철학자보다 뛰어나지 못했고, 근대의 그 어떤 수사학자도 고대의 수사학자들과 대등할 수 없으며, 고대의 시학과 음악학은 근대에 들어 운 맞추기와 손장난으로 퇴보했다고 주장했다. 또 그는 근대의 어떤 화가나 조각가도 회화와 조각이라는 분야를 창시한 고대인과 어깨를 나란히 할 수 없고, 고대의 건축술과 공학이 근대보다 훨씬 월등하며, 근대 자연과학의 기술적 적용은 고대 마법의 기술적 적용보다 열등하다고도 주장했다. 이 밖에도 그는 코페르니쿠스의 천문학과 혈액이 순환한다는 사실에 대한 윌리엄 하비William Harvey의 발견이 고대의 자료들에 바탕을 두고 있다고 주장하기도 했다.[69] 템플은 항해술과 관련해서는 근대 지식이 우월하다는 사실

67　Temple, *An Essay upon the Ancient and Modern Learning*, 16.
68　Temple, *An Essay upon the Ancient and Modern Learning*, 22-23.
69　Temple, *An Essay upon the Ancient and Modern Learning*, 25-27.

을 거의 인정하지만 근대인의 공로를 인정하기에는 지리학 지식이 여전히 너무 불완전하다고 결론짓는다.⁷⁰ 결국 그는 근대 유럽을 불안정하게 만든 종교적·정치적 갈등, 왕실의 후원 감소, 부에 대한 탐닉, 그리고 최종적으로는 템플 자신이 "현학성에 대한 경멸scorn of Pedantry"이라 부른 것을 이유로 들면서 근대 학문이 고대인의 학문보다 열등하다는 결론을 내린다.⁷¹ 근대 학문의 현학성은 근대 학문의 가장 큰 걸림돌일 것이다. 왜냐하면 고대인을 연구하는 학자들의 서투름과 어리석음 탓에 근대 학문은 고대인을 우스꽝스러워 보이게 하며 고대인을 칭송해야 마땅한 이들을 고대인을 피하고 무시하도록 만들기 때문이다.

템플의 비서인 조너선 스위프트는 풍자소설 『통 이야기』(1704)와 『책들의 전쟁』(1704)에서 근대 학문의 현학성에 대한 격렬한 비판을 이어나갔다. 『통 이야기』에 등장하는 「비평가들에 관한 여담」에서 스위프트는 비평가를 세 종류로 구분한다. 첫째 종류의 비평가들은 "자기 자신과 세상을 위해 규칙을 만들어내는 사람들로, 그러한 규칙을 준수함으로써 세심한 독자는 지식인들의 창작물에 대해 자신의 의견을 낼 수 있게 되고, 숭고하고 훌륭한 작품들에서 참된 묘미를 느낄 수 있는 심미안을 얻으며, 내용이나 문체의 온갖 아름다움을 단지 그것을 겨우 흉내만 내는 모조품들 속에서 가려낼 수 있게 된다."⁷² 둘째 종류의 비평가들은 "벌레들, 무덤들, 필사본들의 먼지 더미에서 고대 학문을 복원하는 사람들"이다.⁷³ 스위프트는 이러

---

70 Temple, *An Essay upon the Ancient and Modern Learning*, 27-29.
71 Temple, *An Essay upon the Ancient and Modern Learning*, 40.
72 Swift, *A Tale of a Tub*, 44.

한 두 종류의 비평가들이 사라진 지 이미 오래되었으며, 자신이 "진정한 비평가"라고 부르는 셋째 종류의 비평가들만 남아 있을 뿐이라고 한탄한다. "진정한 비평가"는 스스로를 "천상에서 직계로 내려온 타고난 영웅"으로 표현한다. 그러나 스위프트는 이러한 종류의 비평가들이 "작가의 오류를 찾아내고 수집하는 사람"에 불과하다고 생각한다.[74] 그는 다음과 같이 불평한다. "세상을 영예롭게 만드는 데 이바지한 이 오래된 일파의 온갖 저작을 검토하려는 사람이라면 그 일파 작가들의 생각이 다른 저작들의 결점과 흠과 실수와 잘못을 완전히 꿰고 있으며 거기에만 몰두하고 있다는 사실을 그들 저작의 전체 맥락과 취지를 통해 금세 발견하게 될 것이다. 다루는 주제가 무엇이건 그들의 상상력은 다른 작가들의 펜이 빚어낸 결점으로 완전히 가득 차 있어서 그들 자신이 바로 그 나쁜 점의 정수가 된다. 그래서 [그들이 쓴 저작] 전체가 그들 자신이 한 비평의 요약에 지나지 않는 것으로 보인다."[75] 스위프트는 이러한 종류의 비평이 고대에 기원을 두고 있다는 사실을 인정하지만 그럼에도 그는 근대 비평을 대표하는 이들을 겨냥하여 그들이 판단을 내리기에는 너무 성급하고, 아첨하기에는 너무 열심이며, 전체의 아름다움을 평가하기에는 사소한 오류들에 지나치게 신경 쓴다고 비난한다. 『책들의 전쟁』은 그와 같은 비평가들을 향한 일종의 복수 판타지로, 거기서 스위프트는 고대인과 근대인의 전쟁을 개시한다.[76] 스위프트가 "악

73 Swift, *A Tale of a Tub*, 44.
74 Swift, *A Tale of a Tub*, 44.
75 Swift, *A Tale of a Tub*, 45.
76 이와 비슷한 작업은 이미 프랑스에서 이루어졌다. Callières, *Historie poetique de*

의를 지닌 신a malignant deity"이라 부른 비평은 무지를 배필로 삼고, 우월감을 어머니로 모시며, 한낱 의견을 자매로 삼고, 떠들썩함, 뻔뻔함, 멍청함, 허영, 적극성, 현학성, 버릇없음을 자녀로 둔 채 근대인의 편에 서서 싸운다.[77] 하지만 결국 근대인은 참패를 당하고, 그들의 대장인 워튼과 벤틀리는 『팔라리스의 편지들』— 템플은 『고대와 근대의 학문에 관한 논고』에서 이 작품이 진본임을 옹호했다 — 을 편집한 찰스 보일에게 죽음을 당한다.[78]

고대인을 옹호한 사람들은 고대의 언어, 문화, 문학에 관한 전문 지식을 지녔다는 점에서 주목할 만하다. 부알로와 다시에는 존경받는 번역가이자 주석가였기에 고대 그리스와 로마의 수사학의 진가를 페로와 퐁트넬보다 훨씬 더 잘 알아볼 수 있었을 것이다. 템플과 스위프트는 워튼이나 벤틀리와 달리 학자로서 인정받지는 못했지만 스위프트의 풍자소설은 근대의 비판적 학문과 고대의 문학 천재들 간의 간극이 근대 초기에 얼마나 컸는지를 보여준다.[79] 고대인이 예법과 취향의 귀감이었다는 생각은 이러한 생각을 구현하기 위해 상정되는 규준들과 마찬가지로 미심쩍지만 참신함과 박식함이 문학적 가치를 위한 충분조건이라는 사실에는 의문의 여지가 없다. 스위프트는 그 어떤 비평가 못지않은 예리한 재치로 독자들에게 고

---

la guerre nouvellement déclarée entre les anciens et les modernes, 1688을 보라. 이 책의 영어 번역은 스위프트가 『책들의 전쟁』을 출간한 지 10년 뒤인 1714년에 나왔다.

77 Swift, *The Battle of the Books*, 115.
78 Swift, *The Battle of the Books*, 124.
79 Levine, "Ancients and Moderns Reconsidered", 72-89를 보라. Grafton, *Defenders of Text*, 27도 보라.

대의 문학적, 예술적 성취들이 하찮게 여겨져서는 안 된다는 점을 상기시킨다. 근대 학자들이 고대인의 글에 덧붙인 주석과 주해의 무게가 독자들에게 부담이 될지언정 고대의 문학과 예술의 광휘는 계속해서 빛난다.

초기 근대주의

폴 아자르는 근대 초기가 15세기와 16세기에 걸쳐 생겨난 인문주의적 학문 전통을 이어나갔다는 점에서, 또 고대 문헌들이 진본임을 입증하거나 그 문헌들을 편집, 비평하는 새롭고 더 나은 방법들을 개발했다는 점에서 2차 르네상스로 간주될 수 있다고 주장한다. 나는 이 장의 첫째 절에서 아자르의 이러한 주장을 되풀이했고, 그의 입장을 지지한다. 하지만 그럼에도 그의 입장은 검토될 필요가 있다. 르네상스의 인문주의자들은 고대인의 지혜로 되돌아가려 했으나 근대 학문을 통해 생산된 고전고대 관련 지식들은 명백히 근대가 거둔 성취였다. 근대 초기의 학자들은 고전고대를 되살리려 하기보다는 고대인들이 자신들과 아주 달랐다는 사실을 깨달았다. 르네상스의 인문주의자들은 고대와 근대의 차이를 퇴락과 쇠퇴의 증거로 여겼을지도 모르지만 근대의 많은 학자는 오히려 거기서 근대인의 잠재력을 보았다.

만일 근대의 철학과 과학을 고대와 근대의 차이를 이해하기 위한 모델로 여긴다면 그러한 차이를 진보의 증거로 보기란 어렵지 않을 것이다. 프랑스 학술원에서 고대인과 근대인 중 어느 쪽이 더 우월한지를 둘러싸고 다툼이 벌어지기 시작한 바로 그 시기에 아리스토텔레스의 권위는 베이컨, 홉스, 데카르트 등에게 한 세기 이상에 걸쳐 공격받았다. 코페르니쿠스의 천문학은 케플러, 갈릴레오, 뉴턴의 작업을 통해 근대의 과학적 진보의 빛나는 사례가 되었다. 근대 물리학 역시 데카르트, 뉴턴, 라이프니츠의 기여 덕분에 천문학에 버금가는 진보를 이루었다. 이러한 발전 사례들을 고려해보면 페로와 퐁트넬이 근대 예술을 그저 근대인이 고대인을 능가한 또 다른 방법 중 하나로 여겼다는 사실은 놀랍지도 않다. 하지만 이러한 견해를 지지하는 그들의 주장들에는 허술한 면이 있다. 시간이 지남에 따라 예술의 비밀들이 필연적으로 드러나고 취향과 양식의 부적절함이 교정된다는 그들의 생각에는 아무런 근거가 없기 때문이다. 그럼에도 그들은 고대를 대하는 근대 초기의 전형적인 견해와 태도를 보여준다. 17세기에 철학과 과학이 이룬 진보를 고려해보면 페로와 퐁트넬은 예술도 그에 버금가는 진보를 이루었으리라고 생각할 수밖에 없었을 것이다.

다른 사람들은 고대와 근대의 차이에서 정반대의 결론을 도출한다. 템플이 근대를 비판하고 고대를 이상화한 데는 귀족 출신이라는 그의 배경이 반영되어 있다. 템플과 같은 귀족들이 고대를 칭송한 까닭은 그들이 고전 학문에 심취해 있었기 때문이 아니라 그들이 받은 교육에서 고전이 중요한 역할을 수행했기 때문이다. 고전에 대한 호소는 귀족적 취향과 예법에 권위를 부여해주었으며, 그러한 권위는 적어도 워튼과 벤틀리보다 지식이 적은 이들로서는 맞서기 어려운 것이었다. 근대인에 대한 스위프트의 비평에는 그와 같은 귀족 전통이 반영되어 있지는 않다. 하지만 그의 비평은 고전 문학이 근대 학문의 비평 기준에 반대된다는 생각을 고취시켰다.

스위프트가 『책들의 전쟁』에서 비평을 "악의를 지닌 신"이라 부르고, 『통 이야기』에서 비평가를 "작가의 결점을 찾아내고 수집하는 사람들"이라 조롱했을 때 그는 고대에 대한 근대 학문의 시각을 거부한 것이었다. 스위프트에게 고대인은 문학적 성취의 모델이지, 그들의 문헌이 진짜임이 입증되어야 하고 교정되어야 하고 주석이 달려야만 하는 대상이 아니었다. 한편 부알로와 다시에의 번역들에는 스위프트의 풍자소설에서 발견되는 문학과 학문 사이의 적대성이 반영되어 있지 않다. 하지만 다시에는 템플처럼 근대를 고대의 취향과 예법이 퇴락한 시대로 보았다. 루소가 예술과 과학의 진보는 도덕적 타락으로 이어진다고 주장하기 수십 년 전에 이미 다시에는 근대가 고대의 취향, 예법, 교육의 퇴락을 상징한다고 주장했다.

프랑스에서 벌어진 고대인과 근대인 논쟁과 영국에서 벌어진 책들의 전쟁을 다룬 문헌들의 상당수는 고대와 근대의 상대적 가치 우위에 관하여 각 당파들이 낸 비교 판단들에 초점을 맞추고 있다. 이러한 판단들은 취미판단과 비평 원리가 철학적 미학에 통합되기 이전에 예술과 문학에 대한 판단들이 어떠한 방식으로 이루어졌는지를 보여준다는 점에서 중요하다. 고대를 옹호하는 사람들이나 근대주의를 지지하는 사람들이 고대의 "숭엄한 아름다움"에 호소하거나 고대의 전원시에 등장하는 목동들을 "광대처럼 우스꽝스럽게 보인다"라고 말할 때, 또 "이 시대의 천재"라는 말을 쓰거나 근대 비평을 "한낱 의견"과 "소음"으로 일축해버릴 때 그들은 원proto미학적이거나 유사quasi 미학적인 주장을 펼치는 것이다. 하지만 이러한 주장을 미학적 판단으로 혼동하는 것은 잘못이다. 왜냐하면 미학은 거의 한 세기 뒤에나 등장한 철학의 독자적인 분야이며, 이러한 주제들에 대해 생각하고 글을 쓰는 여타의 방식들과는 다르기 때문이다. 고대인과 근대인에 대한 주장을 제대로 다루려면 설사 그것이 비철학적이거나 철학 외적인 담론들을 통합하고, 흡수하고, 평가하는 철학의 능력에 관하여 난해한 문제를 제기하더라도 그러한 주장이 전개된 맥락과 당시에 그러한 주장이 지녔던 의미를 존중해야만 한다.

이러한 비교 판단들의 기저에 깔려 있는 더욱 근본적인 점은 고대인의 예술과는 다른 명백한 "근대" 예술이라는 것이 존재한다는 생각으로, 여기에는 철학사가들이 지금까지 주목해왔던 것보다 더 큰 주의를 기울여야 마땅하다. 현재의 특징을 드러내고 현재를 과거와 구분시켜주는 차이를 발견할 수 있으리라는 생각은 근대 초기의 철학, 과학, 예술에서 중요한 부분이다. 이러한 생각은 근대 예술과 근대의 철학을 연결하는 데 중요하다. 왜냐하면 근대 초기의 철학자들은 고대인과 근대인 논쟁을 18세기 내내, 때로는 형이상학과 인식론의 맥락에서, 때로는 윤리학 및 정치학과 관련시켜서, 하지만 주로 취미와 비평이라는 표제로 계속해서 다루었기 때문이다. 이러한 논의들은 사실 "미학적"이지는 않지만 철학을 통해 예술을 파악하려는 근대의 진지한 노력을 보여준다.

제2장
예술*

　현대의 철학자들과 과학자들은 학문이 "세계의 완전한 질서"를 구성한다는 생각에 거의 관심을 갖지 않게 되었다.[1] 물리학, 화학, 생물학 같은 분야들에서 수행되는 연구는 어떤 통일된 이론 없이 항상 전문화된 주제들에 초점을 맞추어 진행된다. 그와 유사한 일이 전문 철학에서도 벌어졌다. 각기 다른 전통에 기반을 둔 철학자

---

* 원어는 fine art로 되어 있고 이는 통상 "순수예술"로 옮겨지나, 이 책에서는 대부분 "예술", 맥락에 따라서는 "아름다운 기술"로 옮겼다. 왜냐하면 애초에 fine art는 창작 기술 일반(이를테면 가구 제작술이나 철공 등) 중에서 아름다움을 의도하는 창작 기술만을 따로 지칭하기 위해 근대인들이 새롭게 고안한 용어로, 단순히 "예술"이라는 의미일 뿐이지 "상업예술"과 반대되는 의미로서의 "순수예술"을 뜻하지는 않기 때문이다.

[1] 미셸 푸코는 17세기와 18세기에 학문의 목표가 "세계의 완전한 질서"를 밝히는 데 있었다고 주장한다. 『사물의 질서』(1966)에서 그는 다음과 같이 역설한다. "학문은 세계의 완전한 질서를 밝히려는 기획을, 그것이 학문의 본래 취지와 아무리 동떨어진 것이라 할지라도, 항상 내포하고 있다. 왜냐하면 학문은 단순한 요소들 및 그 요소들의 점진적 결합을 발견하기를 언제나 지향하며, 또 그 자신의 중심에 동시대의 체계 안에서 지식을 보여주는 일람표를 만들기 때문이다." Foucault, *The Order of Things*, 74를 보라.

들은 수많은 상이한 방법을 사용하여 다양한 문제를 다룬다. 그리고 다른 영역에서 이루어지는 작업에는 거의 신경을 쓰지 않는다. 연구가 이처럼 갈수록 전문화되는 경향에 문제가 있다고 비판하는 이들도 있다. 그러나 많은 철학자와 과학자가 방법 및 실천과 관련하여 일종의 다원주의를 받아들였다.**2** 학자들은 연구를 더 큰 전체에 속한 작은 일부로 보지 않는다. 그 대신에 그들은 각각의 개별 분과, 하위 분과, 전문화된 연구 영역이 그 자체로 하나의 실재하는 세계라고 생각한다.**3** 이러한 각각의 세계는 엄청나게 방대한 양의 지식을 생산해내지만 각 세계에서 생산되는 지식이 학문의 다중 우주를 이루는 다른 세계에서 생산되는 지식과 어떠한 관계에 있는지는 불분명하게 남아 있다.

근대 초기에는 사정이 매우 달랐는데, 이는 철학적·과학적 관심사, 방법 혹은 실천이 근대 초기에 다양하지 않았기 때문이 아니라 체계를 구축하고 정교화하는 일이 당시 철학자들과 과학자들의 주된 관심사였기 때문이다. 『철학의 원리』(1644)에서 제시된 철학 나무의 이미지를 떠올려보자. 거기서 데카르트는 이렇게 말한다. "철학 전체는 마치 나무와 같다. … 그 뿌리는 형이상학이고, 몸통은

---

2 과학철학에서 다원주의를 옹호하는 입장과 관련해서는 Kellert et al., "The Pluralist Stance", vii-xxix를 보라.
3 토머스 쿤은 과학사에서 상이한 시대들을 다른 세계들과, 때로는 비교될 수 없는 세계들과 비교하지만 각 학문이 서로 분리된, 비교될 수 없는 세계라는 더욱 강력한 명제는 지지하지 않는다. Kuhn, "Possible Worlds in History of Science", 58-89를 보라. 쿤은 자신의 마지막 저작에 『세계의 다원성The Plurality of Worlds』이라는 제목을 붙이기도 했는데, 이 저작은 과학적 발전의 진화 이론을 제공한다.

자연학이며, 몸통에서 뻗어 나온 가지들은 나머지 모든 학문인데, 그것들은 의학, 역학, 도덕이라는 세 개의 주된 가지로 환원될 수 있을 것이다."⁴ 또 다른 유명한 예시로는 홉스가 철학, 기하학, 산수, 지리학, 공학, 건축학, 항해술, 기상학, 투시술sciography, 점성술, 광학, 음악, 윤리학, 시, 수사학, 논리학, 정치학의 차이를 설명하기 위해 『리바이어던』(1651)의 4장에서 제시한 학문 일람표가 있다.⁵ 더욱 야심 찬 학문 체계는 디드로의 『백과전서』[1751-1772]에서 찾아볼 수 있다. [『백과전서』를 위한] 『예비 논고』(1751)의 말미에서 달랑베르는 "기억과 연관된 역사, 이성에서 나온 철학, 상상력에서 생겨난 시"에서 유래하는 "인간 지식의 일반적 구분"을 밝혀내는 "인간 지식의 체계에 관한 상세한 설명"을 제시한다.⁶ 달랑베르의 체계는 아주 포괄적이어서 그는 그 구분에서 휘장과 양말류에 관한 지식의 자리까지 찾아낼 정도였다.⁷

「근대의 예술 체계」(1951-1952)라는 고전적 논고에서 폴 오스카 크리스텔러Paul Oskar Kristeller는 체계에 대한 위와 같은 관심이 근대 초기의 예술론에서도 발견된다는 사실을 보여준다. 이 장에서 우리는 회화, 조각, 건축, 음악, 시를 다룬 17세기와 18세기의 연구들 및 이 같은 예술들이 속해 있는 민족 전통을, 예술의 체계를 구축하려 했거나 예술을 과학, 철학 인간 지식의 더욱 광범위한 체계

---

4 Descartes, *The Philosophical Writings of Descartes*, vol. I, *The Principles of Philosophy*, 186.
5 Hobbes, *Leviathan*, 61.
6 D'Alembert, *Preliminary Discourse to the Encyclopedia of Diderot*, 143.
7 D'Alembert, *Preliminary Discourse to the Encyclopedia of Diderot*, 144.

에 위치시키려 했던 철학자들의 시도를 살펴볼 것이다. 마지막으로는 이러한 논의들에서 나타난 "아름다운" 기술[예술] "fine" art이라는 개념을 살펴볼 것이다. 근대 초기의 철학자들이 구축한 예술의 개념과 체계는 그들이 의도했던 "세계의 완전한 질서"를 구성하지는 않지만 예술이 어떻게 이해되었는지, 미학이 철학의 한 분야로 등장하기 이전에 그것들이 서로 어떻게 연관되었는지를 보여준다는 점에서 여전히 미학의 전사에 중요한 부분으로 남아 있다.

다섯 가지 주요 예술

「근대의 예술 체계」에서 크리스텔러는 이렇게 썼다. "다섯 가지 주요 예술의 체계는 모든 근대 미학의 기저를 이루며 우리에게도 아주 익숙하다. 여기에는 고대 그리스·로마, 중세, 르네상스의 사유에서 연원한 수많은 요소가 담겨 있지만 체계 자체는 비교적 근래에 성립되었으며, 18세기 이전까지는 특정한 형태로 구체화되지도 않았다."[8] 이 절에서 나는 회화, 조각, 건축, 음악, 시에 천착한 17세기와 18세기의 몇몇 저작을 고찰할 것인데, 18세기에 이러한 예술들이 통합된 체계 및 각 예술이 그 체계에서 차지한 위치는 일단 다루지 않겠다. 나의 탐구가 완벽하지는 않지만(완벽할 수도 없다!) 그럼에도 근대 초기의 다섯 가지 주요 예술 각각에 대한 이해를 돕는 방법들을 드러내줄 수 있으리라고 기대해본다.

크리스텔러는 고대와 중세에는 근대 초기에 비해 회화와 여타 시

---

[8] Kristeller, "The Modern System of the Arts, Part I", 498.

각예술의 가치가 별로 인정받지 못했지만 그렇다고 해서 고대의 회화를 근대 예술의 모델로 장려하는 근대인들이 없었던 것은 아니라고 주장한다.⁹ 프란시스쿠스 유니우스Fanciscus Junius의 『고대인의 회화』(1637)는 아마도 이러한 접근법의 가장 좋은 사례일 것이다. 롤랑 프레아르 드 샹브레의 『회화의 완전성의 이념』(1662)은 유니우스의 작품에 토대를 두면서도 루벤스가 비판했던 라파엘로와 미켈란젤로의 작품들을 다룬 연구를 추가하여 유니우스가 근대 이탈리아의 회화를 등한시한 점을 보완했다.¹⁰ 페로는 『고대인과 근대인 비교』의 두 번째 대화편에서 근대 회화의 우월성을 옹호한 반면 워튼은 『고대와 근대의 학문 성찰』에서 좀 더 온건한 결론을 내리며 다음과 같이 주장한다. "푸생, 르브룅, 베르니니는 회화와 조각에서 업적을 이룸으로써 지난 시대에 이 두 예술에서 활약한 거장들이 이 세계에 부활한다면 그들과 어깨를 나란히 할 수 있을 대가들이 우리에게도 있다는 사실을 분명하게 보여주었다."¹¹ 17세기 후반에 등장한 샤를 알퐁스 뒤 프레누아Charles Alphonse du Fresnoy의 라틴어 시 『회화에 관하여』(1695)와 로제 드 필Roger de Piles의 논고 『회화 예술』(1699)은 고대인과 근대인 논쟁에 관심을 덜 할애한다. 호라티우스의 『시학』을 모델로 삼은 뒤 프레누아의 시는 교육적 목적을 지닌다. 이 시는 "무엇이 진실인지를 분별력 있게 선택할 수 있고, 자연에서 아름다운 것과 저급하고 비천한 것을 구분할 수 있는

---

9 Kristeller, "The Modern System of the Arts, Part I", 503.
10 De Chambray, *Idée de la Perfection de la Peinture*, 23-134. Rubens, "Letter to Franciscus Junius", 328(*AiT*, 29)도 보라.
11 Wotton, *Reflections*, 77.

순수한 천재"를 교육하고 길러내서 "이러한 독창적 천재가 오랜 시간 동안의 훈련과 관습을 통해 예술의 모든 규칙과 비밀을 완전히 소유할 수 있게" 하는 것을 의도했다.¹² 드 필은 뒤 프레누아의 시를 프랑스어로 번역했지만 그의 『회화 예술』은 좀 더 전통적인 논고이다. 거기서 그는 회화에 가장 적합한 주제들, 구성과 설계의 원리들, 또 원근법, 색채 그리고 다른 많은 주제를 논한다. 화가 샤를 르브룅은 『정념 설계 학습법』(*Conférence sur l'expression générale et particulière*라는 제목으로 출간됨, 1698)에서 이러한 주제들 중 오직 하나, 즉 표현에만 초점을 맞춘다. 데카르트의 『정념론』(1649)에 상당 부분 기초를 두고 있는 르브룅의 학습법은 이를테면 존경과 존숭처럼 서로 밀접하게 연관된 표현들의 미묘한 차이를 그려내는 최상의 방법에 대한 실질적인 조언을 화가들에게 제공한다.¹³ 장-바티스트 우드리 역시 『회화의 실제와 그 주요 과정에 관한 담론』[이하 『담론』](1752)에서 화가가 사용하는 기법들에 초점을 맞춘다. 『담론』에서 우드리는 캔버스를 준비하고 팔레트에 색들을 배열하는 방법, 여러 대상을 바탕에 그리고 또 그 위에 겹쳐 그리는 최상의 방법, 그리고 완성된 작품을 수정하는 방법을 설명한다.¹⁴ 디드로는 『회화론』(1765)에서 관객과 비평가의 시각으로 글을 씀으로써 정반대의 관점을 취했다. 소묘, 채색, 명암법, 표현, 구성, 취향에 관한 그의 언급들은 체계적이지 못하고 산만하지만 18세기 회화의 거의 모든 관심사를 다루는

12 Du Fresnoy, *De Arte Graphica/The Art of Painting*, 7.
13 르브룅의 『정념 설계 학습법』과 데카르트의 『정념론』의 관계는 Ross, "Painting the Passions", 25-47을 보라.
14 Oudry, *Discourse on the Practice of Painting and Its Main Processes*, 4-25.

데, 이를테면 자연모방과 학문적 규칙의 인위성, 관찰의 가치와 상상력의 힘, 천재성과 기술적 숙련의 차이, 원근법과 조화의 중요성, 회화와 시의 관계, 감수성에 대한 호소 및 취미판단에서 이성의 역할 등이 논의된다. 당대의 독자들은 조슈아 레이놀즈Joshua Reynolds의 『예술에 관한 담론』[이하 『담론』](1769-1790)보다 디드로의 논의에 분명 더 만족스러워했다. 이는 레이놀즈의 『담론』이 "뻔뻔스럽게도 가르치려 들기" 때문이었는데, 그러나 레이놀즈의 그러한 문체는 그가 설명하려고 애쓴 "장엄 양식"을 옹호하는 데 중요한 것으로 이 양식은 회화를 다른 공예들과 구분하여 "완전성의 위대한 이상great ideal of perfection"을 추구했다.15

17세기와 18세기에 조각에 관한 저작은 회화에 관한 저작보다 상당히 적은 수가 출간되었다. 이는 아마도 고전고대 및 이탈리아 르네상스의 조각들은 시나 회화에 비해 접근하기 어려웠기 때문이겠지만, 당시에 조각이 이해되던 방식에 따른 결과이기도 할 것이다. 르네상스 시대에 조각은 회화와 유사한 디자인 예술이나 구성 예술로 간주되었다.16 회화와 조각 중 어느 쪽이 더 우월한지를 둘러싸고 격렬한 논쟁이 벌어지기도 했다. 많은 사람은 촉각보다 시각을 우위에 둔 감각의 고대 그리스·로마의 위계에 근거를 두고 판단을 내렸다. 그들은 조각이 본질적으로 촉각적인 데 비해 회화는 주로 시각적이므로 예술들 중 회화가 제일이라 천명했다.17 이러한 사유

---

15 Reynolds, *Discourses*, 85(Dis. III). "뻔뻔스럽게도 가르치려 든다"라는 더할 나위 없이 적절한 표현은 Costelloe, *The British Aesthetic Tradition*, 82-83에서 차용했다.
16 Vasari, *Lives of the Most Eminent Painters, Sculptors, and Architects*, I:9.
17 Farago, *Leonardo da Vinci's Paragone*, 1992.

노선을 따른 루벤스와 같은 일부 근대 화가는 고전 작품을 모방할 때 회화에서 "돌멩이 냄새가 조금도 나지 않게" 하려면 조각과 회화의 차이를 반드시 이해해야 한다고 생각했다.[18] 드 필과 같은 다른 사람들은 회화가 색채를 사용하는 반면 고대 그리스·로마의 조각은 차가운 백색의 대리석으로만 이루어져 있다는 이유를 들어 회화를 조각보다 우위에 두었다.[19] 심지어 드 필은 프랑스 화가 니콜라 푸생의 누드화가 너무 조각적이라며 비판했다. 그에 따르면 푸생이 그린 인물들은 "대리석처럼 딱딱하게 굳어 있으며", 너무 "채색된 돌멩이" 같다.[20] 고대 그리스의 조각들이 원래는 채색되어 있었으며, 때로는 생생하고 놀라운 색채를 띠었다는 사실은 오늘날 누구나 다 아는 상식이지만 근대 초기의 예술가들과 비평가들에게 채색된 조각은 거의 상상조차 불가능한 것이었다. 요한 요하임 빙켈만은 『고대 예술사』에서 1760년에 [이탈리아의 고대 도시] 헤르쿨라네움에서 발견된 채색된 조각품을 다루지만 그는 조각에 색을 칠하는 일이 예술의 발전사에서 미숙하고 원시적인 단계에 해당한다고 생각한다.[21] 예술의 발전에 대한 빙켈만의 설명은 주목할 만하다. 왜냐하면 그는 예술이 소묘, 회화, 시 혹은 음악이 아닌 조각에서 출발했다고 주장하기 때문이다. 빙켈만은 고대인이 신에게 예배하기 위해 처음에는 점토로, 이후로는 나무와 상아로, 그리고 마침내 돌(대리석)과 금속(청동, 금)으로 신상神像을 조각하기 시작하면서부터

---

18 Rubens, *De Imitatione Statuorum*, 86-92(*AiT*, 145).
19 Lichtenstein, *The Blind Spot*, 6.
20 Lichtenstein, *The Blind Spot*, 7.
21 Winckelmann, *The History of Ancient Art*, I:215.

예술이 생겨났다고 주장한다. 그는 예술이 이집트인의 최초의 시도에서 출발하여 페니키아인, 페르시아인, 에트루리아인의 작품을 거쳐 그리스인과 로마인에 이르러 완벽해졌다는 식으로 예술의 진보과정을 이야기한다.²² 이때 그는 고대 그리스인의 조각을 가장 열렬히 칭송한다. 그에 따르면 고대 그리스인은 자연을 모방하고 윤곽을 그리며 정서를 표현하는 데서 역사의 다른 시기의 사람들과는 비교될 수 없는 높은 수준의 "단순성과 장엄함simplicity and grandeur"을 성취했다.²³ 하지만 그리스 조각의 "단순성과 장엄함"에 대한 빙켈만의 설명은 레싱의 『라오콘』을 통해 반박되었다. 레싱은 그리스 조각이 감정의 표현을 제한한다고 주장하는데, 이는 "단순성과 장엄함" 탓은 아니고, 그것이 오로지 "아름다운 신체의 모방"에만 관심을 기울였기 때문이다.²⁴ 그러한 까닭에 그리스 조각은 트로이의 사제와 그의 두 아들이 거대한 뱀의 공격을 받는 순간을 묘사하는 〈라오콘군상〉의 장면을 [본래의 이야기만큼 실감 나게] 형상화하는 데 한계가 있다. 베르길리우스와 같은 시인은 〈라오콘군상〉에서 인물들이 겪는 괴로움을 생생한 용어로 묘사할 수 있지만 조각가는 아름다움을 위해 표현을 제한할 수밖에 없다는 것이다.

한편 비트루비우스Vitruvius의 『건축에 관하여』(27년경)와 같은 건축 관련 고전 저작들과 알베르티Alberti의 『건축론』(1486)과 같은 르네상스 시대의 연구들은 근대 초기까지도 영향력을 끼쳤다.²⁵ 하지

22 Winckelmann, *The History of Ancient Art*, I:193.
23 Winckelmann, *Reflection on the Painting and Sculpture of the Greeks*, 30.
24 Lessing, *Laocoön*, 8.
25 이를테면 클로드 페로Claude Perrault의 비트루비우스 프랑스어 번역본(1673/

만 잔 로렌초 베르니니, 프란체스코 보로미니Francesco Borromini, 피에트로 다 코르토나Pietro da Cortona가 이탈리아에서 발전시킨 바로크양식도 이 시기에 인기를 끌게 되었다. 뤽상부르궁전(파리, 1615-1620), 베르사유궁전(1624-1698), 루트비히스부르크궁전(드레스덴, 1704년경), 벨베데레궁전(빈, 1714-1723), 상수시궁전(포츠담, 1745-1747), 겨울궁전(상트페테르부르크, 1754-1762) 같은 궁전들은 고전 건축의 조화와 비례를 반영하려 했지만 엄청난 규모와 화려한 장식은 분명 바로크양식을 따르고 있다. 이 궁전들에 꾸며진 정원들도 마찬가지다. 베르사유궁전의 정원을 설계한 프랑스의 조경 건축가 앙드레 르 노트르André Le Nôtre는 프랑스 식물학자 자크 보이소 드 라 바로디에르Jacques Boyceau de La Baraudière의 『자연과 예술의 규칙에 따른 조경 연구』(1636)를 참고하여 정원들을 예술적 원리에 따라 궁전을 둘러싸는 형태로 배치하여 정원들이 통일성, 조화, 그리고 (특히) 원근법을 보여줄 수 있게 만들었다.[26] 조경 건축에 대한 새로운 접근법의 결과였던 프랑스식 정원은 17세기 내내 인기를 유지했다.[27] 18세기에는 좀 더 자연주의적인 영국식 정원이 대두되었다.

1684)과 18세기에 출간된 알베르티의 다섯 가지 판본(1726, 1739, 1782, 1784, 1797)을 보라.
[26] 티에리 마리아주Theirry Mariage가 쓴 『앙드레 르 노트르의 세계』는 프랑스식 정원의 이론적 배경에 관한 아주 유용한 설명을 담고 있다. 특히 47-92쪽을 보라.
[27] 이 맥락에서 조경 건축landscape architecture을 언급하는 것은 인정하건대 시점 착오이다. 이 용어는 19세기까지 사용되지 않았기 때문이다. 17세기와 18세기에는 "정원술the art of gardening"이라는 말이 좀 더 일반적이었다. 정원술이 건축의 한 분야로 간주되었는지는 불분명하지만 워튼의 발언을 보면 적어도 일부 경우에서는 그렇게 제시되기도 한 듯하다(Wotton, *Elements of Archi-*

이러한 접근법의 정신은 헨리 워튼의 『건축 요소들』(1624)에서 유래한 것으로 추정되는데, 여기서 그는 "건물과 정원 사이에 어떤 모순을 일으킬 것"을 권한다.²⁸ 이어서 워튼은 건물은 규칙적이어야 하는 반면 정원은 불규칙적이거나 "아니면 적어도 아주 야생적인 규칙성에 내던져져야" 한다고 주장한다.²⁹ 이보다 훨씬 강한 자연주의는 윌리엄 길핀William Gilpin의 제자들을 통해 고취되었다. 『자작코범 경의 대화』(1748)와 『주로 그림 같은 아름다움에 관한 고찰』(1782-1809)이라는 일련의 저서에서 길핀은 손길이 닿지 않은 자연스러운 조경의 "그림 같은 아름다움"을 칭송했다.³⁰ 한편 건물과 정원에서 바로크양식을 탈피하려는 움직임은 18세기에 이루어진 고고학적 발견들의 영향을 받기도 했다. 마르크 앙투안 로지에Marc Antonie Laugier의 『건축론』(1753), 쥘리엥-다비드 르로이Julien-David LeRoy의 『고대 그리스에서 가장 아름다운 기념비들의 몰락』(1758), 제임스 스튜어트James Stuart와 니콜라스 리벳Nicholas Revett의 『아테네의 유물들』(1762), 빙켈만의 『고대인의 건축에 관한 기록』, 그리고 조반니 바티스타 피라네시Giovanni Battista Piranesi의 『마리에트 씨의 편지에 관한 고찰』(1762) 등의 작품들은 고전 건축을 비할 데 없는

tecture, 87을 보라).

28 Wotton, *Elements of Architecture*, 87.
29 Wotton, *Elements of Architecture*, 87.
30 티모시 코스텔로는 『영국의 미학 전통』에서 "그림 같은 아름다움"이라는 길핀의 개념이 지닌 역설을 언급하면서 길핀이 그림 같은 아름다움을 회화의 기교artifice와 동일시하면서도 자연 풍광은 기교 없이도 그림 같을 수 있다고 주장한다는 점을 지적한다. Costelloe, *The British Aesthetic Tradition*, 139-144를 보라.

장엄함의 성취로 표현한다.³¹ 그 결과 18세기 말의 그리크 리바이벌 양식은 바로크양식에 따른 이전의 건물들과 비교해보았을 때 비록 그 엄청난 규모는 변화가 없을지언정 장식 면에서는 더 절제된 건물들을 탄생시켰다.³²

원근법에 대한 수학적 접근은 근대 초기에 회화, 조각, 건축에서 중요한 역할을 수행했는데, 수학은 17세기와 18세기에 음악 이론에도 상당한 영향을 미쳤다. 데카르트의 첫 저술인『음악 개론』(1618/1650)은 사실 응용수학을 다룬 저작이다. 데카르트는 조세포 차를리노Giossefo Zarlino의『화성론』(1558)을 따라 음정 — 음의 높이들의 차이, 화음과 불협화음 등 — 을 수학적으로 설명한다.³³ 당시에 데카르트는『음악 개론』을 아이작 베크만Isaac Beeckman에게 헌정했고 수리물리학의 다양한 문제를 해결하기 위해 그와 공동 연구를 수행했지만 그럼에도 소리가 입자로 이루어져 있다는 베크만의 이론을 알지 못했다. 베크만이 이해하기에 음악의 선율과 화성에서 발견되는 화음은 현絃의 진동에서 생겨나는 소리의 "구상체球狀體globule"나 "파동pulse"의 효과이다.³⁴ 이러한 구상체나 파동이 서로 일치하면 화음이 발생하고, 일치하지 않으면 불협화음이 발생한

---

31 이 저자들 중 일부(로지에, 르로이, 빙켈만)는 그리스 건축에 호의적이었지만 다른 일부(피라네시)는 로마인의 건축을 선호했다.

32 좀 더 이른 시기에 롤랑 프레아르 드 샹브레(*A Parallel of Ancient Architecture with the Modern*, 1650/1707)와 클로드 페로(*Ordonnance for the Five Kinds of Columns after the Method of the Ancients*, 1683)가 쓴 작품들에 담긴 고전주의도 보라.

33 스티븐 가우크로거Stephen Gaukroger는 *Descartes: An Intellectual Biography*, 74-80에서 데카르트의『음악 개론』및 이 저작이 차를리노와 맺는 관계에 대한 유용한 설명을 제공한다.

34 Cohen, *Quantifying Music*, 115-161.

다. 마랭 메르센Marin Mersenne은 『일반 화성학』(1636)에서 화음을 다루면서 수학적 설명과 물리학적 설명을 결합시켰다. 거기서 그는 음의 높이가 현의 진동 빈도에 따라 결정된다고 주장했다. 어떻게 하면 청중의 정념에 영향을 끼칠 수 있을지에 관하여 작곡가들에게 실질적인 조언을 해주고 싶어 했던 데카르트처럼 메르센은 자신의 연구가 작곡과 연주의 원리뿐만 아니라 악기의 설계와 조율에 지침으로서 참고될 수 있을 만큼 실제 음악가들에게 유용하리라고 생각했다.35 장-필리프 라모Jean-Philippe Rameau도 『화성론』(1722)에서 음악 이론과 실제의 결합을 비슷하게 시도한다. 오늘날 라모의 『화성론』은 18세기 프랑스에서 작곡의 중심원리가 된 "기초 저음fundamental bass"을 설명한 저작으로 잘 알려져 있다. 라모와 그 이후의 달랑베르에 따르면 기초 저음은 코드Chord의 근본 음조를 표현하는 방식이며, 이 음조에서 모든 장·단조 화음이 도출될 수 있다.36 장자크 루소는 『근대음악 연구』(1736)에서 기초 저음에 관한 라모의 설명에 동조하지만 『음악 사전』(1768)에서는 음악에 아주 다른 방식으로 접근할 것을 장려한다.37 두 저작이 출간되는 시기에 루소는 이탈리아 음악을 열렬히 신봉하게 되었다. 그는 라모가 대표 주자인 프랑스 음악의 "학습된 화음"을 대체할 유쾌하고 자연주의적인

---

35 Mersenne, *Harmonie Universelle*, 1957.
36 Rameau, *Treatise on Harmony*, 5-19, 139-151. 달랑베르도 『음악의 요소들』(1752)에서 기초 저음 이론을 설명한다. D'Alembert, *Elements of Music, Theoretical and Practical*, 1984를 보라. 라모의 음악 이론과 달랑베르의 강의들에 대한 개괄로는 Christensen, *Rameau and Musical Thought in the Enlightenment*, 252-290을 보라. Coward, *French Musical Thought 1600-1800*, 97-98도 보라.
37 Rousseau, *Collected Writings*(Vol. 7: *Dissertation on Modern Music*), 55, 65.

대안으로 이탈리아 음악을 내세웠다.[38] 이후 루소는 디드로와 달랑베르가 출간한 『백과전서』에 쓴 음악 관련 글들 때문에 라모와 공적 논쟁에 휘말리게 되었다.[39] 이 논쟁의 주요 쟁점은 화성(라모)과 선율(루소) 중 어느 쪽이 상대적으로 더 중요하느냐는 것이었지만, 더욱 근본적인 다른 쟁점들도 있었다. 라모는 음악을 "물리-수학적 학문"으로 여겼기에 화성이 더 중요하다고 생각했다. 반면 루소는 음악의 "도덕적 효과" 및 음악이 정념에 영향을 끼치는 방식에 주로 관심이 있었다. 루소의 감상주의는 그의 음악 관련 저술보다는 대개 철학 저작이나 소설을 통해 영향력을 행사하기는 했지만, 19세기 낭만주의 음악에 엄청난 영향을 주었다고 할 수 있다.

고대 그리스·로마의 학문에 대한 르네상스 전통은 고대 그리스·로마의 시, 극작품, 비평의 수많은 판본과 번역본을 양산해내면서 근대 초기 내내 계속되었다. 17세기 후반에는 아리스토텔레스의 『시학』과 호라티우스의 『시학』에 기초를 둔 수많은 이론서가 등장했다. 피에르 코르네유는 『극시에 관한 세 가지 담론』에서 첫째, 비극의 상이한 부분들 및 그것들의 도덕적 용법, 둘째, 카타르시스를 유발할 수 있는 가장 좋은 방법, 셋째, 행동, 시간, 장소의 통일성을 설명한다. 코르네유의 이 작품은 아리스토텔레스의 『시학』에 상당히 의존하고 있으며, 여러 규칙을 정식화하는 데 아리스토텔레스의 원리들을 사용하기도 한다. 하지만 그렇다고 해서 코르네유가 아리스토텔레스에게 노예처럼 헌신했다고 생각한다면 잘못일 것이다.

---

[38] Rousseau, *Collected Writings*(Vol. 7: "Letter to Grimm on the Subject of the Remarks Added to His Letter on Omphale" and "Letter on French Music"), 121-132, 141-174.

[39] Rameau, "Erros in Music in the Encyclopedia", 222-259.

코르네유는 비극의 행동에 관한 자신의 규칙 — 시는 줄거리에서 가장 중요한 행동들을 제시해주어야 하며, 덜 중요한 행동들은 내레이션으로 처리해야 하고, 행동들을 연속적으로 확실하게 연결해야 한다는 것, 그리하여 나중의 행동들이 앞선 행동들에 뒤따라야 한다는 것 등 — 이 "새로우며, 고대인의 관행과 대조된다"라고 밝힌다.**40** 또 그는 아리스토텔레스가 데우스엑스마키나deus ex machina를 "다소 너무 가혹하게" 비난했다고 비판하기도 한다.**41** 코르네유는 시간의 통일성에 대한 전통적 규칙 — 비극에서 행동은 하루 동안에 벌어져야 한다 — 을 엄격하게 지키라고 권하지 않는다. 또 그는 공간의 통일성에 대해서는 그 어떤 규칙도 인정하지 않는다 — 그는 개연성의 원리에 부합하는 방식으로 표현될 수만 있다면 하나의 도시 전체를 단일한 공간으로 간주할 용의가 있다.**42** 아리스토텔레스의 이론을 코르네유와 유사한 방식으로 수정하거나 교정한 사례는 르네 라팽의 『아리스토텔레스의 시학에 관한 성찰』과 앙드레 다시에가 자신의 『시학』 번역본에 덧붙인 언급들에서도 발견된다. 이러한 수정과 교정은 프랑스의 신고전주의 시학의 중심에 일종의 예술적 실용주의가 자리 잡고 있었다는 사실을 보여준다.

우리는 이와 비슷한 정신을 요한 크리스토프 고트셰트Johann Christoph Gottsched의 『독일인을 위한 비판적 시학』(1730)에서도 발

---

40   Corneille, *Of the Three Unities of Action, Time, and Place*, 119.
41   Corneille, *Of the Three Unities of Action, Time, and Place*, 122. 데우스엑스마키나에 대한 아리스토텔레스의 비판은 Aristotle, *On Poetry and Style*(*Poetics*), 31(1454a-1454b)을 보라.
42   Corneille, *Of the Three Unities of Action, Time, and Place*, 125-131.

견할 수 있다. 고트셰트는 크리스티안 볼프의 합리주의 철학과 프랑스 신고전주의 연극의 형식주의의 영향을 받았다. 하지만 그럼에도 그는 『독일인을 위한 비판적 시학』을 호라티우스의 『시학』에 대한 번역과 주석으로 시작하면서 당대의 독자들에게 자기 저작의 실용적 목표를 암시한다. "독일의 문학 독재자"로 알려지게 된 고트셰트는 시인과 극작가를 위한 건전하고 실용적인 조언을 제공하여 독일 문학을 개선하려 했다. 그를 비판했던 사람들, 특히 요한 야코프 보드머Johann Jakob Bodmer와 요한 야코프 브라이팅어Johann Jakob Breitinger는 고트셰트의 조언이 시인의 상상력과 무대에서 기적적인 사건을 표현하는 것을 제한할 수 있다며 그를 반대했다. 보드머의 저작인 『시에서 기적적인 것에 관하여』(1740)는 질서와 가능성에 대한 고트셰트의 실용적인 관심을 있음직하지 않고 환상적이며 초자연적인 것에 대한 열광주의로 대체한다. 기적적인 것에 대한 보드머의 심취는 "그리스도교의 기적"을, 그리고 천국과 지옥을 떠올리게 만드는 존 밀턴John Milton의 묘사를 연상시키지만 이는 조지프 애디슨Joseph Addison과 리처드 스틸Richard Steele의 감상주의적 비평과도 관련이 있다.[43] 신고전주의 비평가들은 상이한 장르의 규칙들에 초점을 맞춘 반면, 애디슨과 스틸은 상상력의 쾌, 예술 작품

---

[43] 그리스도교의 기적은 이탈리아 시인 토르콰토 타소Torquato Tasso의 서사시 「구원받은 예루살렘」(1580)과 관련되어 있다. 이 시에서 신화적 요소들은 제1차 십자군 전쟁에 관한 그리스도교의 서사에 통합된다. 일부 비평가들은 「구원받은 예루살렘」을 보드머가 시에서 기적적인 것의 주요 사례로 제시하는 밀턴의 『실낙원』(1667)의 모델로 여긴다. 고트셰트와 보드머의 갈등에서 밀턴이 한 역할에 대해서는 Buchenau, *The Founding of Aesthetics in the German Enlightenment*, 105-108을 보라.

이 정념에 미치는 영향, 관습 및 사회와 정념의 관계에 주목한다.[44] 레싱, 멘델스존Mendelssohn, 니콜라이Nicolai가 주고받은 비극에 관한 편지(1756-1757)에서도 이와 유사한 관심이 발견된다. 이 편지는 애디슨처럼 정념, 특히 연민의 감정을 일으키는 시인의 능력을 칭송한다. 심지어 레싱은 이렇게 말하기까지 한다. "비극의 목적은 이것이다. 즉 비극은 우리의 측은지심을 확장시켜야만 한다."[45] 하지만 그는 상이한 시적 장르를 규제하는 규칙과 원리가 있다는 사실을 부정하지는 않는다. 실제로 레싱, 멘델스존, 니콜라이는 다른 감상주의적 비평가들보다 고트셰트 및 합리주의자들에 더 가깝다. 이들은 시가 우리에게 영향을 끼치는 데는 근거가 있다고 확신하기 때문이다. 우리는 시의 어떤 일반적 원리들을 정식화하는 데 그러한 근거를 사용할 수 있다. 하지만 그런 원리들은 실용적 지침 정도로만 이해되는 것이 최선이다. 그것들은 천재의 상상력이나 창의력을 제한할 수 없는데, 천재의 작품들은 다른 작품들의 예술적 탁월함을 평가하는 기준을 정립하기 때문이다. 레싱은 시인이 글을 쓸 때 자신의 예술에 어떤 규칙들이 담겨 있는지 알지 못할 수도 있지만 만일 그 시인이 천재라면 그는 "자신 안에 모든 규칙의 증거"를 담고 있을 것이라고 말한다.[46]

---

[44] 애디슨의 비평에서 상상력의 쾌가 수행하는 역할에 관해서는 Costelloe, *The British Aesthetic Tradition*, 37-41; Guyer, *A History of Modern Aesthetics*, vol. 1, *The Eighteenth Century*, 64-67을 보라. 애디슨과 스틸의 비평에서 정서와 관습이 수행하는 역할에 관해서는 Marshall, "Shaftesbury and Addison: Criticism and the Public Taste", 633-657을 보라.

[45] Lessing, *Correspondence on Tragedy*(Lessing to Nicolai, 1756), 14.

[46] Lessing, *Hamburg Dramaturgy*, 254(no. 96).

근대 초기 예술에 관한 논의를 회화, 조각, 건축, 음악, 시에 국한 시키는 것은 분명 환원주의적이다. 크리스텔러가 규정한 "다섯 가지 주요 예술"에 속하지 않는 수사학과 무용 같은 예술을 고찰해보는 것은 가치 있는 일일 것이다. 수사학과 무용보다도 다섯 가지 주요 예술과 더 멀어 보이는 서법과 활판술, 의류 디자인, 요리법, 그리고 향수 제조술 같은 예술도 본질적으로 흥미롭다. 그러나 이 절의 목적은 예술들의 상호 관계나 그것들의 체계적 정교화를 일단 고려하지 않으면서 단지 17세기와 18세기에 등장한 예술에 대한 연구들 중 일부만을 검토해보는 데 있었다. 이제 우리는 예술들의 상호 관계가 어떻게 성립되었는지, 그리고 18세기 후반에 예술들의 체계가 어떻게 구성되었는지를 살펴볼 것이다.

민족 전통

주의 깊은 독자라면 앞 절에서 회화, 조각, 건축, 음악, 시에 관한 저작들이 (거의) 연대순으로 논의되었다는 사실을 간파했을 것이다. 앞 절의 목적을 고려해볼 때 그러한 논의 방식은 유의미하다. 하지만 이것이 근대 초기에 예술을 이해한 유일한 방식은 아니다. 유럽 민족주의의 출현 역시 17-18세기에 예술에 엄청난 영향을 끼쳤다. 17-18세기의 예술은 모두 고대 그리스-로마와 이탈리아 르네상스에 기원을 두는 것처럼 보인다. 하지만 어떤 사람들은 프랑스, 영국, 독일의 예술적, 문학적 문화를 그 민족들의 고유한 특성에 결부된 독특한 전통으로 이해하기 시작했다. 세 민족의 전통에서 발견되는 차이들은 대개 해당 민족이 출현한 곳의 기후, 지리, 인구 같은 요인에서 기인하며, 거기에는 물론 정치적, 경제적 요인도 개입되어 있다.⁴⁷ 이 요인들은 근대 초기에 예술들의 상호 관계 정립에 도움을 주었다는 점에서 여기서 고찰할 만한 가치가 있다.⁴⁸

프랑스의 민족 전통은 17세기 후반에 형성되기 시작했다. 프랑스의 학술원이 민족 전통의 발전에 중요한 역할을 수행했다는 사실은 부정될 수 없을 것이다. 루이 8세와 루이 14세가 설립한 프랑스 학술원(Académie française, 1635), 회화 및 조각 학술원(Académie de peinture et de sculpture, 1648), 금석학 및 문학 학술원(Académie des inscriptions et belles-lettres, 1663), 음악 학술원(Académie de musique, 1669), 건축 학술원(Académie d'architecture, 1671)은 예술교육에 주력했으며 학술원 회원들에게 일종의 제도화된 후원을 제공했다. 그 결과 회원들이 만들어낸 회화와 조각, 시와 소설, 오페라와 발레, 궁전과 정원은 왕과 민족의 영광에 자주 헌정되었다. 페로의 「루이 대왕의 시대」가 여기에 해당하는 좋은 사례다. 페로는 금석학 및 문학 학술원의 회원이었으며, 그의 시는 루이 14세의 성취를 칭송하려는 의도로 창작되었다. 이는 고대인을 옹호하는 사람들의 입장을 상당히

---

47 근대인들 간의 차이를 설명하는 데 기후, 지리, 정치·사회·경제 구조 및 정신, 관습, 가치, 이념이 수행하는 역할에 대해서는 Reill, *The German Enlightenment and the Rise of Historicism*, 127-189를 보라.
48 철학자들은 철학사를 이해하는 데 민족주의가 끼친 영향에 줄곧 신경 쓰지 않아왔다. 토머스 아커스트는 전후戰後 시기에 분석철학이 발전하는 데 영국의 민족주의가 수행한 역할을 다룬 중요한 역사학적 연구를 남겼다. 하지만 다른 시기나 하위 분야에 대한 그와 유사한 연구는 드물다. Akehurst, *The Cultural Politics of Analytic Philosophy*, 2011을 보라. 민족주의와 미학을 함께 다루는 드문 논의 중 하나로는 Shusterman, "Aesthetics between Nationalism and Internationalism", 157-167을 보라.

난처하게 만들었다. 근대 예술이 고대 예술보다 우월하다는 페로의 주장을 반박할 때 왕의 위대함을 부정하거나 그의 통치 업적을 폄하해서는 안 되었기 때문이다. 프랑스 학술원의 회원이었던 부알로는 페로의 시를 강력하게 반대했지만, 그와 주고받은 편지에서는 자신이 페로와 "입장이 다르긴" 했어도 "우리의 민족과 시대가 훌륭하다는 평가에 대해서는" 의견이 엇갈리지 않았다고 썼다.[49] 남편인 앙드레 다시에는 금석학 및 문학 학술원의 회원이었지만 본인은 그 어느 학술원의 회원도 아니었던 안 다시에는 "고대는 우리 시대와 닮은 점이 거의 없다는 점에서 훨씬 더 아름답다는 사실"을 알게 되었다고 과감히 말했다.[50] 그녀의 이러한 주장은 정치적으로, 즉 왕에 대한 비판으로 해석될 수도 있었지만 그녀의 책 『취미 퇴락의 원인에 관하여』의 속표지를 보면 왕이 이 책을 특별 승인했다는 사실을 알 수 있다. 이는 왕실의 검열관이 그녀의 작품을 인가했음을 뜻한다. 로버트 단턴에 따르면 검열관의 인가는 "그 책에 대한 왕실의 보증이자 그것을 읽어보라는 공식 권고"였고, 검열은 프랑스 문화와 동일시되기까지 했던 공인 문학과 예술 양식의 형성을 촉진했다.[51] 코르네유와 라신Racine의 비극 작품, 몰리에르Molière의 희극 작품, 라모의 음악에 대한 왕실의 후원도 이와 비슷한 효과가 있었다. 이 예술가들의 작품은 17세기 말과 18세기 초에 정기적으로 공

---

49 Norman, *The Shock of the Ancient*, 15.
50 Norman, *The Shock of the Ancient*, 15.
51 Darnton, *Censors at Work*, 29. 검열은 국가가 지원하는 공인 문학을 촉진시켰지만 포르노그래피 등의 비인가 문학이 유통되는 암시장의 등장을 야기하기도 했다. Darnton, *The Literary Underground of the Old Regime*, 1985; Darnton, *The Forbidden Best-Sellers of Pre-Revolutionary France*, 1996을 보라.

연되어 각 장르에서 작품의 기준이 될 정도였다. 18세기에 이러한 기준에 반기를 들었던 프랑스 예술가들이 있긴 했지만 그들의 저항도 여전히 왕과 학술원에 관련된 기관들에 의존하는 방식으로만 이루어졌을 뿐이다. 루소는 1750년대에 프랑스 음악과 라모를 거침없이 비판한 사람들 중 하나지만 음악과 관련된 그의 이력에서 가장 흥미로운 점은 그의 오페라 〈마을의 점쟁이Le Devin du village〉가 음악 학술원의 주관으로 루이 15세의 궁정에서 초연되고(1752), 그 후에는 팔레루아얄 극장Théâtre du Palais-Royal에서(1753) 공연되었다는 사실이다. 루소와 같은 제네바 공화국의 시민도 왕권과 학술원의 인가에 저항하기는 어려웠다.

18세기에 프랑스의 비평가들은 영국해협 건너편의 이웃들이 천박하고 세련되지 못하다고 생각하는 경향이 있었다. 볼테르는 『철학편지』(1734)에서 셰익스피어가 "소박한 천진함에서 숭고함까지 아우르는 활기 넘치는 창조적 천재이기는 하지만 취향이나 규칙에 대한 지식은 조금도 없다"고 주장했다.[52] 그는 영국 예술의 "몰취미"와 "불규칙성"이 프랑스에는 있었던 중앙집권적이고 제도화된 후원의 부재에서 기인한다고 설명한다. 그는 런던왕립학회가 프랑스 학술원보다 먼저 세워졌다는 사실을 인정하면서도 왕립학회가 각 예술과 학문을 개별적으로 장려하는 대신 "문학과 자연학"을 뒤섞어 놓았다고 비판한다.[53] 또 그는 왕립학회가 프랑스 학술원과 반대로 회원들에게 연금, 급여, 포상을 주지 않는다고 언급한다. 그는 "[프랑

---

52 Voltaire, *Philosophical Letters*, 85.
53 Voltaire, *Philosophical Letters*, 114.

스 학술원과] 달리 런던에서는 왕립학회에 속하려면 돈이 든다"라고 쓴다.**54** 영국 정부가 영어 학회에 관한 스위프트의 계획을 받아들이지 않았다는 사실은 볼테르가 보기에 영국에서 예술의 진보를 가로막은 가장 큰 장애 요인이었다.**55** 하지만 제도적 지원의 결여와 왕실의 후원의 부재에도 영국에서는 18세기에 독특한 민족양식이 출현했다. 이 민족양식에 가장 중요한 영향을 끼친 것은 아마도 런던에서 갑자기 생겨난 커피하우스들과 『태틀러』(1709), 『스펙테이터』(1711-1712) 등과 같은 간행물일 것이다. 커피하우스들은 대중에게 공동의 관심사를 취합하고 토론할 공간을 제공해주었다는 점에서 중요하다.**56** 이 공간에서 문학과 예술은 정치와 시사만큼이나 빈번한 대화 주제였다. 논설과 신문은 커피하우스에서 이루어진 대화들의 형식과 내용을 반영했으며, 역으로 그 대화들에 영향을 끼치려고도 했다. 어떤 정기간행물들은 독자들에게 생각할 거리를 직접적으로 이야기했지만 다른 정기간행물들은 대중이 채택하길 원하는 가치들을 장려하기 위해 사례와 비평을 이용했다.**57** 이를테면 『스

---

54   Voltaire, *Philosophical Letters*, 114.

55   Voltaire, *Philosophical Letters*, 115-116. Swift, *A Proposal for Correcting, Improving, and Ascertaining the English Tongue*, 1712도 보라.

56   수많은 사회학자와 정치 과학자가 커피하우스들을 근대의 공적 영역의 기원으로 여긴다. 이를테면 Habermas, *The Structural Transformation of the Public Sphere*, 32-33을 보라.

57   *The Tatler* 1(1709)을 보라. "이제 신사들, 대부분 대단히 열성적이지만 허약한 지식인들, 그러니까 국가 공동체의 훌륭하고 충실한 회원들에게 읽고 생각할 거리를 제공함으로써 그들을 교육하는 것은 자애로울 뿐만 아니라 필요한 일이다. 그게 바로 나의 이 간행물의 목표가 될 것이다. 여기서 나는 내게 일어날 모든 종류의 문제를 기회가 될 때마다 알릴 것이며, 그에 대한 나의 조언과 성찰을 발송의 편의를 위해 매주 화요일, 목요일, 토요일마다 간행할 것이다."

펙테이터』에서 애디슨과 스틸은 자신들이 당시의 시대, 민족, 성별, 계층에 적합하다고 여긴 관습과 취향을 반영한 등장인물들 ― 스펙테이터 씨Mr. Spectator와 그의 친구들 ― 을 만들어냈다. 그 결과 스펙테이터 씨는 박식하면서도 실용적이고, 사교적이면서도 당파에 얽매이지 않으며, 도덕적이지만 고상한 척하지는 않고, 감상적이지만 야단스럽지 않은 인물로 그려졌다.58 맑스주의 비평가들은 이러한 등장인물들이 영국의 신흥 부르주아계급의 자아상을 표현한다고 주장했다.59 디포Defoe, 리처드슨Richardson, 필딩Fielding, 스턴의 소설들, 애디슨의 비평, 호가스Hogarth의 회화 및 판화 작품들은 국왕과 민족을 칭송하는 노래를 부르는 대신에 궁정의 풍습과 귀족 생활의 규칙을 조롱했다. 이는 근대 초기의 영국 예술과 문학을 대표하게 된 유머와 도덕적 진지함이 뒤섞인 방식으로 이루어졌다.

독일의 민족 전통은 프랑스와 영국의 전통이 이미 성립된 이후까지도 발전을 시작하지 못했다. 그 결과 많은 독일인은 자신들의 민족 전통을 발전시키기 위해 프랑스와 영국 모델 중 하나를 선택해

---

58 애디슨과 스틸은 『스펙테이터』 1-3(1711)에서 스펙테이터 씨와 그 친구들을 묘사한다. 그들은 『스펙테이터』 제1호(1711년 3월 11일 목요일)에서 스펙테이터 씨가 스스로를 다음과 같이 묘사하는 것으로 그렸다. "[나는] 나 자신을 삶의 그 어떤 실용적 사안에도 관여하지 않는 사변적 정치인, 군인, 상인, 장인으로 만들었다. 나는 남편이나 아버지에 관한 이론에 아주 정통하며, 경제, 상업 등의 오류들을 그 분야에 종사하는 사람들보다 더 잘 식별할 수 있다. 구경꾼으로서 나는 시합 중인 사람들이 놓치곤 하는 오점들을 발견한다. 나는 그 어떤 정당도 맹렬하게 지지하지 않으며, 휘그당과 토리당 사이에서 정확한 중립을 지키기로 결심했다. 양측의 적대 행위 때문에 내 입장을 확실히 하길 강요받지 않는다면 말이다. 요컨대 나는 내 삶의 모든 부분을 내가 이 글에서 지키려는 특징인 방관자로 처신해왔다."
59 Eagleton, *The Function of Criticism*, 29-43.

야 한다고 생각했다. 통상 요한 크리스토프 고트셰트는 프랑스 모델을 장려한 인물로 이해되는 반면 요한 야코프 보드머와 요한 야코프 브라이팅어는 영국 모델을 선호한 것으로 간주된다. 두 당파의 대립을 이렇게 설명하는 것은 어떤 면에서는 맞지만 완전히 옳지는 않다. 고트셰트를 비판하는 일부 사람들이 그를 프랑스주의자로 만든 것과 달리 실제로 그는 그만큼 "프랑스적"이지 않았다. 당시 베를린에는 회화, 초상, 건축 학술원(Die Akademie der Mahl-, Bild- und Baukunst)으로 1694년에 프리드리히 1세가 세운 프로이센왕립예술학술원(Die Königlich-Preußische Akademie der Künste)이 있었는데 고트셰트는 회원이 아니었다.60 그의 권위는 그가 편집한 신문, 학술지, 선집을 통해, 그리고 나중에는 라이프치히에서 시를 담당하는 객원교수professor extraordinarius로 명망을 얻게 되면서 세워졌다. 고트셰트의 첫 신문 — 여성 교육과 독일 문학의 발전을 촉진했다 — 은 영국의 『태틀러』에 대한 존경을 담은 『이성적 태틀러(Die vernünftigen Tadlerinnen)』(1725-1726)였다.61 그의 뒤이은 작업들 — 『이성

60 고트셰트는 동프로이센의 쾨니히스베르크에서 태어났지만 병역의 의무를 회피하고자 1724년에 라이프치히로 달아났다. 이러한 사실은 그가 1730년대에 독일 문학에서 가장 중요한 인물 중 하나가 되었음에도 결코 프로이센왕립예술학술원의 회원이 될 수 없었던 까닭을 설명해줄 수 있을 것이다. 그는 1754년에 에르푸르트 공적학문학회Die Akademie gemeinnütziger Wissenschaften zu Erfurt의 회원이 되었지만 그때부터 그의 영향력은 상당히 줄어들었다.
61 고트셰트가 스틸의 『태틀러』 때문에 자신의 간행지에 『이성적 태틀러』라는 이름을 붙였다는 사실에는 의심의 여지가 없다. 하지만 두 제목의 의미에는 차이가 있다. 영어의 "tattler(남 얘기를 하는 사람)"와 독일어 "Tadler(비평가나 검열관)"는 중세 플라망어 "tatelen(말을 더듬다)"에서 유래한다는 점에서 동일한 어원학적 뿌리를 지닌다. 그런데 Die Tadlerinnen은 사실 der Tadler의 여성 복수형이다. 즉 Die vernünftigen Tadlerinnen을 글자 그대로 번역하면 "이성적

적 태틀러』 다음으로는 『비더만(Der Biedermann)』(1727-1729)이 뒤를 이었고, 그다음으로는 『독일의 언어, 시, 웅변에 대한 비판적 역사에의 기여(Beyträge critischen Historie der deutschen Sprache, Poesie, und Beredsamkeit)』(1732-1745)와 독일 연극의 유명한 선집인 『독일의 연극 무대(Deutsche Schaubühne)』(1740-1745)가 뒤를 이었다 — 은 독일 문학과 문화에서 그의 권위를 굳건하게 만들었다. 고트셰트가 지닌 영향력의 특징과 범위를 둘러싼 논란들은 그가 『독일인을 위한 비판적 시학(Critische Dichtkunst vor die Deutschen)』(1729/1730)을 출간하면서부터 벌어지기 시작했다. 보드머와 브라이팅어 같은 비평가들은 고트셰트가 아리스토텔레스와 코르네유를 지나치게 충실히 따르며, 비극에서 플롯의 구조를 과도하게 강조한다는 이유로 그를 반대했다. 그들은 도입부에서 중반부를 거쳐 결말로 진행되는, 극 중의 시간과 장소의 통일성을 고려하여 신중하게 구성된 플롯은 비극을 위대하게 만들기에는 충분하지 못하다고 주장했다. 셰익스피어의 비극들은 아리스토텔레스가 제시한 모든 규칙을 위반하며, 호라티우스의 조언은 훨씬 더 심하게 어긴다. 하지만 그럼에도 그것들은 천재의 작품들이다. 밀턴의 『실낙원』은 데우스엑스마키나에 대한 아리스토텔레스의 경고와 모든 서사는 개연성의 법칙을 고려해야 한다는 그의 주장과는 반대로 초자연적 등장인물과 기적적인 사건으로 가득할지라도 역시 위대한 작품이다. 보드머와 브라이팅어를 따르는 사람들은 고트셰트의 신고전주의의 대안으로 셰익스

여성 비평가들"이 된다. 그럼에도 나는 이를 『이성적 태틀러』로 옮겼는데, 왜냐하면 이렇게 해야 고트셰트의 제목과 영국의 『태틀러』 사이의 어원학적 연관성이 유지될 수 있기 때문이다.

피어의 불규칙성과 밀턴의 초자연주의를 받아들여, 예술가를 숙련된 장인으로 여기기보다는 불가해한 타고난 천재로 보는 생각을 고취시키기 시작했다. 18세기 말에 이는 질풍노도Sturm und Drang로 알려진 문예운동으로 이어졌다. 그리고 이는 19세기 독일 낭만주의를 위한 발판을 마련해주었다. 편지 형식으로 쓰인 괴테의『젊은 베르테르의 슬픔』(1774)은 리처드슨의『파멜라』와 같은 영국 소설을 연상시키기도 한다. 하지만 베르테르의 극단적인 감정과 고통 받는 천재로서의 자아상은 영국 문학의 부르주아적 감성과는 완전히 동떨어져 있다.

18세기 말엽에 칸트와 요한 고트프리트 헤르더Johann Gottfried Herder 같은 철학자들은 민족성과 예술 사이의 관계의 기원을 고찰했다.『아름다움과 숭고함의 감정에 관한 고찰』(1764)의 4장(「숭고함과 아름다움의 상이한 감정에 의존하는 한에서의 민족성에 관하여」)에서 칸트는 "이탈리아의 천재는 특히 음악, 회화, 조각, 건축에서 뛰어났다", "프랑스의 예술미는 덜 감동적이긴 하지만, 그런 모든 예술에 대한 동일하게 세련된 취미가 프랑스에도 있었다"라고 주장한다.62 그는 프랑스와 영국 시에서 나타나는 취미의 차이를 설명하기 위해 민족성을 끌어들이기도 한다. "시적 완전성이나 수사학적 완전성에 관한 취미는 프랑스에서는 아름다움에 더 가깝고, 영국에서는 숭고함에 더 가깝다. 세련된 재치, 희극, 우스운 풍자, 매혹적인 희롱, 그리고 밝고 자연스럽게 흘러가는 글쓰기 방식은 프랑스에서 독보적이다. 이와 달리 영국에는 심오한 내용의 사상, 비극, 서사시,

---

62 Kant, *Anthropology, History, and Education*, 52(II:244).

그리고 프랑스의 망치 아래에서는 나뭇잎처럼 넓고 얇게 펴질, 무거운 황금 같은 재치가 있다."[63] 독일인, 네덜란드인, 스페인인의 성격과 취미에 관한 칸트의 언급들은 덜 너그럽다. 그는 독일인의 문화가 근래에 들어서야 발전하기 시작했을 뿐이며, 질서에 대한 네덜란드인의 강박은 천재를 탄생시킬 여지를 거의 남겨두지 않고, 스페인인은 예술이나 학문에 거의 관심이 없다고 주장한다.[64] 칸트의 제자였던 헤르더는 칸트와 거의 비슷한 시기에 각 민족의 취미에 역사적인 변화를 반영하기 시작했다. 이를테면 그는 "지구의 형태, 그 표면, 그 상태가 변화"했으며, 그리하여 "인종, 생활 방식, 사유 방식, 정부 형태, 민족들의 취미가 변화했다 — 마치 가정과 인간 개인이 변화하듯이 말이다"라고 주장했다.[65] 이후 헤르더는 이러한 관찰을 기반으로 각 민족의 발전 및 그들이 예술에서 거둔 성취를 설명해나갔다. 헤르더에 따르면 "취미는 … 민족의 욕구에, 즉 그 욕구 방식의 특성에 깊이 뿌리내리고 있다." 그리하여 취미는 민족이 진보한 만큼 발전하며, "그들이 할 수 있는 데까지 했음에도 아무것도 그들을 다른 무엇이 되게 하지 못할" 때 퇴락한다.[66] 그런

---

[63] Kant, *Anthropology, History, and Education*, 53(II:244).
[64] Kant, *Anthropology, History, and Education*, 53(II:244).
[65] Herder, *Philosophical Writings*(On the Change of Taste), 255.
[66] Herder, *Selected Writings on Aesthetics*(The Causes of Sunken Taste), 325-326. 이 문장에서 짧은 첫 인용구["취미는 … 깊이 뿌리내리고 있다"]는 문맥을 약간 벗어나 있다. 헤르더는 논문에서 다음과 같이 쓰고 있다. "취미가 민족의 욕구에, 즉 그 욕구 방식의 특성에 깊이 뿌리내리고 있지 않았다면, 또 루이 14세의 왕국에 크세노폰과 리비우스 같은 역사가가 없었거나 있을 수 없었다면, 아테네에서 극장이 국가 소유였던 것과 달리 루이 14세의 극장이 국가 소유가 아니었다면, 데모스테네스가 필리포스에 반대하고 아테네에 동조하는 연설을 했던 것

데 여기서 흥미로운 점은 헤르더의 이 같은 고찰이 조금 더 극단적인 형태의 민족주의와 인종주의가 횡행했던 19세기와 20세기의 미학과 예술사에 지대하고도 유감스러운 영향을 끼쳤다는 사실이다. 예술가 "개인의 스타일" 이외에도 "학파, 국가, 인종에 따른 스타일"이 있다는 하인리히 뵐플린Henrich Wölfflin의 『예술사의 원리(Kunstgeschichtliche Grundbegriffe)』(1915)에서의 주장은 타락한 인종들이 타락한 예술을 펼친다는 나치의 주장을 뒷받침하는 데 이용되었다.[67] 이러한 전개를 고려하면 민족 전통은 예술의 본성 및 예술들 사이의 관계에 대한 이성적, 철학적 성찰을 역사적 서사로 대체하는 예술의 반反철학적 체계로 간주하는 것이 최선일 듯하다.

예술의 체계

근대 초기의 일부 철학자는 예술들 사이의 관계를 민족 전통으로

처럼 부르달루Bourdaloue가 루이 14세에 동조하거나 반대하는 설교를 하지 않았다면, 그리고 만일, 실제로 그랬을 법도 한데, 보쉬에Bossuet의 '부인은 죽었다! 부인은 죽었다!'라는 숭고한 외침에 그 어떤 그리스인도 눈물을 터뜨리지 않았다면 절대적인 지배권을 행사하던 사회와 궁정의 화려한 취미가 이내 타락하게 될 수밖에 없었으리라는 점은 명백하다." 그러나 "취미는 민족의 욕구에 깊이 뿌리내리고 있다"라는 명제는 예술과 민족성의 관계에 대한 헤르더의 설명을 전체적으로 잘 요약하고 있다.

67　Wölfflin, *Principles of Art History*, 6. 『예술사의 원리』는 히틀러와 국가사회주의가 등장하기 이전에 출판되었지만 그럼에도 뵐플린은 일종의 나치 부역자로 간주될 수 있다. 그는 알프레트 로젠베르크Alfred Rosenberg가 1929년에 창립한 '독일 문화를 위한 우익투쟁연맹Kampfbund für deutsche Kultur'에 가입했으며, 1930년대에는 히틀러의 문화 정책을 지원했다. Petropoulos, *The Faustian Bargain*, 150을 보라.

설명하려는 경향에 반대하면서도 예술들이 분리되어 있고 서로 무관하다는 관점은 받아들이지 않았다. 그 대신에 그들은 예술의 체계를 철학과 과학에서 도출한 합리적인 원리들의 토대 위에 세우려 했다.

1712년에 『스펙테이터』의 첫 글로 게재된 애디슨의 논문 「상상력의 쾌에 관하여」는 그러한 노력의 일환으로 이루어진 최초의 시도 중 하나이다. 애디슨은 예술을 민족 전통에 입각해 설명한 사람들과 달리 예술이 상상력이라는 능력과 관련된 것이라고 주장했다. 이때 상상력은 시각에서 발생하며, 현존하거나 부재하는 것들의 상image을 유지하고 대체하고 혼합하는 힘을 지닌다.[68] 애디슨에 따르면 상상력은 위대하고 비범하며 아름다운 것들을 볼 때 가장 고취되며, 그런 점에서 탁 트인 전망, 유쾌한 놀라움, 맵시 있게 잘 균형 잡힌 것들을 보는 일은 특별한 종류의 쾌의 원천이다. 이렇게 애디슨은 쾌의 원인들을 숙고하면서 신이 이 같은 쾌를 창조한 까닭은 우리에게 "최초의 '고안자[창조주]'의 선함과 지혜를 찬미할 더 큰 기회"를 주기 위함일 것이라고 주장하기도 한다.[69] 그런데 예술의 체계를 고찰하려는 우리의 목적을 위해서는 상상력의 쾌와 예술의 관계에 관한 그의 언급들이 더욱 중요하다. 애디슨에 따르면 자연의 경이는 예술 작품보다 상상력에 더 많은 쾌를 불어넣고, 예술 작품은 그것이 묘사하는 대상의 쾌적함 및 다른 대상[자연]과의 유사성을 통해서도 상상력을 고취시킬 수 있다.[70] 예술 작품이 자연

68 Addison, *The Spectator*, No. 411.
69 Addison, *The Spectator*, No. 413.
70 Addison, *The Spectator*, No. 414.

을 닮을 때 일어나는 상상력의 쾌가 [그렇지 않을 때보다] 더 크다는 사실을 납득시키기 위해 애디슨은 중국과 유럽의 정원을 비교한다. 그는 중국의 정원에서는 "정원을 정원으로 만드는 예술성[인위성]"이 드러나지 않는다며 칭송하는 반면 유럽의 정원에서는 "모든 초목과 관목에서 가위질 자국"이 드러난다며 비판한다.[71] 하지만 건축에 관한 이어지는 논의에서 그는 예술 작품이 자연을 닮지 않더라도 위대하고 비범하며 아름다울 수 있다고 주장한다. 그는 논의의 대부분을 "구조의 규모 및 형체"나 "건물이 지어지는 방식"과 관련되는 위대함greatness에 할애한다.[72] 이렇게 서로 다른 종류의 "위대함"은 상상력의 쾌에 상이한 방식으로 영향을 준다. 예컨대 거대한 크기의 웅장한 건물들은 "바라보는 이의 마음에 두려움과 숭경함"을 심어주고, "영혼의 본성적 위대함을 사로잡는" 방식으로 쾌를 유발한다.[73] 한편 건축 방식이 위대한 건물들은 크기가 위대한 건물들보다 바라보는 이의 마음에 훨씬 더 많은 쾌를 불러일으킨다. 이와 관련하여 애디슨은 다음과 같이 쓰고 있다. "작은 건물은 평범하거나 하찮은 방식으로 지어진, 규모가 20배 큰 건물보다 마음에 더 고귀한 관념을 선사할 것이다."[74] 애디슨은 논의의 마지막에 건축은 위대할 수 있을 뿐만 아니라 아름다울 수도 있음을 암시하는 짤막한 언급을 덧붙인다. 그러나 상상력의 "이차적 쾌secondary pleasure"를 다루는 논의에서는 조각, 회화, 시적 묘사, 음악의 아름다움에 더

---

71 Addison, *The Spectator*, No. 414.
72 Addison, *The Spectator*, No. 415.
73 Addison, *The Spectator*, No. 415.
74 Addison, *The Spectator*, No. 415.

욱 천착한다.[75] 그는 이 같은 예술들이 불러일으키는 쾌를 "이차적"이라고 여긴다. 왜냐하면 이때 쾌는 예술적 재현과 재현 대상이 서로 닮는 데서 생겨나는 것이기 때문이다. 애디슨의 주장에 따르면 조각은 재현 대상과 가장 닮았으며, 그래서 조각이 불러일으키는 쾌는 재현 대상 그 자체가 제공하는 쾌와 가장 유사하다. 이에 비해 회화와 시적 묘사는 재현 대상과 덜 닮았기 때문에 유사성에 따른 쾌가 조각에서 발생하는 쾌보다 덜 생생하다. 그럼에도 회화는 색채를 통하여 일종의 유사성을 성취하고, 시적 묘사에서 사용되는 단어들은 대상을 재현하는 관념과 연결됨으로써 그 대상을 닮는다.[76] 음악은 그것이 재현하는 대상에서 가장 멀리 떨어진 추상물이다. 하지만 애디슨은 음악의 음들이 재현 대상을 최소한으로만 닮을 때조차 "음들의 예술적 구성을 통해 상상 속에 … 혼란스럽고 불완전한 관념들이 생겨날 수 있다. 예술[음악]의 위대한 거장들은 때때로 듣는 이를 전장의 열기와 급박함 속에 둘 수도 있으며, 구슬픈 장면으로 그리고 죽음과 장례식에 대한 두려움으로 그들의 마음을 뒤덮을 수도 있고, 혹은 작은 숲과 천국에 대한 즐거운 꿈으로 그들을 안심시킬 수도 있다"라고 인정한다.[77] 애디슨은 모든 예술의 쾌를 "본래의 대상에서 생겨나는 관념과, 그 대상을 재현한 조각, 그림, 묘사나 소리에서 얻어지는 관념을 비교하는 마음의 작용"에 귀

---

75 Addison, *The Spectator*, No. 416.
76 Addison, *The Spectator*, No. 416. 애디슨은 다음과 같이 덧붙인다. "단어들은 잘 선택되기만 하면 아주 강력한 힘을 가지며, 그리하여 묘사는 사물 자체를 직접 볼 때보다 더 생생한 관념들을 우리에게 준다." 이는 의미심장한데, 왜냐하면 상상력의 쾌가 감각의 쾌보다 더 클 수 있다는 점을 암시하기 때문이다.
77 Addison, *The Spectator*, No. 416.

속시킨다. 따라서 상상력의 쾌에 관한 그의 설명은 상상력에 대한 심리학적 접근법에 근거를 둔, 예술의 철학적 체계로 간주될 수 있다.

애디슨처럼 장-바티스트 뒤 보Jean-Baptiste Du Bos도 『시, 회화, 음악에 대한 비판적 성찰』[이하 『비판적 성찰』](1719)에서 심리학적 원리들을 예술 체계의 기초로 삼았다. 하지만 그는 상상력의 쾌에 초점을 맞추는 대신 영혼의 욕구를 끌어들인다. 그는 "영혼에게도 신체 못지않은 고유한 욕구가 있다"라고 주장하면서 예술의 쾌를 "마음을 쉴 새 없이 사로잡는 인간의 가장 큰 욕구들 중 하나"로 밝혀낸다.[78] 뒤 보는 다음과 같이 말한다. "마음의 활동을 순식간에 중단시켜버리는 권태는 인간에게 매우 불쾌한 상태여서 인간은 권태로 괴로워하기보다는 차라리 스스로를 가장 고통스러운 활동에 노출시키기를 택하곤 한다."[79] 이어서 그는 감각의 쾌가 마음을 사로잡는 가장 덜 불쾌한 방식이라고 주장한다. 그것을 얻기 위해 필요한 노력은 육체노동보다 덜 고통스러우며, 철학적 사변에 비하면 마음을 피로하게 만들 가능성도 더 낮기 때문이다. 그는 예술의 감각적 쾌가 다른 종류의 감각적 쾌보다 더 많은 유쾌함을 준다고 여기는데, 예술의 감각적 쾌가 자극하는 정념이 "우리가 실제로 정념의 자극을 받는 동안 우리를 사로잡기에 충분하면서도 그후에 어떤 실제적인 고통이나 괴로움도 주지 못하기" 때문이다.[80] 뒤 보는 예술이 불러일으키는 예술적[인위적] 정념이 감각의 인상에서 자극을 받은

[78] Du Bos, *Critical Reflections*, I:5.
[79] Du Bos, *Critical Reflections*, I:5.
[80] Du Bos, *Critical Reflections*, I:21.

자연스러운 정념만큼 강렬하지는 못하다고 믿는다. 그런 정념은 유쾌한 것들과 유사하다는 점에서 쾌의 원천이기는 하지만, 우리의 감각에 단지 "피상적" 인상들만 만들어낼 뿐이므로 그 대상들보다 우리의 마음을 어지럽히거나 고통을 유발할 가능성이 낮기 때문이다.[81] 어느 순간 뒤 보는 예술의 쾌가 감각의 다른 형식들보다 마음을 사로잡는 데 더 적합하다고 주장하기까지 하는데, 예술의 쾌는 "마음의 표면"에만 영향을 줄 뿐 다른 결과를 낳지는 않는다는 이유에서다.[82] 비극과 섬뜩한 회화를 좋아하는 우리의 기호를 설명하는 일은 뒤 보에게 중요한 과제이다. 희극을 보는 것보다 비극을 보는 것이 더욱 고통스럽고, 무고한 사람들을 학살하는 광경을 묘사한 회화가 과일을 그린 정물화보다 관람객을 더 불편하게 만든다고 여겨지기 때문이다. 뒤 보는 "극시에서 최고의 즐거움을 느끼는 사람들, 자신들이 본 희극보다 비극에 대해 더 열성적으로 자주 말하는 사람들이 있다"라는 것, 또 "희극 양식은 비극 양식만큼 우리의 관심을 단번에 사로잡을 힘을 가진 것 같진 않지만, 우리는 희극 양식보다 비극 양식의 무난함mediocrity을 더 기꺼이 용인한다"라는 것을 인정하면서 그 반대의 경우가 있다는 사실을 받아들인다.[83] 비극이 우리를 고통스럽고 불편하게 만듦에도 불구하고 우리가 희극보다 비극을 선호하는 까닭은 양자가 묘사하는 대상이 상이하기 때문이다. 희극은 등장인물들을 우리 자신과 닮게 묘사하고, 그러한 유사성을 통해 우리에게 즐거움을 준다. 반면 비극은 우리 자신과 동일

---

81 Du Bos, *Critical Reflections*, I:23.
82 Du Bos, *Critical Reflections*, I:24-25.
83 Du Bos, *Critical Reflections*, I:48.

시할 수 없는 위대한 인물들, 우리가 그들과 운명을 함께한다는 상상조차 할 수 없는 인물들의 죄악과 불행을 보여준다. 비극의 등장인물들과 사건들은 희극보다 훨씬 더 위대하기 때문에 "비극적 사건들에 대한 묘사가 우리의 영혼에 불러일으키는 공포와 연민은 희극에서의 몇몇 사건이 불러일으키는 모든 웃음과 멸시보다 우리를 훨씬 더 강렬하게 사로잡는다."[84] 이와 동일한 원리가 회화에도 적용될 수 있다. 회화의 방식에서는 주제가 그 주제 자체의 본래의 위대함보다 더 대단하게 묘사된다는 비난에 대하여 뒤 보는 많은 경우 "우리의 호기심을 이끌어내는 것은 예술가의 능력이지, 주제가 아니다"라고 말한다.[85] 하지만 그는 [그저 기법 차원에서만] 잘 그린 그림은 "주제가 지닌 훌륭함과 그러한 주제를 그려내는 솜씨가 어우러진 그림에 비해 우리의 호기심을 그 절반만큼도 오래 끌지 못한다"라고도 주장하면서 우리의 관심을 사로잡는 것은 회화의 주제이지, 그저 그 주제를 묘사하는 방식만이 아니라고 밝힌다.[86] 『비판적 성찰』의 후반부에서 뒤 보는 음악으로 관심을 돌리며, "그러므로 음악의 제1원리는 시와 회화의 제1원리와 동일하다"라고 주장한다. "두 예술처럼 음악은 모방이며, 또 그것들처럼 주제, 개연성, 그리고 몇몇 다른 점을 선택하는 문제와 관련해 일반적인 규칙들을 따라야만" 하기 때문이다.[87] 뒤 보가 보기에 이러한 사실은 "모든 자유로운 기술[예술]liberal arts*이 … 일치하는 하나의 공통된 연결 고리를 지

---

84 Du Bos, *Critical Reflections*, I:51.
85 Du Bos, *Critical Reflections*, I:57.
86 Du Bos, *Critical Reflections*, I:57.
87 Du Bos, *Critical Reflections*, I:372.

니며, 또 일종의 상호 친화성으로 연결되어 있는 것 같다"라는 점을 확증해준다. 모든 자유로운 기술은 동일한 심리학적 원리들에 근거를 두고 있기 때문이다.

샤를 바퇴Charles Batteux는 회화, 조각, 건축, 시, 음악의 상호 연관성을 설명하기 위해 심리학적 원리들을 끌어들이지 않는다는 점에서 애디슨이나 뒤 보와 다르다. 『단일한 원리로 환원되는 아름다운 기술들[예술들]』(1746)과 『일련의 순수 문예』(1765)에서 바퇴는 예술 작품의 창작 원리에 초점을 맞추면서 그러한 창작 원리를 예술 작품에 대한 비판적 판정의 지침이 되는 원리와 구분한다. 『일련의 순수 문예』의 서문에서 그는 다음과 같이 주장한다. "우리는 예술 작품을 만드는 데 규칙이 산더미처럼 많다는 불평을 매일 듣는다. 그 많은 규칙은 작가가 작품을 구성할 때, 그리고 학구열에 불타는 사람이 판단을 내릴 때 동일한 혼란을 겪게 만든다."88 그래서 바퇴는 그 규칙들을 단일한 원리로 환원시키려고 시도하면서 위대한 문학에 이르는 길을 단축시키고, "더욱 평탄하고 간단하게" 만든다.89 단일한 원리를 정식화하는 그의 작업은 예술의 본성을 설명하는 데서 출발한다. 바퇴에 따르면 예술은 인위적 기교로 빚어낸

---

* 라틴어 artes liberales에서 유래하여 통상 "자유 학예"로 번역되는 이 말은 본래 교양 있는 시민이나 지식인이 갖춰야 하는 것으로 여겨졌던 소양 및 그에 관련된 학문으로서의 '자유7과'(문법학, 수사학, 변증법, 산술, 음악, 천문, 기하학)를 가리키나, 지금 이 맥락에서는 "자유 학예"에 속한 채 아직 독립적인 위상을 차지하지 못했던 상태의 예술을 가리킨다. 따라서 이 책에서는 위 용어를 "자유 학예"로 옮기지 않고 "자유로운 기술"로 옮긴다.

88　Batteux, *A Course of the Belles Lettres*, I:i, 34-35.
89　Batteux, *A Course of the Belles Lettres*, I:i.

작품이다. 예술은 "요소들의 이차적 질서, 즉 자연이 우리의 고유한 생산 작업을 위해 남겨둔 창조"를 이룬다.**90** 이러한 창조는 각각 상이한 결과에 이른다. 기계적 기술mechanical arts은 생필품을 만들어 내는 반면 음악, 시, 회화, 조각, 무용과 같은 고상한 기술[예술]polite arts은 쾌의 원천이다. 바퇴는 수사학과 건축 같은 일부 예술이 아름다움과 유용성을 결합시킨다고 언급한다. 그러나 그는 기계적 기술과 고상한 기술이 자연과 관계 맺는 방식에서 나타나는 차이를 확립하는 데 더 큰 관심을 기울인다. 그는 기계적 기술이 자연을 자원으로 활용하는 반면 고상한 기술은 자연을 모방한다고 주장한다. 자연의 활용은 인간의 욕구를 충족시키지만 모방은 "자연의 손길을 전달하고, 자연이 아닌 대상들에서 자연의 손길을 드러내는 데" 그 목적이 있다.**91** 바퇴는 고상한 기술의 모방이 자연을 추구한다고 주장하면서 자연을 "예술의 원형이자 모델"이라고 부르며, 또한 예술이 스스로 그 자신의 규칙들을 창조해내지는 않는다고 주장한다. "예술의 규칙들은 예술의 변덕스러움과는 전혀 무관하며, 언제나 자연의 장엄한 표본에서 찾을 수 있는 것들"이기 때문이다.**92** 하지만 그는 예술이 "단순한 자연"을 모방해야만 한다는 생각을 받아들이지 않는다. 바퇴는 예술이 "아름다운 자연"을 모방해야 한다고 주장한다.**93** 아름다운 자연은 단순한 자연과 다른데, 전자는 "존재하는 진리가 아니라 존재할 만한 진리, 즉 마치 실제로 존재하는 것처

90 Batteux, *A Course of the Belles Lettres*, I:6.
91 Batteux, *A Course of the Belles Lettres*, I:i, 11-13.
92 Batteux, *A Course of the Belles Lettres*, I:10-11, 16.
93 Batteux, *A Course of the Belles Lettres*, I:19.

럼 표현되는 아름다운 진리이며, 그것이 받아들일 수 있는 모든 완전성을 지닌다."[94] 그런데 존재할 만하기는 하지만 실제로 존재하지는 않는 이상적 진리를 모방하는 것이 진정 자연에 대한 모방으로 간주될 수 있을까? 바퇴는 예술가의 천재성이 자연의 (잠재적) 아름다움을 모방하기 위해 (실제) 자연을 넘어서도 된다고 생각한다. 회화, 조각, 시, 음악, 무용 등의 예술은 아름다운 자연을 모방하는 데서 그 방식들만 서로 다르기 때문에 ― 회화는 색채를 이용해서, 조각은 모양을 통해, 무용은 움직임을 통해, 음악은 소리를 통해, 시는 단어들을 통해 모방한다 ― 모두 아름다운 자연을 모방하는 고상한 기술 전부에 동일하게 적용되는 일반 원리의 지배를 받는다.[95] 예술에서 발견되는 여타 규칙들은 이러한 일반 목적을 달성하기 위한 것일 뿐이다. 따라서 그것들은 아름다운 자연에 대한 모방을 달성하는 매체에 중요하긴 하지만, 바퇴의 체계에 토대를 제공해주는, 모든 예술의 가장 일반적인 원리에는 견줄 수 없다.

근대 초기 예술 체계의 마지막 사례는 모제스 멘델스존의 『철학 작품집』(1761/1771)에 수록된 「예술과 학문의 주요 원리들에 관하여」[이하 「주요 원리들에 관하여」]라는 논문에서 찾을 수 있다. 이 논문에서 멘델스존은 자신이 "체계 전체를 세울 의도도 능력도 없다"라고 주장하면서도 뒤 보나 바퇴가 제안한 것과 같은 체계의 개요를 포괄적으로 제시한다.[96] 그 개요는 멘델스존의 체계가 예술미의 객관적 규칙들뿐만 아니라 예술에 대한 우리의 체험을 지배하는

---

94 Batteux, *A Course of the Belles Lettres*, I:19.
95 Batteux, *A Course of the Belles Lettres*, I:27.
96 Mendelssohn, *Philosophical Writings*(*Main Principles*), 177.

주관적 원리들까지 망라한다는 점을 보여준다. 멘델스존은 예술의 체계를 철학적 심리학의 핵심으로 만들었다. 이 점에서 그의 체계는 뒤 보나 바퇴의 체계와 다르다. 우리는 인간의 마음의 작용에 비추어 예술을 이해하기보다는 마음이 예술에 보이는 반응을 이해함으로써 그 마음을 이해한다. "아름다움의 각 규칙은" 멘델스존에게 "심리학적 발견"이다.[97] 그는 다음과 같이 주장하기도 한다. "아름다움은 우리의 모든 감상을 지배할 권한을 스스로 부여한 주인이자 우리의 모든 자연적 충동의 기초이며, 진리에 대한 사변적 인식을 감상으로 탈바꿈시키고 우리를 능동적 결의로 이끄는 살아 있는 정신이다."[98] 예술은 다른 매체를 이용하여 다른 감각들로 아름다움을 모방하고 증대시키려는 시도일 뿐이다. 멘델스존은 예술이 아름다운 자연을 모방해야만 한다는 바퇴의 주장을 받아들이지는 않았지만 이러한 측면에서 바퇴에 가깝다. 멘델스존은 자연의 아름다움이 예술의 아름다움과 동일한 심리적 효과를 일으키긴 하지만 그러한 효과가 모방을 통해 이루어지지는 않는다는 이유를 들어 모방은 예술에 부수적일 뿐이라고 결론짓는다.[99] 모방보다 중요한 것은 아름다운 표현인데, 멘델스존은 이를 "예술가의 기량을 눈에 보이게 새겨 넣는 것"으로 이해한다.[100] 천재성에는 "영혼의 모든 능력의 완전성뿐만 아니라 단일한 최종 목적을 위한 능력들의 상호 조화"가 필요하고, 이 점에서 천재성은 아름다운 표현과 긴밀하게 연관된다.

---

[97] Mendelssohn, *Philosophical Writings*(Main Principles), 177.
[98] Mendelssohn, *Philosophical Writings*(Main Principles), 177-178.
[99] Mendelssohn, *Philosophical Writings*(Main Principles), 174.
[100] Mendelssohn, *Philosophical Writings*(Main Principles), 174.

멘델스존은 그러한 조화와 목적이 예술 작품에서 드러날 때 우리가 "인내와 연습의 징표들을 볼 때보다 훨씬 더 큰 기쁨을 얻는다"고 생각한다.101 몇몇 경우에 아름다운 표현은 일종의 완전성을 성취하기까지 하는데, 멘델스존은 이러한 완전성이 예술 작품에서 지성적intellectual이기보다 감성적일 수밖에 없다고 주장한다.102 예술미가 일종의 감성적 완전성이라는 주장은 바움가르텐의 미학과 멘델스존이 『감정들에 관하여』(1755)*에서 개진했던 다른 주장들과 긴밀하게 연관된다. 거기서 그는 아름다움을 가리켜 이성을 "감각적으로 모방하는 것"으로 기술하는데, 그 감성적 완전성은 영혼을 움직여서 더 고차원적이고 더 위대한 지성적 완전성을 추구하게 만든다.103 멘델스존은 「주요 원리들에 관하여」에서 계속해서 감각의 완전성을 지성의 완전성보다 열등한 것으로 여기지만, 감성적 완전

---

101 Mendelssohn, *Philosophical Writings*(*Main Principles*), 175.
102 Mendelssohn, *Philosophical Writings*(*Main Principles*), 72-173, 175.
* 이 작품의 독일어 원제인 *Über die Empfindungen*에서 Empfindung은 현대 독일어로 대개 "감각"을 의미한다. 그러나 멘델스존 시기에 이 개념은 "감정Gefühl"을 의미하기도 했다. 이러한 사실을 고려하여 이 책에서는 이 단어를 "감정"으로 옮긴다. 한편 멘델스존의 이 작품은 뒤에서 언급될 섀프츠베리의 「도덕주의자들」을 모델로 삼고 있는 것으로 이해된다. 『감정들에 관하여』는 필로클레스Philocles, 팔레몬Palemon, 에우프라노르Euphranor 등의 가상의 등장인물들이 서로 약 15편의 편지를 주고받으면서 이야기를 나누는 일종의 대화 형식으로 이루어져 있다. 멘델스존은 이 작품의 재판에서 팔레몬이라는 이름을 테오클레스Theocles로 변경한다. 이는 섀프츠베리의 「도덕주의자들」에 등장하는 동일한 이름의 인물을 염두에 둔 것으로 보인다. 이와 관련한 더욱 자세한 내용은 Furniss, "Our Neighbors Observe and We Explain: Moses Mendelssohn's Critical Encounter with Edmund Burke's Aesthetics", in *The Eighteenth Century*, Volume 50, Number 4, University of Pennsylvania Press, 2009, 332를 보라.
103 Mendelssohn, *Philosophical Writings*(*On Sentiments*), 23-24.

성이 성취될 수 있는 여러 방식 및 그것이 취할 수 있는 형식들에 대해 『감정들에 관하여』에서보다 더 큰 관심을 기울인다. 이를 통해 그는 아름다운 기술(회화, 조각, 건축, 음악, 무용)과 아름다운 학문(시, 수사학)을 구분하기에 이른다. 아름다운 기술은 감성적 완전성을 성취하기 위해 자연 기호를 이용한다. 이는 기호가 대상을 모방하고, 예술가의 성격과 목적을 표현하며, 청각과 시각을 통해 청중이나 관객의 정념에 영향을 준다는 의미이다.[104] 정념은 자연스럽게 신체와 관계되고, 시각이나 소리의 영향을 받을 때 작동하기 때문에 아름다운 기술에는 아름다운 학문에서 사용되는 인공 기호가 필요하지 않다. 멘델스존은 시와 수사학에서 사용되는 언어를 인공 기호로 간주한다. 단어들은 그것들이 지시하는 대상과 비슷하지 않고 — 예컨대 "탁자"라는 단어는 어떤 식으로도 실제 탁자와 비슷하지가 않다 — 신체나 감각과 그 어떤 자연스러운 연관성도 지니지 않기 때문이다 — "즐거움"이라는 단어는 자연스럽게 즐거움을 유발하는 식으로 우리에게 영향을 주지 않는다.[105] 그러나 멘델스존은 아름다운 학문에서 사용되는 인공 기호도 감성적으로 완전할 수 있으며 우리의 감정에 영향을 줄 수 있다고 생각한다. 단 이를 위해

---

104 Mendelssohn, *Philosophical Writings*(*Main Principles*), 177, 179.

105 자연 기호와 임의적 기호의 구분은 멘델스존의 『예루살렘Jerusalem』(1783)에서도 중요한 역할을 한다. 거기서 그는 자연 기호(상형문자)를 사용하는 글쓰기에서 인공 기호(알파벳문자)를 사용하는 글쓰기로의 이행이 우상숭배를 극복하는 데 필수적이라고 주장한다. 멘델스존은 우상숭배를 형상들의 신격화로 이해하는데, 신격화는 예술에서 사용되는 자연 기호들이 지닌 위험 중 하나이다. Mendelssohn, *Jerusalem*, 104-115를 보라. 이 주제와 관련한 탁월한 논의로는 Freudenthal, *No Religion Without Idolatry*, 2012를 보라.

서는 시인들과 수사학자들이 우리를 속여서 그들이 말하고 있는 것이 실제로 존재하지 않으며 우리에게 실제로 영향을 주지 못한다는 사실을 망각하게끔 만들 수 있어야 한다. 멘델스존은 "시적 이미지, 비유, 묘사의 가치, 그리고 심지어는 개별 용어의 가치도 이러한 일반 격률에 근거해서 판정되지 않으면 안 된다"라고 주장한다.[106] 그것들은 모두 인공 기호를 사용해 감성적 완전성을 성취하기 위한 수단들이기 때문이다. 이어서 멘델스존은 논문[「주요 원리들에 관하여」] 말미에서 회화와 건축에서 비문碑文inscription이 수행하는 역할과 오페라에서 시, 회화, 음악의 결합을 고찰하면서 아름다운 기술과 아름다운 학문의 결합 가능성을 논한다. 하지만 멘델스존의 예술 체계의 진정한 핵심은 자연 기호와 인공 기호의 구분이다. 자연 기호와 인공 기호는 일종의 감성적 완전성인 아름다움을 성취하기 위한 서로 다른 수단들일 뿐이다.[107] 그리고 멘델스존에게 감성적 완전성은 자연이나 예술, 모방이나 표현에서 발견될 수 있는 더욱 고차원적인 지성적 완전성의 반영이다.

---

[106] Mendelssohn, *Philosophical Writings*(*Main Principles*), 178.
[107] 자연 기호와 인공 기호의 구분은 레싱의 『라오콘』에서도 중요한 역할을 한다. 예컨대 Lessing, *Laocoön*, 43, 73, 101, 105를 보라. Wellbery, *Lessing's Laocoon*, 2009도 보라. 레싱의 『라오콘』은 멘델스존의 논문 초판이 나오고 5년 뒤에 출간되었다. 멘델스존은 레싱의 작품이 출간되기 전에 원고를 읽고 지적하면서 레싱과 논의했으므로 그들의 작품이 서로 아주 긴밀하게 연관되어 있다고 상정해도 무리가 없을 것이다. 레싱이 출간하려 했던 『라오콘』의 속편 원고에도 예술과 관련해 자연 기호와 인공 기호의 결합을 다루는 확장된 논의가 있는데, 이는 멘델스존의 논문 말미의 내용과 매우 유사하다. Nisbet, *Gotthold Ephraim Lessing*, 322-323을 보라.

철학 체계

예술은 애디슨, 뒤 보, 바퇴, 멘델스존이 구축한 체계뿐만 아니라 근대 초기의 철학자들과 과학자들이 구축한 수많은 다른 체계에도 편입되었다. 그 체계들은 크리스텔러가 기술했던 것과 같은 "예술의 체계"는 아니었다. 그러나 그것들도 어쨌든 체계였으며, 그것들이 만들어내고자 했던 철학적, 과학적 지식의 포괄적 질서에서 예술은 배제되지 않았다.

철학 체계 중 예술을 포함하는 것으로는 베이컨의 『자연사 및 경험사 개요』가 있다. "철학의 제1문제와 참된 귀납법의 소재 및 재료"를 규정하고자 베이컨은 자신의 새로운 자연사를 위해 "참된 공리들을 정식화할 수 있는 충분히 넓고 다양한 저장고를 찾고 짓기"를 시도했다.[108] 이 저장고에는 다섯 가지 주요 예술 — 회화, 조각, 건축, 음악, 시 — 의 역사뿐만 아니라 여타 예술과 공예 — 무용과 도예, 목공예와 원예 등 — 의 역사도 담겼다.[109] 홉스가 『리바이어던』의 4장에서 다룬 학문 일람표에도 여러 예술이 포함되어 있다. 그는 회화나 조각을 언급하진 않지만 건축, 음악, 시를 자연철학의 일부로 포함시키는데, 그것들이 각각 물체의 형태의 결과, 소리의 결과, 인간의 언어 능력의 결과로 이해되기 때문이다.[110] 그는 이러한 주제들을 상세히 다루지는 않지만 그럼에도 홉스가 그것들을 자연철학으로 간주했다는 사실은 주목할 만하다.[111]

---

[108] Bacon, *New Organon*, 224.
[109] Bacon, *New Organon*, 236-237.
[110] Hobbes, *Leviathan*, 61.

17세기의 위대한 철학자들 중에서 예술에 큰 관심을 둔 사람은 소수에 불과하지만 그들은 18세기의 철학 체계에서 더욱 중심적인 역할을 수행했다. 흄은 『인간 본성론』(1739-1740)의 "광고"에서 자신이 『인간 본성론』의 후반 책들 중 하나에서 비평을 다루려 했다고 말한다. 저조한 판매 실적 때문에 결국 이러한 계획을 포기할 수밖에 없었지만, 흄은 자신의 『인간 본성론』과 그것이 상세하게 설명할 예정이었던 인간 본성에 관한 새로운 학문이 비평, 예술, 취미의 기준의 상호 관계를 해명하지 않고서는 완성될 수 없다는 사실을 독자들에게 말해주는 것이 여전히 중요하다고 생각한다.112 한편 디드로의 『백과전서』는 베이컨, 홉스, 흄의 체계가 예술에 제공했던 것보다 훨씬 더 중요한 자리를 마련해주었다. 디드로와 『백과전서』의 공동 저자들은 자신들의 체계에 예술의 자리를 마련하면서 이를 단순히 구색을 갖추는 정도로만 하지 않았기 때문이다. 달랑베르의 『예비 논고』에서 예술이 상상력 아래에 자리 잡은 후 실제로 체계는 자연에 적용되는 인간의 독창성 및 산업의 산물로 취급되었던 수많은 예술 관련 항목을 포괄하게 되었다.113 회화, 조각, 건축, 음악, 무용, 시와 관련된 항목들도 광범위하고 구체적이다.114 이러한

---

111 홉스의 자연철학 개념은 Sorell, "Hobbes' Scheme of the Sciences", 45-61; Joseph, "Hobbes and the Method of Natural Science", 86-107을 보라.
112 Hume, *A Treatise of Human Nature*, xi.
113 이를테면 Diderot, "Art", 144를 보라. 이와 동일한 번역은 웹사이트 http://quod.lib.umich.edu/cgi/t/test/testidx?c=did;cc=did;rgn=main;view=text;idno=did2222.0000.139에서 볼 수 있다.
114 이 항목들 중 상당수의 번역문은 미시간대학 도서관이 주관한 『백과전서』 공동 번역 사업 웹사이트에서 볼 수 있다. http://quod.lib.umich.edu/d/did를 보라.

항목들이 철학의 더욱 넓은 체계의 일부에 속한다는 사실은 달랑베르의 『예비 논고』에서 분명하게 확인된다. 거기서 달랑베르는 『백과전서』가 예술과 학문에 토대를 제공해주는 일반 원리에 따라 인간의 모든 지식의 질서와 상호 관계를 설명해준다고 기술한다.[115]

이미 언급한 체계들 외에도 볼프와 칸트의 철학 체계에서 예술이 차지하는 위치에 특별히 주목할 필요가 있다. 최근 들어 몇몇 학자는 볼프가 예술철학의 진정한 창시자로 간주되어야 한다고 주장한다. 그가 "예술에 가장 커다란 중요성을 부여했으며 … 자신의 체계에서 예술에 중심적인 자리를 마련해주었다"는 이유에서다.[116] 볼프가 예술을 중요하게 생각했고 예술이 자신의 체계에 얼마나 잘 들어맞는지를 설명한 것은 사실이다. 하지만 그가 예술에 "가장 커다란 중요성"을 부여했다거나 그의 체계에서 예술의 자리가 "중심적"이었다고 말하는 것은 과장이다. 『철학 일반에 관한 예비 논의』[이하 『예비 논의』](1728)에서 볼프가 "법학과 의학에 대한 철학, 그리고 각각의 예술에 대한 철학 역시 가능하다"라고 확언하긴 했지만, 그

---

[115] D'Alembert, *Preliminary Discourse to the Encyclopedia of Diderot*, 4.
[116] Beiser, *Diotima's Children*, 46-47. 슈테파니 부헤나우Stefanie Buchenau와 가이어 역시 볼프를 근대의 미학과 예술철학의 창시자 중 하나로 여기는데, 그 근거는 프레더릭 바이저Frederick Beiser의 근거와는 약간 다르긴 하다. 나는 부헤나우의 주장에 좀 더 동의하는 편인데, 그녀는 볼프의 철학이 바움가르텐의 미학에 방법과 구조를 제공했다고 주장하면서 볼프를 독일 미학의 출현 맥락에 필수적인 부분으로 그린다. Buchenau, *The Founding of Aesthetics in the German Enlightenment*, 6-10을 보라. 가이어는 『근대 미학사』에서 예술철학에 대한 볼프의 기여를 약간 다르게 설명한다. 가이어는 볼프의 인식론을, 즉 완전성에 대한 지각이 일종의 인식이라는 견해를 강조한다. Guyer, *A History of Modern Aesthetics*, I:31, 47-63을 보라.

는 예술철학이 단지 왜 예술이 지금 존재하는 것과 같은 방식으로 존재하는지를 해명할 뿐이라고 생각했다.117 그가 수공예 중에서 가장 저급하게 여긴 목판 조각에 대한 언급을 예시로 살펴보자. 볼프에 따르면 목판 조각을 다루는 예술철학은 "왜 나무가 절단될 수 있으며, 그러한 절단이 왜 쐐기나 도끼를 통해 이루어질 수 있는지"를 설명해준다.118 철학적 지식은 "존재하거나 존재하게 될 것들의 근거에 관한 지식"으로 이루어지므로 볼프는 나무가 왜 도끼로 절단될 수 있는지를 아는 것이 철학의 다른 어떤 부분에서 밝혀지는 지식보다 덜 철학적이라고 생각하지는 않았다.119 볼프는 철학을 발전시키기 위해 예술에 관한 지식이 개발되고 사용될 필요가 있다고 생각했지만 그러한 주제와 관련된 어떤 주요 작품도 남기지 않았다.120 차라리 볼프의 추종자들 — 특히 고트셰트, 바움가르텐, 멘델스존, 레싱 — 이야말로 예술을 탐구하여 철학을 풍요롭게 만드는 데 그보다 더 큰 공로를 세웠다고 칭송받을 만한 자격이 있다.

칸트는 『판단력비판』(1790)을 자신의 비판철학의 정점이자 결론으로 여겼다. 그래서 이 작품에 등장하는 예술 관련 논의는 예술철학을 개발해야 한다는 『예비 논의』에서의 볼프의 요청과 달리 부차

---

117 Wolff, *Preliminary Discourse on Philosophy in General*, 22(§39).

118 Wolff, *Preliminary Discourse on Philosophy in General*, 22(§39*).

119 Wolff, *Preliminary Discourse on Philosophy in General*, 4(§6).

120 바이저는 『민간 건축의 요소』(1738)가 볼프의 예술철학의 주요 작품이라고 지적한다. 이러한 주장은 진지하게 고려될 만하다. 하지만 나는 볼프의 이 작품이 건축예술에 진정 중요한 기여를 했는지, 건축예술을 다루는 개별 작품인지는 잘 모르겠다. 위 작품은 『일반 수학의 요소』(1713-1715)의 일부로 출판되었다는 점에서 수리철학을 실용적으로 적용해보기 위한 실험적 시도로 이해될 수도 있을 것이다.

적이지 않다.¹²¹ 그런데 칸트는 "미적 판단력 비판"의 말미에서 제시한 자신의 예술 관련 논의가 그저 잠정적일 뿐이라고 조심스럽게 지적한다. 그는 독자들에게 자신이 언어예술(수사학, 시), 조형예술(회화, 조각, 건축), 감각들의 유희의 예술(음악, 색채 예술)을 서로 구분한 것을 "숙고된 이론"으로 여기지 말라고 충고한다. 그는 그러한 구분이 예술철학에서 "시도될 수 있고 또 시도되어야만 하는 여러 실험 중 하나일 뿐"이라고 언급한다.¹²² 많은 학자가 칸트의 예술 구분이 그렇게 독창적이진 않지만 예술에 관한 그의 설명에는 몇 가지 주목할 만한 특징이 있다고 지적한다. 이를테면 아름다운 기술[예술]들과 다른 종류의 기술들의 차이에 대한 강조는 칸트 미학이 이룬 공로인데, 이는 수많은 선대 철학자에게서는 이루어지지 않았던 작업이다. 칸트에 따르면 예술에는 상상력, 지성, 정신, 취미의 특별한 조합이 필요하다. 이러한 조합은 다른 기술들에서는 발견되지 않으며, 그것들이 이루어지는 데 필요하지도 않다. 더 나아가 칸트는 예술이 그가 "미적 이념aesthetic idea"이라고 부른 것을 표현해준다고 생각한다. 미적 이념이란 "그 어떤 개념을 통해서도 완전히 충전充塡될 수 없는" 직관이다.¹²³ 이러한 이념을 표현하기를 시도하면서 "시인은 감히 비가시적 존재의 이성적 이념들, 즉 천국, 지옥, 영원함, 창조 등을 감성화하려 하고, 또한 경험에서 실례를 찾을 수 있는 것, 예컨대 사랑, 명예뿐만 아니라 죽음, 질투, 모든 죄악 등을 경험의 제한을 넘어서, 최대치에 도달하고자 이성의 선례

---

121 Kant, *Critique of the Power of Judgment*, 58(V:170).
122 Kant, *Critique of the Power of Judgment*, 198(§51).
123 Kant, *Critique of the Power of Judgment*, 192(§49).

를 따르는 상상력을 통해 자연에서는 그에 상응하는 실례를 결코 발견할 수 없을 만큼 완벽하게 감성화하려 한다."[124] 달리 말하자면 예술은 예술가의 상상력이 지닌 창조적 힘을 통해 우리에게 우리의 지성을 넘어선 것들을 보여준다는 의미이다. 칸트가 예술은 파악될 수도 없고 설명될 수도 없는 "주느세쿠아je ne sais quoi(나는 그것이 뭔지 모른다)"의 특징을 지닌다고 주장한 최초의 인물은 아닐 것이다. 하지만 그는 부우르와 라이프니츠가 정립한 선례의 수준을 훨씬 넘어서서 그러한 명제를 아름다운 기술[예술]을 구성하는 특징으로 만들었다.[125] 예술을 다시 파악 가능한 것으로 만들기 위해 후대의 철학자들과 과학자들은 칸트의 관점을 옹호한 낭만주의자들과 분투하게 된다.

---

[124] Kant, *Critique of the Power of Judgment*, 192-193(§49).
[125] 훗날 "주느세쿠아"로 알려지게 된, 예술은 "당신이 느끼는 것에 영향을 끼치는, 규정할 수 없는 무언가"를 지닌다는 생각은 도미니크 부우르의 『아리스토와 외젠의 대화』(1671)에서 최초로 표명되었다. Bouhours, "The Je ne sais quoi from The Conversations of Aristo and Eugene", 228-238을 보라. 라이프니츠는 혼연한 관념이라는 자신의 개념을 설명하기 위해 『인식, 진리, 관념에 관한 성찰』에서 "주느세쿠아"를 끌어들인다. 그는 다음과 같이 쓰고 있다. "이와 마찬가지로 우리는 화가들과 다른 예술가들이, 비록 종종 자신들의 판단을 설명하지 못하고, 질문을 받으면 자신들을 불쾌하게 만드는 것들에 알 수 없는 무언가가 결여되어 있다는 식으로만 답할 뿐이라고 해도 제대로 된 것과 형편없는 것을 정확하게 [분별할 줄] 안다는 사실을 알고 있다." Leibniz, *Philosophical Essays*("Meditations on Knowledge, Truth, and Ideas"), 24를 보라. 제4장에서 우리는 라이프니츠의 "혼연함"이라는 개념이 바움가르텐 미학의 필수 요소였다는 사실을 살펴볼 것이다.

제3장
취미 비판[*]

『순수이성비판』의 초판(1781) 서문에서 칸트는 18세기를 "모든 것

[*] 우리말에서는 "비평"과 "비판"이 구분되지만 영어에서는 두 단어 모두 Critique(Critic)으로 지칭된다. 그래서 이 책에서는 문예 "비평"을 언급하는 맥락에서나 취미 "비판" 및 칸트의 "비판" 철학을 설명하는 맥락에서나 동일한 영어 단어가 자연스럽게 쓰이고 있다. 취미 비판은 문헌학적 비평이나 문예 비평의 영향을 받아 출현했으므로 "비판"과 "비평"은 서로 무관한 개념이 아니고, 특히 경험주의에 토대를 두고 있는 영국의 취미 비판은 비평과 긴밀하게 연관되어 있는 편이다. 하지만 양자가 완전히 동일시될 수 있는 것도 아니며, 특히 칸트의 맥락에서는 확실히 구별되어야 한다. 왜냐하면 1780년대 이후에 칸트가 Critique(Critic)과 동일한 단어로 쓴 독일어 Kritik은 "비평"에서 "비판"으로 그 의미가 변경되었기 때문이다. 1765년에서 1766년으로 넘어가는 겨울 학기의 강의 공고에서 칸트는 Kritik des Geschmacks라는 표현을 사용한다(Kant, *Nachricht von der Einrichtung seiner Vorlesungen in dem Winterhalbenjahre von 1765-1766*, II:311). 이때의 Kritik은 경험주의적 경향이나 문학에서 사용되는 "비평"과 쉽게 동일시될 수 있다. 그러나 1780년대 이후에 Kritik은 "순수이성비판Kritik der reinen Vernunft"에서와 같은 "비판"이라는 의미를 부여받는다. 물론 칸트는 『순수이성비판』에서 바움가르텐의 미학(감성학)을 비판하는 대목에서 이 단어를 "비평"이라는 의미로 사용하기도 한다(Kant, *Kritik der reinen Vernunft*, A 21/B 35 Anm.). 또 경험주의나 문학을 다루는 맥락에서는 여전히 "비평"이라는 뜻을 의도한다. 따라서 이 책에서는 원문의 Critique를 맥락에 따라 "비평"과 "비판"으로 구분해 옮기고, 두 개념의 의미가 함께 담긴 (특히 칸트의) 대목에서는 "비판[비평]"과 같은 식으로 병기하였다.

을 비판에 부쳐야만 하는 진정한 비판의 시대"로 불렀다.[1] 교회의 신성함과 국가의 권위까지도 칸트가 "비판의 불같은 시험"이라 부른 것의 대상이었다.[2] 국가와 교회의 일부 기득권 세력은 자신들이 비판의 대상이 될 수 있다는 사실을 인정하지 않았지만, 칸트는 그러한 부정이 "그들을 향한 정당한 의혹을 자극"할 것이며, 국가와 교회는 "이성이 자유롭고 공명한 검토를 견딜 수 있는 것에만 부여하는 진정한 존경"을 얻지 못하게 될 거라고 생각했다.[3] 그들이 존경받을 만한 가치를 지니려면 공명한 검토를 수용하고 이성적 논증을 사용하여 자신들의 교리와 행위를 변호해야 할 것이다. 이처럼 칸트는 참된 것과 선한 것을 규정하는 비판의 힘을 확신했다. 그리하여 그는 자신의 논문 「'계몽이란 무엇인가?'라는 물음에 대한 답변」(1784)에서 이성의 공적 사용을 계몽주의의 핵심으로 만들었다. 거기서 칸트는 이성을 공적으로 사용할 자유가 계몽주의를 "거의 불가피한 것으로" 만든다고 주장하기까지 한다.[4]

칸트가 "진정한 비판의 시대"라고 부른 시기는 "취미의 시대"로 불리기도 한다. 이 시기에 형성된 취미 이론들을 다룬 연구에서 조지 디키George Dickie는 취미에 관한 18세기의 논의들이 매력적으로 느껴지는 까닭은 아름다움이 종래까지 객관적 개념으로만 취급되

---

[1] Kant, *Critique of Pure Reason*, Axi. 칸트가 이 구절에서 사용한 "비판criticism (*Kritik*)"이라는 단어와 『순수이성비판(Kritik der reinen Vernunft)』이라는 제목에서 사용한 해당 단어의 의미 차이에 관해서는 McQuillan, "Beyond the Limits of Reason", 66-82를 보라.
[2] Kant, *Critique of Pure Reason*, A 406/B 433.
[3] Kant, *Critique of Pure Reason*, Axi.
[4] Kant, *Practical Philosophy*, 17(VIII:36).

다가 주관적 경험이 새롭게 강조되는 방향으로 전환되었기 때문이라고 주장한다.[5] 취미 이론은 대상을 그 누구의 경험과도 무관하게 그 자체로 아름답게 만들어주는 성질들을 규명하지 않고 아름다움에 대한 우리 경험의 감각적, 지적, 감정적 차원들 및 그러한 경험에서 비롯되는 쾌를 강조한다. 주로 허치슨과 흄을 다루는 디키의 연구는 허치슨을 취미 이론의 출발점으로, 흄을 완성자로 간주한다. 물론 허치슨과 흄 전후에 프랑스와 독일에서도 취미에 관한 수많은 유력한 설명이 제시되었다. 만일 그러한 설명들을 무시한다면 우리는 취미에 관한 18세기의 논의들에서는 찾아볼 수 없는 일종의 지역주의적인 편협함에 빠질 위험이 있다. 취미는 진정 유럽 전체를 사로잡은 주제였으며 영국만의 주요 관심사가 아니었다. 합리주의자와 경험주의자, 사변적 사상가와 경험철학자, 자연과학자와 선험적 관념론자가 모두 이 주제를 탐구했으며 취미 비판에 중요한 기여를 했다.

 이렇게 더욱 광범위하고 다양한 관점을 상정하면 근대 초기의 철학자들이 그들의 시대를 규정했던 비판 정신을 취미라는 사안에 어떻게 대입했는지를 좀 더 수월하게 파악할 수 있다. 이 장의 첫째 절에서 우리는 18세기 초에 문헌학적 비평과 문예비평에서 취미 비판이 어떻게 출현하게 되었는지를 살펴볼 것이다.[6] 둘째 절에서는 취미 비판을 수행했던 철학자들이 특정한 대상들과 그 대상들의 성질을 우리가 왜, 어떻게 아름답거나 추한 것, 유쾌하거나 불쾌한 것

---

5   Dickie, *The Century of Taste*, 3.
6   근대 초기 비평의 기원을 다룬, 이와 유사하지만 더욱 광범위한 해설로는 McQuillan, *Immanuel Kant*, ch. 1을 보라.

으로 경험하는지를 설명하기 위해 인간의 감각기관들의 구조와 기능 및 마음의 체제에 주목하면서 개인의 선호와 당대 유행의 갑작스러운 변화 양상을 고려 대상에서 배제하였다는 사실을 살펴볼 것이다. 이후 셋째 절에서는 사회와 역사가 취미에 영향을 끼쳐왔다는 사실을 유럽의 몇몇 철학자가 어떻게 파악하게 되었는지를 살필 것이다. 마지막으로 넷째 절에서는 이러한 철학자들이 취미 비판 그 자체의 위상을 어떻게 고찰하기 시작했는지를 살펴본다. 이러한 고찰은 대부분 좋은 취미의 규칙들과 예술적 천재의 창의성 간의 관계에 관심을 두었지만, 비판이 진정 학문으로 성립할 수 있는지를 다룬 중요한 논의도 있었다.

다양한 비평

근대 초기의 취미 비판의 기원은 르네상스 시대의 문헌학까지 거슬러 올라갈 수 있다. 르네상스 시대의 문헌학은 고대의 고전 세계를 보존하는 데 노력을 기울였다. 이러한 목표를 이루기 위해 문헌학자들은 "비평"으로 알려진 활동에 몰두했다. 문헌학적 비평은 18세기에 문예비평이나 예술비평과 연관을 맺게 된 어떤 평가적 판단evaluative judgment이 아니다. 문헌학적 비평은 필사본이나 문헌의 진위 여부를 가늠하려는 시도였다. 문헌의 진위 여부를 따지는 일은 르네상스 시대와 근대 초기에 중요한 과제였다. 고전 문헌의 근대 판본을 만들기 위해 사용된 필사본이 모두 진본이었던 것은 아니기 때문이다. 필사본들에서 발견되는 비정합성 중 일부는 필사자의 잘못에서 비롯된 것일 수 있었다. 여기에 해당하는 사례 중 하나가 디오게네스 라에르티우스Diogenes Laertius가 쓴 『주요 철학자들의 열전』[이하 『열전』](225-250년경)이다. 『열전』의 일부 필사본에는 아리스토텔레스가 "오 친구여, 친구란 없다네(*o philoi, oudeis philos*)"라는 말을 했다고 기록되어 있다.[7] 저명한 문헌학자인 이삭 카소봉Isaac Casaubon은 이러한 역설적인 표현을 "친구가 많은 사람은 친구가 없다(*oi philoi, oudeis philos*)"라는 좀 더 상투적인 격언의 변형으로 간주했다. 이는 아리스토텔레스가 『니코마코스 윤리학』과 같은 작품에서 진정한 우정은 드물며 귀중하다고 주장했던 것을 반영한 것이다.[8] 카소봉은 자신의 『열전』 판본에서 필사본의 오류를 교정하였다. 그리고 근대의 학자들은 카소봉의 그러한 수정이 옳다고 인정했다. 그러나 필사본이 후대로 계속 전승되면서 발생한 오류들의 경우에는 교정하기가 비교적 어려웠다. 신뢰할 만한 구·신약성경 판본을 만들어내기 위해 리샤르 시몽은 수많은 연대적, 지리적 오류를 담고 있고 동일한 구절이 변형되어 이리저리 뒤섞여 있으며 저자가 불분명한 필사본들을 정돈해야 했다.[9] 그는 성경 문헌이 완전히 온전하지는 않을 수도 있다는 주장을 이단시하는 가톨릭과 개신교의 성서 권위 옹호자들에게 종교적 고발을 당하기도 했다.[10] 한편 위작

---

[7] 이 구절은 출처가 불분명한데도 여전히 통상적으로 인용되고 있다. 몽테뉴, 칸트, 니체도 이 구절을 인용했으며, 심지어 데리다는 이를 『우정의 정치학』이라는 자신의 저서의 토대로 삼기까지 했다. Montaigne, *Complete Works*, 171; Kant, *Practical Philosophy*, 585(VI:470); Nietzsche, *Human, All Too Human*, 148; Derrida, *The Politics of Friendship*, vii-2를 보라.

[8] Langer, *Perfect Friendship*, 17-20; Agamben, "The Friend", 26-27; Theophanidis, "O Friends, There Are No Friends", 2014. Aristotle, *Nicomachean Ethics*, 151(1171a15)도 보라.

[9] Turner, *Philology*, 60-61.

역시 근대 초기의 문헌학자들에게 또 하나의 큰 골칫거리였다. 고대와 근대의 작가들은 자기들보다 앞선 시대의 작가들을 사칭하기 일쑤였기에 어떤 작품이 위조된 것인지 아닌지를 밝혀내기란 쉬운 일이 아니었기 때문이다. 그 사례 중 하나가 바로 『팔라리스의 편지들』이다. 이 작품은 그 기원이 피타고라스 시대(기원전 570-495년경)까지 거슬러 올라가는 것으로 여겨지다가 작품에서 발견되는 다양한 역사적 사안이나 문체가 시대착오적이라는 사실들을 리처드 벤틀리가 밝혀낸 뒤에야 그보다 더 나중 시기인 루키아노스 시대(기원후 125-180년경) 정도에 저술된 것으로 추정되기 시작했다.[11] 앤서니 그래프톤Anthony Grafton은 『위작과 비평가들』에서 이러한 종류의 작업이 르네상스 시대와 근대 초기에 비평이 발전하는 데 상당히 중요한 역할을 했다고 주장한다. 문헌학자들이 위작을 밝혀내기 위해 개발한 도구와 기법이 고전 문헌들의 역사적 맥락과 내용을 이해하는 데 필수적이었기 때문이다.[12]

문헌학적 비평과 근대 초기의 문예비평의 관계는 프랜시스 베이컨의 『학문의 진보와 존엄에 관하여』(1605)에서 제시된 한 구절을 통해 명백하게 밝혀졌다. 해당 구절에서 베이컨은 비평의 세 가지 상이한 측면을 분류한다. 비평의 첫째 측면은 명백히 문헌학적이다.

10 Turner, *Philology*, 73-80.
11 Haugen, *Richard Bentley*, 110-123. 하우겐은 벤틀리가 『팔라리스의 편지들에 관한 연구』를 박사 학위논문으로 출간했을 당시에 이미 많은 사람이 그와 동일한 견해를 주장했다고 지적한다. 하지만 그 원전에 담긴 역사적, 문체적 오류들을 열거하여 팔라리스의 편지들을 위작으로 입증해낸 인물은 바로 벤틀리라고 주장할 수 있다.
12 Grafton, *Forgers and Critics*, 8-36.

이때 비평은 "인정받는 저자들의 올바른 교정 및 수정 편집"과 동일시되며, "이를 통해 저자들은 정당성을 얻고 그 제자들은 빛을 얻는다."**13** 비평의 둘째 측면은 다소 광범위한데, "저자의 해설, 주해, 주석, 아름다운 구절들 등에 대한 해석과 설명"을 망라하지만 문헌학과 여전히 아주 밀접하게 연관되어 있다.**14** 비평의 셋째 측면은 아마 문예비평에 가장 가까울 것인데, 비평가에게 "저자의 편집에 간결한 판정"을 내리고 "그 저자를 그와 동일한 주제를 다룬 다른 작가들과 비교할" 권한을 부여해줌으로써 "학생들이 그와 같은 비평을 통해 어떤 책을 읽어야 하는지를 조언받을 수 있을 뿐만 아니라 그 책을 읽게 될 때 더 잘 준비되어 있을 수 있게" 해주기 때문이다.**15**

베이컨은 비평의 이 셋째 측면을 기술할 때 아마도 줄리어스 케사르 스칼리제르Julius Caesar Scaliger의 『시학』(1561/1581)에서 이루어진 호메로스와 베르길리우스의 상호 비교 같은 것을 염두에 두고 있었을 공산이 크다. 그는 연대학자, 문헌학자, 역사학자였던 조제프 쥐스튀스 스칼리제르Josef Justus Scaliger의 아버지이다. 그는 타고난 문헌학자였으며, 에라스무스Erasmus에 맞서 키케로를 옹호하는 논쟁적인 연설을 펼친 것으로 유명하다.**16** 그는 『시학』에서 호메로스와 베르길리우스의 시적 기법들을 상세하게 비교하고서, 베르길리우스가 "호메로스가 어떻게 말했을지를 우리에게 알려줄 수 있을 만큼 호메로스를 그렇게 많이 모방하지는 않았다"라고 결론지음으

---

13 Bacon, *Of the Dignity and Advancement of Learning*, 493.
14 Bacon, *Of the Dignity and Advancement of Learning*, 494.
15 Bacon, *Of the Dignity and Advancement of Learning*, 494.
16 Hall, "Life of Julius Caesar Scaliger", 94-96.

로써 독자들을 충격에 빠뜨렸다.17 이러한 사실은 르네상스 시대와 근대 초기에 문학의 질적 수준과 문헌학적 진위의 판정이 서로 얼마나 밀접하게 관련되어 있었는지를 보여주기에 지금 이 맥락에서 중요하다.

실제로 우리는 근대 초기의 다른 비평가들의 작품, 특히 존 드라이든처럼 방대한 양의 고전 작품들을 번역하고 편집한 비평가의 작품에서 문헌학과 문예비평의 밀접한 관계를 확인해볼 수 있다. 『영웅시와 시적 허용에 관한 작가의 변론』(1677)에서 드라이든은 비평이 한편으로는 작품의 "탁월함"을 칭찬해줘야 하고, 다른 한편으로는 "펜 끝에서 벌어진 실수들"을 지적해줌으로써 작가가 작품을 나아지게 할 수 있도록 도와야 한다고 주장한다.18 그는 주로 작품의 문학적 수준을 평가하는 일에 관심이 있었지만, 그가 비평가가 문학적 수준을 판정하는 데 사용해야 한다고 여긴 기준들은 문헌학자들이 사용한 기준들과 조금도 다르지 않았다.

고대인과 근대인 논쟁 및 책들의 전쟁에 뒤이어 문헌학과 문예비평에 대한 관심이 실로 뚜렷해지기 시작한 것은 18세기 초엽부터였다.19 스위프트의 『통 이야기』와 『책들의 전쟁』은 작가들이 어째서 문헌학을 현학적인 활동으로 여기게 되었는지를 보여준다. 스위프트는 비평 전반에 관해서는 그다지 주목할 만한 언급을 남기지 않았지만 "벌레들, 무덤들, 필사본들의 먼지 더미에서 고대 학문을 복원하는 사람들" 역할을 하는 비평가와 "작가의 오류를 찾아내고 수

17 Wilson-Okamura, *Virgil in the Renaissance*, 129.
18 Dryden, "Author's Apology", 106.
19 Levine, "Ancients and Moderns Reconsidered", 82-89.

집하는 사람"인 "근대의 진정한 비평가"를 세심하게 구분했다.[20] 스위프트는 전자와 같은 종류의 비평가를 문헌학자라 부르면서 그들은 멸종해버렸다고 말하며, 문예비평가로 이해되는 것이 더욱 적절할 후자와 같은 종류의 비평가들에게 경멸적 평가를 내리는 데 이른다. 『실낙원』을 비평하기 위해 필요한 자질들에 대한 애디슨의 평가는 스위프트와 다르다. 애디슨의 평가에서는 문헌학적 비평과 문예비평 모두 그 가치를 인정받는다. 애디슨은 모름지기 이상적인 비평가라면 고대와 근대, 양쪽 모두의 언어에 능통해야 할 것이라고 말한다. 하지만 그는 비평가의 개인적 기질과 성격을 강조하기도 한다. 그는 이상적인 비평가라면 반드시 달변가여야 하고, 세상 경험이 많아야 하며, 너그럽고, 합리적이고, 선입견이 없어야 한다고 주장한다.[21] 이처럼 비평가의 성격과 기질에 초점을 맞추는 관점은 문헌학과 문예비평을 구분하는 데 유용했다. 문헌학적 비평가들에게 권위를 부여해주었던 학문적 박식함에서 비판적 평가 행위를 분리해냈기 때문이다.

취미 비판은 문헌학적 비평이나 문예비평보다 더욱 폭넓고 일반적인 원리들을 정식화하려는 시도로 이해될 수 있다. 섀프츠베리의 『인간, 예절, 의견, 시간의 특성들』(1711/1714)에 수록된 대화편 「도덕주의자들」에서는 취미판단의 정당성을 철학적으로 해명하는 작업이 이루어지는데, 이는 비평가의 식견과 성향을 훨씬 넘어선다. 섀프츠베리는 자연을 "하나의 단순하고 정합적이며 통일적인 설계"

20 Swift, *A Tale of Tub*, 44-45.
21 Addison, *The Spectator*, no. 291.

에 따르는 완전한 체계로 기술하는데, 그러한 설계는 가장 하찮은 것에서부터 가장 위대한 것에 이르기까지 자연을 이루는 모든 부분에 질서를 부여한다.²² 한편 그는 우리가 인간의 마음에 존재하는 "질서와 비율에 관한 관념이나 감각"을 통해 자연의 완전성을 알 수도, 평가할 수도 있다고 주장한다.²³ 이와 관련하여 『영국의 미학 전통』에서 티모시 코스텔로는 섀프츠베리가 자신의 대화편에서 때때로 감각들에 관한 용어를 사용했을지라도 그가 자연의 질서와 비율에서 발견되는 아름다움을 진정 감각되는 것으로 여기지는 않는다고 강조하는데, 이는 옳은 말이다.²⁴ 실제로 섀프츠베리는 우리에게 자연 설계의 아름다움을 평가할 수 있게 만들어주는 것은 자연의 질서와 비율에 대한 "이성적 관조"라고 생각한다. 섀프츠베리는 우리가 주변 세계를 관조할 때 무생물의 "죽은 형식the dead forms"이 지닌 아름다움에서 벗어나, 아름다운 작품들을 담당하는 지성과 활동성을 지닌 예술가와 장인의 창조적 힘에 결부된 "형성하는 형식the forms which form"의 아름다움으로 상승할 수 있다고 생각한다. 결국 우리는 "우리가 한낱 형식이라고 부르는 것뿐만 아니라 형성하는 형식까지도 형성하는 아름다움의 제3차 질서"에 도달하는 것이다.²⁵ 섀프츠베리는 우리가 "최상의 지고한 아름다움의 이러한 마지막 질서"를 관조할 때에만 "모든 아름다움의 원리, 근원, 원천"을 진정으로 평가할

---

22 Shaftesbury, *Characteristics*, 274.
23 Shaftesbury, *Characteristics*, 273.
24 Costelloe, *The British Aesthetic Tradition*, 15-16. Guyer, *A History of Modern Aesthetics*, vol. I, *The Eighteenth Century*, 34도 보라.
25 Shaftesbury, *Characteristics*, 323.

수 있다고 생각한다.**26** 그러나 프랜시스 허치슨은 이러한 의견에 동의하지 않는다. 그가 『아름다움, 질서, 조화, 디자인에 관한 탐구』에서 제시한 논증은 섀프츠베리가 대화편에서 전개한 설명과 상통하는 점이 많지만, 허치슨은 우리가 질서와 비율의 아름다움을 지각하게 해주는 특별한 "내적 감각internal sense"을 타고난다는 견해를 더욱 분명하게 밀고 나간다.**27** 허치슨은 "내적 감각"을 다섯 가지의 외적 감각과 구분하는 데 신중하면서도 내적 감각은 쾌의 원천이기 때문에 이성과 다르다고 주장한다. 쾌는 "원리, 비율, 원인을 아는 것이나 대상의 유용성을 아는 것에서 생겨나지 않는다. 쾌는 우리를 '아름다움의 관념'으로 우선 강타한다. 가장 정확한 지식도 '이점'을 따져보거나 '지식을 증대하는' 차원에서 독특한 이성적 '쾌'를 더해줄 수는 있겠지만 이러한 '아름다움의 쾌'를 증대시켜주지는 않는다."**28** 아름다움에 대한 감각을 외적 감각에서 분리시키는 일은 허치슨에게 만만치 않은 도전 과제이기도 했다. 이는 아름다움이 보이지도, 들리지도, 느껴지지도, 만져지지도 않고 맛볼 수도, 향을 맡을 수도 없는 무언가이면서도 감각적인 것으로 고려되어야만 한다는 의미이기 때문이다. 이 문제를 해결하기 위해 허치슨은 "본래적original"이거나 "절대적absolute"인 아름다움이 모든 규칙적 형태 — 그것들이 자연의 일부이든, 예술 작품의 일부이든, 수학적 정리의 일부이든 — 에서 발견되는 "'다양성' 가운데서의 '통일'Uniformity amidst Variety"로 이해되어야 한다고 주장한다.**29** 이러한

26 Shaftesbury, *Characteristics*, 324.
27 Hutcheson, *Inquiry*, 19-23.
28 Hutcheson, *Inquiry*, 25.

해답이 모두를 만족시키지는 못했다. 하지만 피터 키비나 조지 디키 같은 학자들은 이를 두고 "우리가 오늘날 미학이라고 부를 법한 것을 영어로 최초로 체계적으로 다루었다"라고 칭송했다.30

물론 근대 초기의 취미 비판에는 질서, 비율, 아름다움에 대한 일반적인 설명 이상의 것이 있었다. 섀프츠베리는 자연의 질서와 비율을 칭송할 때 플라톤의 형이상학을 로크의 경험주의의 대안으로 장려했는데, 이는 그가 원자론, 유물론, 기계론의 등장이 창조의 선함과 섭리의 지혜에 대한 회의주의를 불러올 수도 있다고 우려했기 때문이다.31 그는 이기심에 기반한 홉스와 로크의 도덕철학에 반대하는 도덕철학을 전개하기도 했다. 『특성들』에서 섀프츠베리가 "도덕적 아름다움"과 "도덕적 취미"를 옹호한 것은 당시에 발전한 순전히 주관적인 가치 개념에 일격을 가하고, 자연, 예술, 사회의 객관적 가치를 인정하는 더욱 고전적인 덕 개념을 지지하려는 의도에서였다.32 섀프츠베리에 비하면 허치슨은 로크에게 덜 적대적이었다. 하지만 아름다움의 특별한 "내적 감각"에 관한 생각을 옹호할 때는 그에게도 로크와 다른 목적이 있었다. 실제로 취미에 관한 허치슨의 이론은 도덕 신학에 기여한다. 허치슨은 그의 『탐구』의 초판 말미에서 아름다움에 대한 감각이 도덕적 필연성을 지닌다고 주장하

29 Hutcheson, *Inquiry*, 28-41.
30 Kivy, *The Seventh Sense*, 24. Dickie, *The Century of Taste*, 3도 보라.
31 홉스와 로크에 대한 섀프츠베리의 반론을 다룬 탁월한 논의로는 Klein, *Shaftesbury and the Culture of Politeness*, 60-69를 보라.
32 섀프츠베리의 "도덕적 취미" 이론을 허치슨의 "도덕감각" 이론과 구분하는 존 맥아티어의 작업은 유용하다. McAteer, "Moral Beauty and Moral Taste Theory from Shaftesbury to Hume", 77-137을 보라.

면서 신의 선함은 "'인간'의 내적 '감각'이 현재 존재하는 것처럼 구성되기를, 그래서 '다양성' 가운데서의 '통일'을 '쾌의 계기'로 삼기를" 요구한다고 천명한다.33 이어서 그는 이렇게 말한다. "그렇지 않으면 모든 이성적 '행위자'에게서 스스로에 대한 영구적인 '불만족'이 발생할 수밖에 없다. '이성'과 '관심'은 우리를 그저 일반적인 원인들로만 이끄는 데 반해 '아름다움에 대한 감각'은 우리가 그러한 원인들을 탐탁지 않게 여기게끔 만들 것이기 때문이다."34 신은 자신을 창조의 아름다움 가운데서 드러낸다. 따라서 아름다움에 대한 평가는 신의 현존과 선함에 대한 증거를 제공해준다. 섀프츠베리와 허치슨이 취미 비판에 기여하게끔 동기를 부여해준 그들의 형이상학적, 도덕적, 신학적 헌신이 망각되어서는 안 된다. 그것이 그들의 작품뿐 아니라 근대 초기에 취미 비판이 차지한 위상을 이해하는 데 필요한 맥락을 제공해주기 때문이다. 그것은 근대 철학의 일반적인 학제 간 연구 성향을 나타내기도 한다. 근대 철학은 자족적이고 자기 지시적인 학리적 분과 학문이 아니었으며, 오히려 당대의 과학, 종교, 사회 논쟁들에 깊숙이 관여했다. 그리고 근대 철학의 관심사는 종종 복잡한 방식으로 그러한 논쟁들과 얽혔다. 이어지는 절에서는 취미 비판이 갖가지 다른 목적에 이용되었다는 사실을 비롯하여 그것이 근대 초기의 생리학, 심리학, 사회 이론, 역사에서 파생된 다양한 수단을 통해 발전했다는 사실을 확인할 것이다.

---

33   Hutcheson, *Inquiry*, 80.
34   Hutcheson, *Inquiry*, 80.

생리학과 심리학

『정념론』에서 데카르트는 감정을 기계론적으로 해설한다. 이는 취미를 생리학적으로 해명하려는 사람들에게 중요한 근거 자료가 되었다. 데카르트는 이미 『인간론』(1630-1633/1664)과 『철학의 원리』(1644/1649)에서 인체생리학을 기계론적으로 설명하는 데 중요한 기여를 했다.35 그는 『정념론』에서 보헤미아의 엘리자베스 공주의 요청에 따라 그러한 기계론적 해설들을 감정에 관한 체계적인 설명 수준으로까지 발전시킨다.36 감정의 문제에 접근할 때 데카르트는 수사학자(*Orateur*)나 도덕철학자(*Philosophe moral*)보다는 자연철학자(*Physicien*)의 입장을 취하기에 감정을 영혼soul의 하위 부분에 귀속시키지도 않고, 감정이 이성에 종속되어야 한다고 주장하지도 않는다.37 그 대신 그는 감정을 발생시키는 최초의 원인들을 다루는데, 그 원인들은 외부 대상이 신체에 가하는 자극affection*에서 발견된다. 데카르트에 따르면 자극은 신경을 활성화시키고, 신경은 동물의 정신spirit을 신체를 통해 뇌로 보낸다. 뇌 — 특히 뇌의 중앙

---

35 데카르트의 생리학에 관해서는, 즉 그것이 그의 심리학적 이론과 어떠한 관계에 있으며, 그의 생리학과 심리학이 이 두 분야에 대한 근대 초기의 다른 접근법들과는 어떻게 관련되는지는 Hatfield, "Descartes Physiology and Its Relation to His Psychology", 335-370을 보라.
36 Descartes, *The Philosophical Writings of Descartes*, vol. I, *The Passions of the Soul*, 327(324).
37 Descartes, *The Philosophical Writings of Descartes*, vol. I, *The Passions of the Soul*, 327(326).
* affection은 라틴어 afféctus에서 유래한 단어로 철학에서 "정동情動"이나 "정념" 등으로 대개 번역된다. 하지만 여기서는 특히 기계론적 생리학과 관련된 맥락에서 등장하므로 affection을 "자극"으로 옮긴다.

에 있는 송과선pineal gland —는 외부 신체의 움직임과 동물의 정신이 감정을 발생시키는 곳이다. 예컨대 경이wonder의 감정을 생각해보자. 데카르트는 경이를 "신기하고 이상하게 보이는 대상에 영혼이 관심을 갖고 깊이 생각해보게끔 하는 갑작스러운 놀라움"으로 정의한다.[38] 그리고 나서 그는 경이의 두 가지 원인을 규명한다. "먼저 하나의 원인은 뇌에 각인되는 인상이다. 인상은 대상을 어떤 신기한 것으로, 특별히 깊이 생각해볼 가치가 있는 것으로 나타낸다. 또 다른 원인은 정신의 운동으로, 그것은 인상이 뇌에서 강화되고 유지될 수 있는 자리로 맹렬히 흘러들어가도록 만드는 동시에 또한 인상을 근육들로 삼투시킴으로써 근육들이 감각기관들을 동일한 정위에 고정시켜 감각기관들이 자신들이 인상을 형성하던 방식대로 그 인상을 계속 유지할 수 있게 한다."[39] 인상의 힘이 너무 강해서 신체가 마치 조각상처럼 아예 움직이지 못하게 되면 경이는 경악astonishment이 된다. 데카르트는 경악에서 발견되는 "지나친 경이"가 "나쁜 것일 수밖에 없다"라고 말한다. 그런데 지나친 경이가 나쁜 까닭은 그것이 우리의 영혼을 타락시키거나 도덕적 판단을 흐리게 만들어서가 아니다. 데카르트가 염려하는 것은 그러한 폭력적 인상이 신체에 끼치는 영향이다. 『정념론』 말미의 "정념을 치료하는 일반적 요법"이라는 절에서 그는 정념에 관한 지식이 "우리의 체질적 결함을 교정"할 수 있는 "치료법들"을 발견하는 데 도움을 준

---

[38] Descartes, *The Philosophical Writings of Descartes*, vol. I, *The Passions of the Soul*, 353(380).

[39] Descartes, *The Philosophical Writings of Descartes*, vol. I, *The Passions of the Soul*, 353(380).

다고 주장한다.⁴⁰ 달리 말하자면 감정과 그 원인에 관한 지식은 인간존재를 더욱 건강하고 행복하게 만드는 데 의학적으로 요긴하게 응용될 수 있다는 의미이다.⁴¹

이 밖에도 데카르트는 감정에 관하여 많은 설명을 남겼다. 현대의 생리학자들이 이를 보면 비웃을지도 모르겠다. 특히 동물의 정신을 끌어들이는 대목이나 송과선에 관한 고찰 등이 그러하다. 하지만 『정념론』은 당대의 수많은 사람에게 명백히 가치 있는 작품이었다. 스피노자는 『윤리학』(1677) 제3부에서 감정에 대해 데카르트와 매우 유사한 접근법을 취하며, 인간의 속박(제4부)과 자유(제5부)를 논하는 자리에서 감정의 "치료법들"에 관한 데카르트의 설명을 확장한다.⁴² 스피노자는 우리에게 "올바르게 사는 법"을 알려주려 하기 때문에 그 치료법들은 데카르트가 제시하는 것보다 명백히 더 도덕적이다.⁴³ 하지만 그는 감정을 인간 본성의 "결함"으로 여기는 사람들에 대한 적대감과 자연주의를 데카르트와 공유한다.⁴⁴ 프랑스의 화가 르브룅은 정념에 관한 데카르트의 설명이 예술에 유용하다는 사실을 깨달았다. 『정념 설계 학습법』에서 르브룅은 경탄과

---

40 Descartes, *The Philosophical Writings of Descartes*, vol. I, *The Passions of the Soul*, 403-404(486-488).

41 데카르트가 엘리자베스 공주와 주고받은 편지에서 의학은 실제로 핵심 주제 중 하나이다. Shapiro, *The Correspondence between Princess Elisabeth of Bohemia and René Descartes*, 29-30을 보라. Mills, "The Challenging Patient", 101-122도 보라.

42 데카르트의 『정념론』과 스피노자의 『윤리학』의 관계는 Spinoza, *Complete Works*(*Ethics*), 277(part III, preface)을 보라. Shapiro, "Descartes' Passions of the Soul", 274-275도 보라.

43 Spinoza, *Complete Works*(*Ethics*), 358(part IV, appendix).

44 Spinoza, *Complete Works*(*Ethics*), 277(part III, preface).

경악 같은 감정들의 표현에서 나타나는 미묘한 차이점들을 설명하기 위해 감정에 관한 데카르트의 생리학적 설명을 사용한다.[45] 그는 이 감정들의 차이가 상이한 효과를 낼 수밖에 없다고 주장한다. 그래서 그는 각 감정에 상응하는 안면과 신체의 움직임들을 규명하려 했다. 또 그는 데카르트의 『정념론』의 현대 판본들에서 종종 볼 수 있는 삽화들을 통해 그러한 움직임들을 예증했다.[46] 경탄은 치켜 올라간 눈썹, 확장된 동공, 벌름거리는 콧구멍, 벌어진 입 등을 통해 표현된다. 경악을 표현하는 데에도 이와 동일한 특징들이 사용된다. 하지만 이때 눈썹은 더 높이 치켜 올라가야 하고, 동공은 더 크게, 콧구멍은 더 넓게 확장되어야 하며, 입은 크게 벌어져서 더 강렬한 감정을 나타내야 한다.

뒤 보의 『비판적 성찰』에서도 데카르트의 생리학에 대한 반향을 찾아볼 수 있다.[47] 뒤 보는 예술 및 예술의 구조를 설명해주는 생리

---

45 르브룅의 『정념 설계 학습법』과 데카르트의 『정념론』의 관계는 Ross, "Painting the Passions", 25-47을 보라.

46 르브룅의 글에 대한 번역 및 함께 실린 그의 삽화들은 Montagu, *The Expression of the Passions*, 126-140에서 볼 수 있다. 르브룅의 삽화들은 스티븐 보스Stephen H. Voss가 편집한 1989년 해켓Hackett판을 비롯한 현대의 수많은 『정념에 관하여』 판본에 삽입되어 있다.

47 뒤 보는 데카르트주의에 대한 반대파로 기술되어왔기 때문에 이 주장은 조심스럽게 개진된다. 뒤 보가 데카르트의 생리학을 수용했다는 주장은 어느 정도는 참이다. 그는 데카르트의 수많은 추종자를 비판하고, 스피노자 체계의 과도함을 비난했으며, 라이프니츠가 데카르트주의자들과 논쟁을 벌였을 때 라이프니츠의 편에 섰고, 나중에는 유럽에서 로크의 경험주의를 가장 열광적으로 옹호한 사람 중 하나가 되었다. Lombard, *L'Abbé Du Bos*, 61, 189, 193, 194를 보라. 『비판적 성찰』에서 그는 데카르트 철학에 다소 양가적인 태도를 보인다. "철학자들은 대개 데카르트의 인간적 장점은 정당하게 평가하지만, 그의 철학 체계의 미덕과 관련해서는 입장이 분열된다"라는 것이다. Du Bos,

학적 원리들을 면밀히 검토하기에 앞서 자신이 가장 신경 쓰는 문제가 바로 다음과 같은 것이라고 진술한다. "대개 우리는 연극 공연에서 웃음을 터뜨릴 때보다 울음을 터뜨릴 때 더 큰 쾌를 느낀다."[48] 쾌를 불러일으키는 표상들보다 고통을 불러일으키는 표상들을 좋아하는 우리의 선호는 뒤 보 같은 쾌락주의자에게 진정 역설적인 사태이다. 이러한 역설을 해결하기 위해 뒤 보는 "시와 회화에서 얻어지는 쾌의 기원을 설명"하려 노력한다.[49] 그가 제시하는 설명은 기계론적인 것으로 감정의 원인들에 기초를 둔다. 데카르트처럼 뒤 보는 외부 대상이 신체에 만들어내는 감각적 인상에서 감정의 원인을 찾는다. 감각적 인상은 그것이 신체나 마음의 욕구를 충족시켜주느냐, 그렇지 않느냐에 따라 쾌나 고통을 초래할 수 있다. 이때 신체나 마음의 욕구는 자연 대상을 통해서나 우리의 자연적 욕구의 대상을 모방하는 예술 작품을 통해서 충족될 수 있다. 전자는 "실제적" 정념의 원인인 반면 후자는 "인위적" 정념을 불러일으킨다.[50] 뒤 보가 생각하기에 인위적 정념은 실제적 정념보다 덜 강렬하다. 그렇기 때문에 두려움을 일으키는 것들을 비극에서 목도하거나 그러한 것들이 묘사된 그림을 볼 때 경험하는 고통은 그것들을 실제로 경험할 때 느끼는 고통보다 덜 강렬하다. 또 그러한 고통은 즐거

Critical Reflections, 2:356을 보라. 그러나 뒤 보는 젊은 시절에 데카르트 철학을 열정적으로 지지했다. 이 점을 고려해보면 감정에 대한 『비판적 성찰』에서의 기계론적 설명에는 데카르트의 정신생리학의 지속적인 영향이 반영되어 있다고 볼 수 있겠다.

48 Du Bos, *Critical Reflections*, 1:2.
49 Du Bos, *Critical Reflections*, 1:2-3.
50 Du Bos, *Critical Reflections*, 1:21.

운 상태에서 느끼는 쾌보다도 덜 강렬한데, 즐거움의 쾌는 마음의 욕구를 "쉴 새 없이 채우는" 만족에서 발생하는 것이기 때문이다.51 즐거움의 쾌가 라신의 비극 작품 〈페드라〉를 관람할 때나 르브룅의 〈학살당하는 아기들〉을 볼 때 발생하는 고통을 능가한다는 것이 참이어야 비극과 섬뜩한 회화를 선호하는 우리의 취미가 완벽히 이해된다.

영국에서는 취미에 대한 생리학적 설명들이 프랑스에서만큼 영향력이 크지 않았다. 이는 아마도 로크의 영향 때문일 것이다. 로크는 자연과학에서의 기계론적 설명 자체를 반대하지는 않았다. 하지만 그가 인간의 인식과 감정에 관하여 『인간 지성론』(1690)에서 제시하는 설명은 생리학적이라기보다는 심리학적이다. 로크는 감각기관들sense organs이 "서로 구별되는 여러 지각perceptions을 마음으로 운반하며, 이는 대상들이 지각에 영향을 미치는 다양한 방식에 의거해 이루어진다"라고 인정한다.52 그러나 바로 이어지는 내용에서 그는 이러한 과정이 생리학적이라는 점을 다음과 같이 부인한다. "감관들senses이 마음으로 운반한다고 내가 말할 때, 이는 감관들이 외부 대상들로부터 마음으로 운반하여 바로 그 마음이 거기에서 그러한 지각들을 산출해낸다는 뜻이다."53 우리가 감각되는 성질들에 대해 지니는 관념들은 우리의 감각기관을 자극하는 외부 대상들에서 생겨나는 것이 아니라 실제로 마음을 통해 산출된다는 것이다. 하지만 그럼에도 로크를 따르는 수많은 사람이 그러한 관념의

51 Du Bos, *Critical Reflections*, 1:5.
52 Locke, *Essay Concerning Human Understanding*, 122-123(II.I.3).
53 Locke, *Essay Concerning Human Understanding*, 123(II.I.3).

기원을 인체의 생리학적 원천에서 찾으려 했다. 「취미의 기준에 대하여」에서 데이비드 흄은 사물들에서 "실제적 아름다움real beauty"과 "실제적 추함real deformity"의 구분이 불가능한 것은 적어도 우리의 감각기관의 기질 탓임을 언급한다.[54] 논문의 뒷부분에서 흄은 다음과 같이 밝히기도 한다. "내적 기관들의 결함은 다양하고 빈번하게 나타나는데, 그것은 아름다움과 추함에 대한 우리의 정감sentiment을 좌우하는 일반 원리들의 작용을 저해하거나 약화시킨다."[55] 그러나 그럼에도 그는 이러한 결함이 취미의 기준의 보편성에 대한 회의적 시각을 야기한다는 사실은 부정한다. 흄의 논문과 같은 해에 출간된 『숭고와 아름다움의 관념의 기원에 대한 철학적 탐구』[이하『탐구』](1757)에서 에드먼드 버크 역시 감각기관을 다루는 생리학을 다양한 지점에서 끌어들인다. 「숭고와 아름다움의 작용인에 대하여」라는 제목의 제4부 도입부에서 버크는 "신체에 대한 특정 자극이 어째서 다른 감정이 아닌 바로 그러한 독특한 감정을 마음에서 산출해내는지, 아니면 신체가 도대체 왜 마음의 영향을 받는지, 마음은 왜 신체의 영향을 받는지"를 자신이 적절하게 설명할 수 없다고 고백한다.[56] 하지만 그럼에도 『탐구』에서 버크는 "마음의 어떤 작용들이 신체의 특정한 감정들을 산출해내는 것인지, 신체의 어떤 독특한 감정들과 성질들이 마음에서 어떤 명확한 정념들을 산출해내는 것인지"를 발견하는 일이 유익할 것이라고 상정하면서 숭고와 아름다움의 감정에 관한 수많은 생리학적 설명을 내놓는다.[57]

54 Hume, *Essays*(*Of the Standard of Taste*), 230.
55 Hume, *Essays*(*Of the Standard of Taste*), 234.
56 Burke, *A Philosophical Enquiry*, 159(IV.I).

고통과 두려움의 기원(신경의 비정상적 긴장), 우리가 어둠을 무섭게 여기는 까닭(길항근이 안구의 조임근을 잡아당기고 동공을 과도하게 팽창시켜 발생하는 고통), 사랑의 신체적 원인(천천히 호흡하면서 양손을 꼭 쥐고 고개는 비스듬하게 숙인 채로 눈을 이리저리 굴리면서 입을 살짝 벌리고 대상을 바라봄) 등에 대한 버크의 고찰은 과학의 관점에서 보면 데카르트의 『정념론』보다 그다지 나을 게 없다.[58] 하지만 적어도 버크의 고찰은 자신의 부족함을 알고 있다.

취미에 대한 생리학적 설명을 선호한 로크의 추종자들을 학술 문헌에서는 통상적으로 상상력 이론가와 관념연합 이론가로 구분해 왔다.[59] 하지만 사실 두 입장은 그다지 상호 배타적이지 않다. 양자는 다만 서로 강조점이 다를 뿐이다. 애디슨과 버크 같은 상상력 이론가들은 상상력의 힘을 강조한다. 로크는 감관을 자극하는 대상들에서 발견되는 것에 상응하지 않는 방식으로 관념들을 결합하는 것이 바로 상상력의 특징이라고 말했다. 로크에게서 감관과 상상력은 서로 여전히 밀접하게 연관되어 있는데, 그는 감각sensation에 기원을 두고 있는 "소리, 맛, 냄새, 눈으로 볼 수 있고 만질 수 있는 성질들" 없이는 그 무엇도 상상할 수 없다고 생각하기 때문이다.[60] 애디

---

57 Burke, *A Philosophical Enquiry*, 159(IV.I).

58 Burke, *A Philosophical Enquiry*, 161, 174, 177(IV; IV.XVI; IV.XIX).

59 이를테면 Costelloe, *The British Aesthetic Tradition*, 37-131을 보라. 『스탠포드 철학 사전』에 수록된 제임스 셸리James Shelley의 「18세기 영국 미학18th Century British Aesthetics」 항목도 보라. 가이어는 18세기 영국 전통에서 지각과 감정의 관계 및 유희의 미학the aesthetics of play과 진리의 미학the aesthetics of truth의 관계를 두고 벌어졌던 논의들을 강조하기 위해 이러한 관례를 탈피한다. Guyer, *A History of Modern Aesthetics*, vol. I, The Eighteenth Century, 140-243을 보라.

슨은 「상상력의 쾌에 관하여」의 도입부에서 다음과 같이 말하면서 이러한 점을 반복한다. "우리는 눈으로 접해본 적이 없는 어떤 단일한 이미지를 상상 속에 떠올려볼 수 없다. 그러나 우리가 어떠한 이미지들을 단 한 번이라도 받아들인 적이 있다면 우리는 그것들을 상상에 가장 적합한 모든 다양한 심상과 환영으로 유지하고 변화시키며 혼합시킬 능력을 지니게 된다."[61] 이후 애디슨은 상상력의 쾌를 두 가지 유형으로 구분한다. 첫째 유형은 상상력의 일차적 쾌로, 이는 우리가 대상을 실제로 볼 때 경험된다. 둘째 유형은 상상력의 이차적 쾌로, 이는 대상이 더는 "눈앞에" 있지 않지만 아마도 "우리의 기억에서 상기될 때, 아니면 부재하거나 허구적인 사물들의 쾌적한 환영으로 만들어질 때" 경험된다.[62] 상상력의 일차적 쾌는 위대하거나 비범하거나 아름다운 사물들을 직접 목도하는 데서 발생한다. 한편 이차적 쾌는 위대하고 비범하고 아름다운 사물들을 기억에서 떠올리는 데서 생겨난다. 취미는 상상력의 쾌에 대한 감수성sensitivity 그 이상의 것이 아니며, 신이 우리에게 선사해준 것이다. 그래서 우리는 이러한 취미를 통해 우리에게 친숙하지 않은 (비범한) 사물들에 대한 지식을 추구하고, 창조의 완전성(아름다움)을 감상할 수 있으며, 그리고 신의 영광(위대함)을 깨달을 수 있다.[63]

상상력의 기능들에 대한 버크의 생각은 애디슨과 꽤 다르다. 『탐구』의 제2판(1759)에 추가된 서론 「취미에 관하여」에서 버크는 논리

---

60 Locke, *Essay*, 142(II.II.3).
61 Addison, *The Spectator*, no. 411.
62 Addison, *The Spectator*, no. 411.
63 Addison, *The Spectator*, no. 413.

의 규칙들에 관한 경우와 달리 "취미와 관련해서는 단일하거나 고정된 원리에 대한 동일하고 뚜렷한 일치가 없다"고 지적한다.^64 취미의 원리를 정립하지 못하는 이러한 상황을 바로잡기 위해 버크는 취미에 대한 새로운 정의를 제시한다. 그는 취미를 "상상력의 작업들과 우아한 기술[예술]들에 대한 판단의 영향을 받거나 그러한 판단을 형성하는 마음의 능력 혹은 능력들"이라고 부른다.^65 그러고 나서 버크는 『탐구』의 목적을 밝히는데, 그것은 "원리에 대한 추론 수단을 만족스럽게 제공하는 것으로, 만인에게 아주 일반적이고 아주 체계적이며 확실한, 상상에 영향을 주는 어떤 원리가 있는지를 밝히는" 일이다.^66 초판에 등장하는 아름다움과 숭고에 관한 논의는 『탐구』의 목적에 관한 이 설명에 선행하지만 버크가 부여한 (새로운) 목적에 오히려 더 잘 부합한다. 아름다움과 숭고의 관념들의 기원을 쾌와 고통의 감정에서 발견함으로써 버크는 같은 원리들이 모든 인간에게서 상상력이 영향을 받는 방식을 지배한다는 사실을 보여준다. 이는 취미의 규칙들에 버크가 원하는 일반성과 확실성을 제공해준다.

관념연합 이론가들은 상상력의 힘보다는 관념들의 연합에 관한 로크와 흄의 설명을 강조한다. 로크는 관념들의 자연스러운 결합과 관습custom을 통해 이루어지는 연합이 서로 어떻게 다른지를 설명하기 위해서 『인간 지성론』의 제4판인 라틴어 판본(1701)에 관념연합을 다루는 장을 추가했다.^67 관념들의 자연스러운 연합은 관념

---

64 Burke, *A Philosophical Enquiry*, 64.
65 Burke, *A Philosophical Enquiry*, 65.
66 Burke, *A Philosophical Enquiry*, 65.

을 통해 표상되는 대상들에서 이루어지며, 이는 아마 그 관념들이 서로 닮았을 때 가능할 것이다. 한편 관습을 통해 연합되는 관념들은 우연이나 선택을 통해 서로 연합될 수 있기 때문에 서로에게 공통되는 그 어떤 것도 가질 필요가 없다. 로크는 관습이 우리의 추론에, 우리의 정념에, 우리의 행위에 극적인 영향을 미칠 수 있기에 "젊은이들의 마음에서 관념들이 과도하게 연결되는 것을 부단히 관찰하고 신중하게 방지할" 필요가 있다고 생각한다.[68]

흄은 『인간 본성론』에서 관념들의 연합에 훨씬 더 중요한 역할을 부여한다. 흄에 따르면 관념들은 마음을 통해 서로 연합되는데, 그러한 연합은 관념들의 상호 유사성 및 시공간에서의 상호 근접성에 따라, 그리고 우리가 어느 관념을 다른 관념의 원인으로 간주하느냐에 따라 좌우된다.[69] 두 가지 관념이 빈번히 강력하게 서로 연합될 때 그 연합은 관습적이거나 습관적이게 된다. 흄은 관습과 습관이 정념에 영향을 미치는 방식에 관심을 가졌다. 그러나 관념연합 이론가들은 관념연합이 우리의 취미에 영향을 미치는 방식에 더 관심을 가졌다. 『취미론』(1759)에서 알렉산더 제라드는 다음과 같이 주장한다. "마음은 쾌나 고통을 외부 대상의 충동적인 자극에서뿐만 아니라 그 자신의 작용 및 기질에 대한 의식에서도 얻는다."[70] 이어서 그는 이렇게 말한다. "[그러나] 그러한 작용과 기질이 외부 대상을 통해 만들어졌을 경우에 마음이 분발하여 즉각 발생하는 쾌나

---

67   Locke, *Essay*, 529(II.XXXIII.5).
68   Locke, *Essay*, 529(II.XXXIII.8).
69   Hume, *Treatise*, 11(I.IV).
70   Gerard, *An Essay on Taste*, 3(I.I).

고통은 그러한 분발을 일으킨 것들에서 기인한다."**71** 이러한 통찰은 취미를 이해하는 데 유용하다. 이는 제라드가 『취미론』 제1부에서 논하는 취미의 일곱 가지 감각 대상 — 새로움novelty, 숭고, 아름다움, 모방, 조화, 유머, 덕 — 과 그것들 각각에 결부된 정신 작용들의 상호 관계를 설명해주기 때문이다. 마음이 자신의 역량을 발휘하는 데서 얻는 쾌는 새로움에 대한 취미로 이어져서 연구와 탐구를 통해 이해될 수밖에 없는 낯선 대상들로 옮겨 간다.**72**

흄의 사촌인 헨리 홈Henry Home, 즉 케임즈 경Lord Kames은 『비평의 요소들』(1763)에서 다소 상이한 접근법을 택한다. 홈은 대상과 정신 활동의 관계를 강조하는 대신에 지각의 "연속train"을 이루는 관념들의 상호 관계에 초점을 맞춘다. 이것은 부분적으로 그가 마음이 대상을 지각할 때 마음 스스로 분발하지 않는다고 생각했기 때문이다. 홈이 보기에 관념들의 질서와 결합은 우연이나 선택의 산물이 아니다. 그것은 우리의 마음에서 대상이 감각들과 관념들의 연쇄를 통해 우리에게 주어지는 방식을 표시해주는 함수이다.**73** 따라서 관념들의 질서와 결합을 지배하는 원리들은 모든 인간에게 동일하며 우리의 "공통 본성common nature"을 이룬다. 『비평의 요소들』의 마지막 장에서 홈은 취미의 기준에 대하여 다음과 같이 주장한다. "우리는 이 공통 본성을 불변할 뿐만 아니라 완전하거나 올바른 것으로 생각하게 되어 있다. 따라서 결국 개개인은 공통 본성

---

71 Gerard, *An Essay on Taste*, 3(I.I).
72 Gerard, *An Essay on Taste*, 5-6(I.I). Dickie, *The Century of Taste*, 30-43; Shelley, "18th Century British Aesthetics", 3.1.도 보라.
73 Home, *Elements of Criticism*, I:25(18).

과 일치해야 마땅하다."[74] 이어서 그는 이렇게 말한다. "기준에서 눈에 띄게 벗어나는 모든 것은 바로 그러한 이유로 우리에게 불완전하거나 불규칙하거나 무질서하다는 인상을 심어준다. 그런데 그러한 인상은 불쾌하며, 우리에게 고통스러운 감정을 불러일으킨다."[75] 이러한 주장이 도덕 판단과 취미판단에서 중요한 의의를 지닌다는 점은 명백하다. 공통 본성 및 그에 결부된 완전성에 대한 관념에서 벗어난 모든 것은 "일반적으로 불쾌"하다고 간주되어야 하며, 그러한 것들을 추구하는 취미는 "나쁘거나 잘못되었다"는 비난을 받아야 한다.[76] 좋은 취미는 "공통의 기준에 일치하는" 것들에 대한 취미뿐이다.[77]

사회와 역사

『취미론』에서 제라드는 다음과 같이 언급한다. "세련된 취미는 … 마음에 자연스러운 어떤 힘들에서 기원한다. 그러나 제대로 된 문화의 도움을 받지 못하면 그러한 힘들은 충만한 완전성에 이를 수 없다."[78] 그의 발언은 인체생리학과 심리학의 일반적 설명이 취미 비판에 충분하지 못하다는 사실을 깨달은 18세기 후반에 커져갔던 의식을 반영하고 있다. 유럽인들은 고대와 근대의 차이 및 세계 각

---

74 Home, *Elements of Criticism*, II:244(491-492).
75 Home, *Elements of Criticism*, II:244-245(492).
76 Home, *Elements of Criticism*, II:245(492).
77 Home, *Elements of Criticism*, II:245(492).
78 Gerard, *An Essay on Taste*, 1.

지의 문화 차이를 더욱 의식하게 되면서 사회와 역사가 취미 형성에 중요한 역할을 수행한다는 사실 역시 깨닫기 시작했다. 이러한 깨달음은 취미에 대한 생리학적이고 심리학적인 설명의 타당성을 더는 옹호하기 어렵게 만들었지만 18세기 후반에 취미 비판에 대한 새로운 통찰이 이루어지는 데는 도움을 주었다.

흄의 논문 「취미의 기준에 대하여」는 그와 같은 통찰들 중 가장 가치 있는 내용들을 일부 담고 있다. 그는 취미 문제를 둘러싼 논쟁이 비일비재하고 대체로 다루기 어렵다는 사실을 깨닫고 논문의 도입부에서 "사람들의 다양한 정감을 조화시킬 수 있을 만한 규칙, 아니면 적어도 하나의 정감은 승인하고 다른 정감은 비난하는 결정을 내릴 수 있게 만들어주는 그런 규칙"을 발견하기란 어렵다고 시인한다.[79] 하지만 그는 "찬성과 비난의 어떤 일반적인 원리들이 있으며, 주의 깊게 살펴보면 마음의 모든 활동 가운데서 그 영향력을 발견할 수 있다"고 확신한다.[80] 생리학과 심리학은 그러한 원리들을 제공해주지 못하는데, [심리학에서 다루는] 내적 감각들과 [생리학에서 다루는] 외적 감각들은 대개 아름다움과 추함의 미묘한 차이를 제대로 인식하기에 부적절하기 때문이다. 때때로 그것은 대상의 어떤 성질이나 특수한 종류의 대상을 지각하지 못하게 하는 감각기관들의 결함 때문이기도 하다. 색맹이 바로 그러한 결함의 한 사례일 것이다. 한편 흄은 "대상을 잘못 인식하게 만들거나 적절한 정감과 지각을 상상력에 올바르게 전달하지 못하게끔 방해하는 특수한 사

---

79 Hume, *Essays*(*Of the Standard of Taste*), 229.
80 Hume, *Essays*(*Of the Standard of Taste*), 233.

건과 상황이 발생한다"는 사실 역시 알고 있었다.[81] 그러한 사건과 상황에서는 신체가 완벽하게 건강하고 기관이 올바르게 기능한다고 하더라도 대상이 경험되는 조건 때문에 그 대상의 아름다움이나 추함이 지각되지 못하는 경우가 있을 수 있다. 우리의 심리적 능력들에 대해서도 비슷한 말을 할 수 있다. 이를테면 흄은 많은 사람이 "더 미세한 감정들을 예민하게 느끼는 데 필요한" 상상력의 섬세함을 결여하고 있다고 언급한다.[82] 상상력의 중요성을 보여주기 위해서 그는 『돈키호테』에 등장하는 산초의 친척들 이야기를 가져와서, 산초의 친척 두 사람이 새로 개봉한 술통에서 꺼낸 포도주에서 술통 밑바닥에 가라앉아 있던, 가죽 끈으로 묶은 낡은 열쇠의 맛을 어떻게 알아차렸는지를 설명한다. 산초의 친척들 이야기는 부실한 외적 감각과 고도로 정교한 외적 감각의 차이를, 특히 미각을 설명하는 데 더 적합해 보이지만 흄은 일부 사람들의 상상력이 부족하다는 사실을 보여주기 위해 이 이야기를 이용한다. 그러한 미묘한 풍미를 지각하는 일이 가능하리라 상상할 수 없는 사람들, 즉 산초의 친척들이 와인에서 쇠나 가죽 맛이 난다고 말했을 때 그들처럼 섬세한 미각을 지니고 있지 않은 자들이 어떻게 그들을 비웃을 수 있을지를 상상할 수 없는 사람들은 아마도 아름다움과 추함을 제대로 구별하지 못할 것이다. 그러한 사람들이 지닌 상상력의 깊이와 넓이는 지나치게 제한되어 있을 것이기 때문이다. 논문의 말미에서 흄은 많은 사람이 지나치게 무절제한 정념과 편견에 사로잡혀 취미

---

81 Hume, *Essays*(*Of the Standard of Taste*), 234.
82 Hume, *Essays*(*Of the Standard of Taste*), 234.

에 관해 올바른 판단을 내리지 못한다고 주장하기도 한다. 젊고, 국수주의적이며, 극단적으로 종교적인 사람은 아마도 심리적으로 아름다움과 추함을 구별해내지 못할 것이다. 그의 경험 부족, 감정 기복, 익숙한 것들만을 선호하는 경향, 그리고 미신이 그의 정신 능력이 작용하는 것을 방해하여 올바른 판단을 내리지 못하게 막을 것이기 때문이다. 흄은 인간의 생리와 심리의 이와 같은 단점들이 좋은 취미를 극도로 희귀하게 만든다는 사실을 깨달았다. 그러나 그는 그러한 단점들이 취미의 기준에 대한 회의주의의 근거가 된다고는 생각하지 않았다. 내적 감각과 외적 감각의 결함은 많은 사람이 취미를 계발하는 것을 막기는 하지만 흄은 취미에 관해 신뢰할 만한 판단을 내리는 데 필요한 제대로 기능하는 감각기관, 섬세한 상상력, 그리고 충분한 경험을 갖춘 사람들이 있다고 장담한다. 사회는 그러한 사람들을 "참된 비평가들"로 인정하며, 그들이 내리는 판정은 철학 체계들과 과학 이론들의 정당성이 유지되는 기간보다 종종 더 긴 역사를 거쳐 그 권위를 유지한다.[83] 결국 흄은 사회가 비평가들의 판정에 보이는 존중이 취미의 기준이 존재한다는 점을 입증하는 최고의 증거라고 생각한다. 물론 우리는 어떤 비평가의 특정한 판정에 동의하지 않을 수도 있을 것이다. 하지만 무릇 사회는 참된 비평가가 내린 "공동 평결joint verdict"의 권위를 인정하며, 그러한 판정에 기대어 취미에 관한 논쟁들을 해결한다.[84]

흄은 비평가들의 "공동 평결"에 부여된 사회적 권위와 그들의 판

---

83 Hume, *Essays*(*Of the Standard of Taste*), 234.
84 Hume, *Essays*(*Of the Standard of Taste*), 241.

정의 역사적 지속성을 강조하는 반면, 헤르더는 취미의 다양성 및 취미들이 겪는 역사적 변화에 주로 관심을 기울였다. 그는 "사유 방식과 취미는 기후, 지역의 위치, 국가에 따라 변화한다"라는 언급으로 『취미의 변화에 관하여』(1766)를 시작한다.[85] 헤르더는 자신의 가족 구성원이나 친구나 동포와 다른 취미를 갖는 것은 아무런 잘못도 아니라고 지적하면서 취미의 그러한 다양성에 놀라워하거나 당황해하는 사람들을 비웃는다.[86] 그는 중국인들이 유럽인들과 마찬가지로 자신들의 취미의 우월성을 확신하고 있다는 사실을 독자들에게 상기시키면서 유럽 우월주의를 공격하기도 한다. 헤르더는 다음과 같이 말한다. "그들[중국인들]은 너무도 완강하게 자신들의 의견과 감각을 옹호한다. 그래서 그들은 마치 그리스인들과 로마인들이 주권적 위엄을 갖고서 자신들 이외의 모든 종족에게 야만인이라는 칭호를 부여했던 것처럼 [자신들과 다른 취미를 지닌 사람들에게] 멍청하고 바보 같다는 험담을 할 준비가 되어 있다."[87] 어떤 사람들은 취미의 다양성을 상대주의나 회의주의의 근거로 삼을 수도 있을 것이다. 하지만 헤르더는 취미의 다양성을 통해 "인간존재의 다양성이 얼마나 멀리까지 확장될 수 있는지를 밝힐 역사적 사례들을 수집하고, 범주화하며, 해명하는 것"이 더 낫다고 생각한다.[88] 그는 이러한 다양성 중 적어도 일부는 감관sense에서 기인한다고 여긴다. 하지만 헤르더는 감관을 흄처럼, 즉 개인들에게서 평균보다 더 잘

---

[85] Herder, *Philosophical Writings*(*On the Change of Taste*), 247.
[86] Herder, *Philosophical Writings*(*On the Change of Taste*), 248.
[87] Herder, *Philosophical Writings*(*On the Change of Taste*), 248.
[88] Herder, *Philosophical Writings*(*On the Change of Taste*), 248-249.

기능하거나 더 나쁘게 기능하는 다소간 공통적인 능력으로 취급하지 않는다. 그 대신에 그는 인간이 "감각sensation의 강함과 약함의 측면뿐만 아니라 감각의 구조 자체의 측면에서도" 서로 다르다고 주장한다.[89] 우리가 "딱딱하다"와 "부드럽다", "매끄럽다"와 "거칠다"와 같은 단어들을 서로 비슷한 방식으로 사용할 때조차도 헤르더는 그것들이 꼭 동일한 감각을 가리킨다고 생각하지는 않는데, 각자의 신경 체계가 서로 다르게 "조율되어" 있기 때문이다.[90] 심지어 그는 이렇게 말하기까지 한다. "서로 다른 두 사람이 완전히 비슷한 감각을 느끼는지 경험하고 싶다면 내가 다른 사람의 몸속으로 들어가보아야만 할 것이다."[91] 여기서 주목할 만한 점은 헤르더가 생리[적 차이]를 인간들 사이에서 취미가 다양하게 나타나는 원인으로 취급하면서도 신경 체계의 구조가 취미 비판에 확고한 토대를 제공해줄 수 있다는 생각은 거부했다는 사실이다. 물론 취미의 문제에서 헤르더가 감각의 "고착화된 개별 특이성stubborn idiosyncrasy"에서 기인한다고 보지 않은 차이들도 있다. 그러한 차이들은 역사를 통해 가장 잘 설명될 수 있다. 『취미의 변화에 관하여』에서 헤르더는 "역사에 무지한 사람들은 자신들의 시대만 알 뿐"이며, "현재의 취미가 유일하고 또 필연적이어서 그 이외의 취미는 그저 상상에서나 존재할 수 있을 뿐이라 믿는다"라고 불평한다.[92] 역사를 공부하는 사람들은 "변화의 정신이 역사의 핵심"이라는 사실

---

89 Herder, *Philosophical Writings*(On the Change of Taste), 251.
90 Herder, *Philosophical Writings*(On the Change of Taste), 251-252.
91 Herder, *Philosophical Writings*(On the Change of Taste), 252.
92 Herder, *Philosophical Writings*(On the Change of Taste), 254.

을, 그리고 그러한 변화 가운데서도 변함없는 특징을 간과한다.⁹³ 모든 것은 시간의 흐름 속에서 변화하며, "지구의 형태, 그 표면, 그 상태" 및 "인종, 생활 방식, 사유 방식, 정부 형태, 민족들의 취미"까지도 변화한다.⁹⁴ 헤르더는 이러한 변화들 중에서 사람들의 사유 방식(*Denkart*)과 취미(*Geschmack*)의 변화가 이해하기 가장 어렵다고 생각한다. "어떤 민족이 한때는 선하고, 공정하고, 유용하고, 기분 좋고, 참되다고 여겼던 것을 다른 때는 악하고, 추하고, 쓸모없고, 불쾌하고, 거짓되다고 여길 수 있을까? — 그런데 그러한 일이 벌어졌다!"⁹⁵ 글의 말미에서 그는 시간의 흐름을 뛰어넘는 가치들에서 발생하는 변화가 "우리 자신의 취미와 감각을 거의 신뢰하지 못하게 만드는 것 같다"라고 주장하면서 회의주의에 굴복하는 듯한 모습을 보인다.⁹⁶

칸트는 자신의 옛 제자인 헤르더와 달리 취미의 기준에 관하여 회의주의로 기울지 않았다. 『인간학 강의(Anthropologie Collins)』(1772-1773)에서 그는 취미를 "인간이 사회적으로 보편적인 만족감을 즐길 수 있도록 만들어주는 원리principium"로 정의한다.⁹⁷ 이러한

---

93 Herder, *Philosophical Writings*(*On the Change of Taste*), 254.
94 Herder, *Philosophical Writings*(*On the Change of Taste*), 256.
95 Herder, *Philosophical Writings*(*On the Change of Taste*), 256.
96 Herder, *Philosophical Writings*(*On the Change of Taste*), 256. 『독일의 역사 실증주의 전통』에서 바이저는 헤르더가 후기 작품에서 비평의 과업을 다시 정의 내림으로써 초기에 견지했던 회의주의를 극복한다고 주장한다. 헤르더는 예술과 문학 작품을 취미의 보편적 기준에 의거하여 판정하는 대신에 예술가와 작가가 살고 활동했던 역사적 시대 속에서 그들이 스스로 정한 목표와 기준에 비추어 평가해야 한다고 주장한다. 비평의 기준은 작품과 그 작품의 역사적 맥락에 맞닿아 있다는 것이다. Beiser, *The German Historicist Tradition*, 109를 보라.

정의에는 두 가지 중요한 측면이 있다. 첫째는 칸트가 취미를 원리라고 불렀다는 점이다. 그의 강의의 맥락을 고려해볼 때 이는 취미가 아프리오리하면서도 보편적이라는 사실을 의미한다. 칸트는 "현실의(würklichen)" 취미판단이 거의 항상 경험에서 도출된다는 사실을 인정하면서도 "이상적(idealischen)" 취미는 일련의 보편적 규칙들에 호소함으로써 경험과 무관하게 결정될 수 있다고 주장한다.[98] 그러한 보편적 규칙들은 필연적인데, 왜냐하면 칸트는 "취미와 일치한다고 상정되는 것은 반드시 쾌를 보편적으로 제공해야 한다. 즉 취미판단은 대상의 영향을 받아 생겨난 쾌와 나의 주관의 사적 소질이 일치하는 데서 생겨나는 것이 아니라 보편적 만족의 규칙들이 일치하는 데서 생겨난다"라고 생각하기 때문이다.[99] 칸트가 위 구절에서 언급하는 "만족(Gefallen)"의 보편성은 논리적이거나 형이상학적인 원리의 추상적 보편성이 아니다. 그것은 사회에서 함께 살아가는 인간들의 보편적 동의를 뜻한다. 칸트가 제안하는 정의에서 중요한 둘째 측면은 취미의 사회성이다. 강의에서 칸트는 첫째로는 타인들이 우리의 판단을 타당한 것으로 간주할 때 우리가 느끼는 만족감에 호소함으로써, 둘째로는 자신뿐만 아니라 타인들에게도 쾌를 제공해주는 무엇인가를 소유하는 데서 오는 만족에 호소함으로써 아름다운 사람과 아름다운 사물에서 우리가 느끼는 만족을 설명한다.

---

[97] Kant, *Lectures on Anthropology*, 24(XXV:179).
[98] Kant, *Lectures on Anthropology*, 24(XXV:179). 칸트가 같은 시기에 취미의 아프리오리한 원리들이 존재한다는 주장을 자주 거부했다는 사실을 염두에 둘 필요가 있다. 취미의 아프리오리한 원리들의 가능성에 관한 칸트의 견해의 발전은 Guyer, *Kant and the Claims of Taste*, 25-28을 보라.
[99] Kant, *Lectures on Anthropology*, 24(XXV:179).

아름다운 사람과 아름다운 사물을 선호하는 이러한 근거들 중 그 어떤 것도 야생에서 홀로 살아가는 사람에게는 존재하지 않기에 칸트는 다음과 같이 결론짓는다. "아름다운 모든 것을 사랑하고 추구하는 일은 오직 사회에서만 일어난다."[100] 사회 구성원들 사이에서 취미에 관한 불일치가 취미의 규칙들이 지니는 보편성을 약화시키지는 않을까 염려하는 회의주의자들에 대응하여 칸트는 취미를 사견이나 사적 선호의 문제로 여기는 관점을 "무지하고 비사교적"이라고 비난한다.[101] 그는 취미가 사회 구성원들 사이에서 상당히 논쟁을 일으키는 문제라는 사실을 인정하면서도 취미판단에 관한 주장들은 그러한 판단을 지배하는 규칙들이 실제로 보편적이라는 사실을 보여준다고 말한다. 칸트는 다음과 같이 언급한다. "만일 누군가가 [취미에 관해] 논쟁을 벌인다면 그는 자신의 취미판단이 다른 사람들에게도 마찬가지로 타당하리라는 사실을 증명하고 싶어 하는 것이다."[102] 이는 우리가 논쟁을 벌이고 있는 사안이 사견이나 사적 선호의 문제가 아니라 어떤 보편적인 것과 관련된다는 사실을 보여주는 징표이다. 강의에서 칸트는 취미판단의 보편성의 토대를 감성 능력에, 그리고 감각적 표상을 지배하는 법칙들에 두려고 시도한다. 만일 감각적 표상을 지배하는 법칙들이 보편적이지 않다면 우리의 감각이 동일한 방식으로 형성되지 않을 것이기 때문에 우리 모두가 동일한 대상을 동일한 방식으로 지각한다고 생각할 만한 근거가 모두 없어지게 된다.[103] 그러나 만일 감각적 표상을 지배하는

---

100 Kant, *Lectures on Anthropology*, 24(XXV:179).
101 Kant, *Lectures on Anthropology*, 25(XXV:180).
102 Kant, *Lectures on Anthropology*, 25(XXV:180).

법칙들이 보편적이라면 우리의 모든 감각적 표상은 동일한 방식으로 형성될 것이며, 따라서 어떤 표상이 나에게 쾌를 제공해줄 때 그 근거는 그 표상이 다른 사람들에게 쾌를 제공해줄 때의 근거와 동일할 것이다. 그리하여 나는 사회의 모든 구성원에게서 미적 판단에 관한 보편적 일치를 기대할 수 있다. 우리의 감각적 표상들은 동일한 규칙에 따라 형성되며, 동일한 근거에서 쾌를 제공하기 때문이다.

『판단력비판』에서 칸트는 취미판단에서 보편적 일치가 수행하는 역할을 계속해서 강조한다.[104] 『인간학 강의』와 『판단력비판』의 한 가지 중요한 차이점은 취미판단의 범위와 관련되어 있다. 칸트는 취미판단이 보편적이라고 계속해서 주장하면서도 그것이 지닌 보편성의 종류에 단서를 덧붙인다. 이제 그는 취미판단이 객관적으로가 아니라 주관적으로 보편적이라고 주장한다. 이는 그것이 보편적이고 필연적인 개념들에 기초를 두고 있지 않기 때문이다.[105]

---

[103] Kant, *Lectures on Anthropology*, 26(XXV:181). "유희" 개념은 칸트의 강의의 바로 이 대목에서 특히 중요하다. 그의 강의에서 유희는 시간 안에서의 변화로 이해되는데, 그러한 변화는 감성 능력을 통해, 그리고 감성 능력의 법칙들이 대상을 "형성"하는 방식을 통해 가능해진다. 『판단력비판』에서는 취미판단과 관련된 쾌를 발생시키는 것이 감성 능력이 아닌 상상력과 지성의 자유로운 유희라고 제시된다. Kant, *Critique of the Power of Judgment*, 102-103(V:217-218)을 보라. 감성의 시간적 유희에서 상상력과 지성의 자유로운 유희로의 전환은 칸트의 비판적 미학의 발전 과정에서 중대한 단계로 보인다.

[104] 칸트의 『인간학 강의』와 『판단력비판』의 관계는 Guyer, "Beauty, Freedom, and Morality: Kant's Lectures on Anthropology and the Development of his Aesthetic Theory" in *Values of Beauty*, 163-189를 보라. 여기서 가이어는 보편적 동의와 감성의 법칙들이 칸트의 인간학 강의와 미학에서 수행하는 역할(특히 167-173)을 논할 뿐만 아니라 예술의 역할, 자유로운 유희, 천재(173-180), 그리고 『판단력비판』에서의 미학과 목적론의 결합(180-189)을 강조하기도 한다.

칸트는 취미판단이 우리의 능력들이 구성된 것과 동일한 방식으로 능력들이 구성된 모든 사람에게서 여전히 타당하다고 생각하면서도 그러한 타당성이 "판단하는 사람"과 분리되어 성립할 수 있다고는 생각하지 않는다.[106] 이처럼 그는 미적 판단의 보편성이 한낱 주관적이라는 사실을 볼 수 없이 인정한다.[107] 또 다른 중요한 차이점은 취미판단의 양태 modality와 관련되어 있다. 『판단력비판』에서 칸트는 취미판단이 타당한 것으로 간주되는 데 반드시 실제로 의견의 일치가 이루어져야 할 필요는 없다고 생각한다. 그는 모든 사람이 [나의] 취미판단에 동의해야 한다는 사실을 증명하는 데는 [나의] 취미판단에 [다른 모든 사람이] 동의할 수 있다는 가능성을 확립하는 것만으로도 충분하다고 생각한다.[108] 어떤 취미판단에 누군가가 동의할 수 있는지, 혹은 동의할 수밖에 없는지는 그 판단의 형식을 통해 결정된다. 판단 형식은 판단에 대한 다른 사람의 실제 동의에 선행하며, 칸트는 원리의 측면에서 동의할 수밖에 없는 판단들에 사람들이 찬성하지 못하게끔 방해할 만한 "사적 조건들"이 있다고 생각한다.[109] 어떤 감각적 성질을 특수하게 쾌적하다고 생각하는 사람은 그러한 성질을 지닌 대상을 편애할 수도 있다. 그러나 칸트는 그러한 사람의 판단이 취미판단처럼 타당할 수는 없다고 주장한다. 그러한 사람의 판단 형식은 "보편적으로 전달될 수" 없다는

---

[105] Kant, *Critique of the Power of Judgment*, 96-97(V:211-212).
[106] Kant, *Critique of the Power of Judgment*, 100(V:215).
[107] 『판단력비판』에서의 취미판단의 주관성에 관해서는 Ginsborg, *The Normativity of Nature*, 15-31을 보라.
[108] Kant, *Critique of the Power of Judgment*, 101(V:216).
[109] Kant, *Critique of the Power of Judgment*, 97(V:211).

이유에서다.110 취미판단이 "보편적으로 전달될 수" 있다는 것이 무엇을 의미하는지는 학술 문헌들에서 격렬하게 논쟁되어왔지만 어쨌든 칸트가 우리는 사회성을 통해 우리의 판단을 다른 사람들에게 전달하려 하고, 그리고 그들에게서 우리의 판단에 대한 동의를 기대한다고 생각한다는 사실만큼은 분명하다.111 다른 사람들이 사적 조건들에 근거를 두고 있는 경우 우리는 그들이 우리의 판단에 동의하리라고 기대할 수 없다. 그러나 우리의 판단이 진정으로 공통적인 것에 관한 경우에는 그들의 동의를 기대할 수 있다. 표상이 우리의 인식능력들을 활성화시키고 상상력과 지성 사이의 "자유로운 유희"의 정신을 고취시킬 때 경험하는 쾌의 감정의 정체가 바로 이것이다.112 우리의 판단이 진정으로 공통적인 것과 관련되는지는 공통감sensus communis을 통해 결정될 수 있다. 칸트에 따르면 공통감은 "전체 인간 이성에 자신의 판단을 의지하고, 그리하여 자칫 객관적인 것으로 여겨질 수 있을 주관적인 사적 조건들 때문에 그 판단에 해로운 영향을 줄 수도 있는 환상에서 벗어나기 위해 자신의 반성에서 다른 모든 사람의 표상 방식을 사유 안에서 (아프리오리하게) 고려하는 판단 능력"이다.113 칸트는 취미판단의 보편성의 근거를 감성 능력이 아닌 **공통감**의 반성 능력에 둔다. 그리하여 그는 취미판단이 대상 그 자체의 감각적 "형식"과 무관하다는 사실을 분명하게 보여준다. 취미판단은 우리의 고유한 인식능력들 및 우리가 다

---

110 Kant, *Critique of the Power of Judgment*, 102(V:217).
111 Kant, *Critique of the Power of Judgment*, 103(V:218).
112 Kant, *Critique of the Power of Judgment*, 102-103(V:217).
113 Kant, *Critique of the Power of Judgment*, 173-174(V:293-294).

른 사람들과 공유하는 능력들을 반영한다. 이는 칸트가 『인간학 강의』에서 제시한 주장보다도 아마 더 추상적일 테지만, 취미판단에 대한 그의 이해에서 보편적 동의가 계속해서 중심 역할을 수행하고 있다는 사실을 보여준다.

천재와 취미, 비평과 학문

18세기 말엽에 이르러 취미 비판이 생리학, 심리학, 사회학, 역사 중 어느 것에 기반을 두어야 하는지를 둘러싸고 논쟁이 벌어지면서 좋은 취미의 가치와 비평적 판정의 위상을 다루는 논쟁이 중요하게 여겨졌다. 이 두 논쟁은 근대 초기의 취미 비판을 반영하고 그 의미를 규명하려 하기 때문에 나는 이 장의 마지막 절에서 그것들을 고찰할 것이다.

취미의 가치를 둘러싼 논쟁은 18세기 후반에 유럽 전역에 걸쳐 일어난, 예술적 천재를 추종하는 움직임의 영향을 받았다.[114] 천재를 옹호하는 사람들은 취미의 기준을 확립하기를 거부했다. 그들은 규칙이 천재의 자유로움과 상상력, 창의성을 제약하기를 바라지 않았기 때문이다. 그들이 좋은 취미의 규칙에 대해 의구심을 품

---

[114] 천재 개념은 18세기 이전부터 이미 역사적으로 오랜 시간 동안 논의되어왔으며, 특히 르네상스 시대에 활발하게 거론되었다. 르네상스 시대의 천재 개념에 관한 설명은 Starnes, "The Figure Genius in the Renaissance", 234-244; Tonelli, "Genius from Renaissance to 1770", 293-297을 보라. 18세기의 예술적 천재를 추종하는 움직임의 등장과 관련해 사회학적이고 역사적인 해석을 개관하는 설명으로는 Bürger, *The Decline of Modernism*, 67-69를 보라. 천재 개념의 포괄적이고 이해하기 쉬운 역사에 관해서는 McMahon, *Divine Fury*, esp. 67-105를 보라.

은 사례는 디드로의 『백과전서』에 수록된 장-프랑수아 드 생-랑베르Jean-François de Saint-Lambert의 「천재(Génie)」 항목에서 찾아볼 수 있다. 거기서 생-랑베르는 취미가 "수많은 규칙에 관한 지식에 의존"한다는 이유에서 취미의 특징을 "시간이 걸리는 연구 작업"으로 기술한다.[115] 이러한 규칙들은 어떤 것이 아름답기 위해서는 "겉모습이 어떻든 우아하고, 완성되어 있으며, 세련되어야" 한다고 암시하며, 따라서 우리는 "기상천외하며, 따라잡기가 어렵고, 거칠어" 보이곤 하는 천재의 작품들을 거부하게 된다.[116] 여기에 더해 이 항목은 천재가 재능이 부족한 예술가들과 천재를 구분시켜주는 "지성의 광대함, 상상의 위력, 영혼의 활동"을 표현하기 위해 좋은 취미의 규칙들을 파괴하고 "숭고한 자, 비참한 자, 위대한 자의 것을 훔쳐도" 괜찮다고 주장한다.[117]

알렉산더 제라드는 『천재론』(1774)에서 취미와 천재의 관계를 덜 적대적인 것으로 설명한다. 제라드는 "보편적으로 인정되어온 것들을 맹종"함으로써 천재를 제약해서는 안 된다고 생각하지만 취미와 천재가 원리 차원에서 서로 반대된다고 보는 의견 역시 받아들이지 않는다.[118] 심지어 그는 저서의 말미에서 취미가 예술적 천재의 본

---

115 생-랑베르의 이 글은 호이트Hoyt와 카시러Cassirer가 출간한 판본에는 빠져 있다. 그래서 나는 이를 존 글라우스John S. D. Glaus의 번역에서 인용했다. 이는 디드로와 달랑베르의 『백과전서』 공동 번역 사업The Encyclopedia of Diderot & d'Alembert Collaborative Translation Project 웹사이트에서 볼 수 있다 (http://hdl.handle.net/2027/spo.did2222.0000.819).

116 The Encyclopedia of Diderot & d'Alembert Collaborative Translation Project (http://hdl.handle.net/2027/spo.did2222.0000.819).

117 The Encyclopedia of Diderot & d'Alembert Collaborative Translation Project (http://hdl.handle.net/2027/spo.did2222.0000.819).

질적 요소라고 주장하기까지 한다. 제라드는 이렇게 설명한다. "예술가에게서 취미는 제한하고, 규칙을 부여하며, 상상에 방향을 제시하는 일에 끊임없이 매진한다. 능력[천재성]이 제시한 발상들을 검토하여 그것들이 적합하다면 인정하고, 잘못된 것들을 감지하며, 불필요한 것들을 폐기하고, 불완전한 것들을 차단하고, 전체를 교정하여 완성시키는 일에도 매진한다."[119] 이것은 취미가 천재성의 원천임을 뜻하고자 한 것으로 이해될 수 있다. 왜냐하면 취미가 제공하는 제한과 훌륭한 판정 능력이 없다면 천재는 위대한 작품들을 창작해낼 수 없을 것이기 때문이다. 하지만 헤르더는 『한때 번창했던 다른 민족들 가운데서 취미가 퇴락하게 된 원인에 관하여』에서 그와 반대되는 견해를 내놓는다. 천재를 "신성함의 모습"으로 여기는 많은 사람처럼 헤르더는 좋은 취미에 대한 관심 때문에 셰익스피어와 같은 작가들의 천재성을 평가하지 못하는 비평가들을 경멸한다. 헤르더는 1773년에 셰익스피어를 기리는 논문을 헌정하기도 했다. 셰익스피어는 아리스토텔레스의 『시학』이 제시한 규칙들을 파괴하였지만 헤르더는 그럼에도 그의 극작품들이 "역사적, 철학적, 극적 예술의 법칙들"을 모든 면에서 드러내 보이고 있다고 주장한다.[120] 천재의 작품이 예술의 법칙들을 드러내 보인다는 발상에서 헤르더는 좋은 취미의 규칙들이 "천재들을 통해서만 생겨날 수 있"으며, 사람들의 취미가 부패하고 쇠퇴하지 않으려면 그 규칙들이 천재를 "고수

---

118 Gerard, *Essay on Genius*, 8, 36, 39-70. Costelloe, *The British Aesthetic Tradition*, 113-117도 보라.
119 Gerard, *Essay on Genius*, 392.
120 Herder, *Selected Writings on Aesthetics*(*The Causes of Sunken Taste*), 306.

하기를 바라야"만 한다는 결론에 이른다.¹²¹ 좋은 취미의 규칙들에 대한 강박에 사로잡혀 규칙과 천재를 적대 관계로 만드는 비평가들은 그들의 판정이 오히려 좋은 취미의 토대를 약화시키는 선입견을 양산해낼 따름이므로 사실상 사람들의 취미를 위험에 빠뜨린다는 것이다.

레싱도 『함부르크 극작법』(1767-1769)에서 천재와 좋은 취미의 규칙의 관계를 헤르더와 비슷하게 설명한다. 하지만 그는 "자기도 천재로 여겨질 수 있을 거라는 생각에 스스로 천재인 양 우쭐거리는" 사람들이 있을 것이라는 의혹을 품었기 때문에 헤르더보다는 비평가들에게 너그러운 입장을 취한다. 레싱은 천재가 좋은 취미의 규칙들의 원천이라는 데는 동의하지만 그러한 규칙들이 천재를 억압하고 취미를 약화시킨다는 생각은 받아들이지 않는다.¹²² 레싱은 천재가 "자신 안에 모든 규칙의 증거"를 담고 있기 때문에 규칙들의 억압을 받을 수 없다고 주장한다.¹²³ 비록 천재가 예술을 지배하는 규칙들을 의식적으로 인식하고 있지는 않더라도 레싱이 생각하기에 천재는 위대한 선배 예술가들의 사례와 그들이 세운 규칙들을 따를 것이다. 다른 천재들의 실제 사례는 그 규칙들이 천재가 성취하고 싶어 하는 것을 달성하게 만들어주는 최고의 수단이 된다는 점을 보여주기 때문이다. 천재는 어떤 새롭고 색다른 작업을 해보고 싶은 지점에 이르면 선배 예술가들과 결별하게 될 것이다. 그리고 그가 무엇인가 위대한 작업을 이루게 되면 그것은 다른 예술

121 Herder, *Selected Writings on Aesthetics*(*The Causes of Sunken Taste*), 310.
122 Lessing, *Hamburg Dramaturgy*, 253-254(no. 96).
123 Lessing, *Hamburg Dramaturgy*, 254(no. 96).

가들에게 하나의 모델이자 따를 만한 규칙이 될 것이다. 그러므로 천재의 작품은 비평가가 예술 작품을 판정할 때 사용하는 규칙의 증거이다. 천재들은 규칙의 가치에 예민하고 스스로 모범이 된다. 이 점에서 레싱은 실제로 천재가 최고의 비평가라고 생각한다. "모든 비평가가 천재이지는 않다. 하지만 모든 천재는 타고난 비평가다."[124]

취미와 천재의 관계에 관한 논쟁 외에도 18세기 말엽에는 비평의 위상을 둘러싼 논쟁이 벌어졌다. 흄은 『인간 본성론』의 서문에서 비평을 "인간의 정신을 알게 해줄 수 있을 뿐만 아니라 인간의 정신을 향상시키거나 풍부하게 만들 수 있는 거의 모든 것을 이해하는" 학문 중 하나로 간주한다.[125] 반면 홈은 비평이 학문일 수 있다고 생각하지는 않았지만 비평의 전망은 낙관했다. 『비평의 요소들』에서 홈은 "모든 사람의 취미를 논리적으로 검토하여 그 시비를 가릴 수 있게 해주는 토대"를 제공하려 했다. "취미가 원리들에 상응하는 경우 우리는 그 취미가 옳다고, 그렇지 않은 경우 그것이 옳지 않거나 괴벽스럽다고 확실하게 표명할 수 있기 때문이다."[126] 그래서 홈은 비평이 우리가 예술에서 얻는 "즐거움을 배가시켜줄" 만한 "이성적 학문"이 되어야 할 것이라고 생각했다. 한편 칸트는 비평이 학문으로 성립할 가능성을 홈만큼 확신하지는 못했다. 그는 취미를 다루는 학문이 성립할 가능성을 전 생애에 걸쳐 부정했으며, 바움가르텐과 마이어가 제창한 학문으로서의 미학에 반대했다. 그런데 칸트가 바움

---

124 Lessing, *Hamburg Dramaturgy*, 254(no. 96).
125 Hume, *Treatise*, xv-xvi.
126 Home, *Elements of Criticism*, 20(6-7)

가르텐을 비판하면서 홈을 권위자로 인용한 것은 아이러니한 일이다. 홈은 바움가르텐이 "학문"으로서의 미학에 전념했던 것과 마찬가지로 "이성적 학문"으로서의 비평이라는 발상에 몰두했기 때문이다. 하지만 그럼에도 칸트는 홈의 "비평(Critic)"을 마치 바움가르텐의 "학문(Wissenschaft)"에 반대되는 것처럼 다루었다. 칸트는 마이어의 『논리학(Vernunftlehre: Reflexionen zur Logik)』(1760년대/1770년대경)* 복사본에 이렇게 썼다. "아름다운 (인식) 예술은 오로지 비평만 허용함. 홈. 따라서 아름다움에 관한 학문은 없음."127 또 그는 『논리학 강의(Logik Pölitz)』(1780년경)**에서 다음과 같이 말한다. "미학은 교설일 수가 없다. 미학은 결코 학문일 수 없기 때문이다. 홈은 미학을 더욱 정확한 표현으로 비평이라고 부른다."128 홈과 바움가르텐의 대비는 칸트의 옛 제자이자 동료인 벤야민 예쉐Benjamin Jäsche가 출판한 『칸트의 논리학』(1800)에서 훨씬 더 명확하게 나타난다.

어떤 사람들은, 특히 웅변가들과 시인들은 취미를 이성의 차원에서 다루려 했다. 하지만 그들은 그에 관한 결정적 판단을 내

* Vernunftlehre는 직역하면 "이성론" 정도가 되겠다. 바움가르텐이나 마이어 등이 활동하던 시기에 이 말은 논리학을 가리키는 다른 표현이었다. 즉 이성론은 이성적 사유를 위한 규칙에 관한 이론, 즉 논리적 사유를 위한 이론을 의미한다. 부제인 Reflexionen zur Logik은 "논리(학)에 관한 단편들(성찰들)"이라는 의미이다.
127 Kant, *Kant's Gesammelte Schriften*, (XVI:27).
** 칸트의 논리학 강의를 듣고 학생들이 필기한 기록 모음을 말하며, Logik Pölitz는 이 수업에 대한 카를 하인리히 루트비히 푈리츠Karl Heinrich Ludwig Pölitz라는 인물의 필기를 의미한다.
128 Kant, *Kant's Gesammelte Schriften*, (XVIV:506).

리지 못했다. 프랑크푸르트의 철학자 바움가르텐은 미학을 학문으로 세우려는 계획을 세웠다. 그렇지만 홈은 미학을 더욱 정확한 표현으로 비평이라 불렀다. 왜냐하면 논리학과 달리 미학은 판단력을 충분하게 규정하는 아프리오리한 규칙들을 전혀 제공해주지 않고, 오히려 자신의 규칙들을 아포스테리오리하게 끌어 오며, 더 불완전한 것과 더 완전한 것(아름다움)을 인식하게끔 해주는 경험적 법칙들을 단지 비교를 통해서만 보편적이게 만들기 때문이다.¹²⁹

칸트가 홈과 바움가르텐 사이에서 그려내는 대비는 그가 『순수이성비판』에서 자신이 수행한 비판을 "특수한 학문"이라 부른다는 점, 그리고 이후에 『판단력비판』에서는 취미 비판의 아프리오리한 원리를 입증해냈다고 주장한다는 점을 고려해보면 더욱 아이러니하다.¹³⁰ 만일 "순수이성비판(*Critic der reinen Vernunft*)"이 "감성 일반의 규칙들을 다루는 학문, 즉 감성학[미학]"과 "지성 일반의 규칙들을 다루는 학문, 즉 논리학"의 아프리오리한 원리들을 포함함으로써 "아프리오리한 종합적 인식의 완전한 평가"를 제공하는 진정 "특수한 학문(*besondere Wissenschaft*)"이라면, 비평이 "아프리오리한 규칙들을 전혀 제공해주지 않"는다는 『칸트의 논리학』에서의 주장은 거짓일 수밖

---

129 Kant, *Lectures on Logic*, 530(IX:15).
130 Kant, *Critique of Pure Reason*, A 11/B 24. [그러나 앞서 언급했듯이 칸트가 "Kritik"이라는 단어의 의미를 "비판"으로 바꾸어 썼지만 경험주의나 문학과 같은 맥락에서는 여전히 "비평"이라는 의미로 썼다는 점을 상기한다면 이러한 사실이 아이러니하게 느껴질 이유는 없다.]

에 없다.131 이와 마찬가지로 칸트가 『판단력비판』에서 취미판단은 "모든 인간에게서 (인식 일반이 가능하기 위한 필요조건으로) 전제할 수 있는 주관적 요소"에만 의존하기 때문에 "모든 사람에게 아프리오리하게 타당하다고 상정될 수밖에 없다"라고 증명할 수 있었다면, 미학이 "자신의 규칙들을 아포스테리오리하게 끌어 온다"는 주장 역시 거짓일 수밖에 없게 된다.132 이러한 모순들 중 일부는 홈과 바움가르텐에 관한 『칸트의 논리학』의 위 구절이 전前 비판기에 이루어졌던 수업 필기와 강의록에 근거를 두고 있음에도 예쉐의 편집 작업을 거치면서 후기 작품에 삽입되는 바람에 연대의 착오를 일으켰다는 사실을 제시함으로써 해소될 수 있을 것이다.133 그러나 특정 원리들로 자신의 판정이 옳다는 사실을 입증할 수 있는 비평의 "이성적 학문"으로서의 성립 가능성을 칸트가 계속해서 부정했다는 사실에는 의심의 여지가 거의 없다. 칸트는 『판단력비판』에서도 비평의 "이성적 학문"으로서의 성립 가능성을 받아들이지 않는다. 거기서 그는 비평가들이 "자신들의 판단의 규정 근거를 증거들에서는 기대할 수 없으며, 모든 지시 규정과 규칙을 거부한 채 오로지 자신의 (쾌나 불쾌의) 상태에 관한 주관의 반성에서만 기대할 수 있을 뿐"이라고 결론 내린다.134

---

131 Kant, *Critique of Pure Reason*, A 11/B 24, A 52/B 76.
132 Kant, *Critique of the Power of Judgment*, 170(V:290).
133 나는 이러한 해결 방법의 효과를 McQuillan, "Kant's Critique of Baumgarten's Aesthetics", in *Idealistic Studies*, 2015에서 논증했다.
134 Kant, *Critique of the Power of Judgment*, 166(V:285-286).

제4장
미학

    버나드 보즌켓에 따르면 미학은 "미학이라는 이름을 갖기 전부터 이미 존재했다." 왜냐하면 "빠르면 소크라테스 시대부터, 아니면 보기에 따라서는 그보다 더 앞선 철학자들의 시대부터 고대 그리스 사상가들 사이에서 아름다움과 예술에 관한 반성이 이루어지기 시작했기 때문이다."[1] 현대의 많은 학자는 보즌켓의 이러한 주장에 아마 동의할 것이다. "헬라스[고대 그리스]의 사유는 세상을 향해 가장 먼저 자유롭게 몸을 돌린 심오하고 열정적인 지성에게 자연스러운 모든 단계를 거쳤다. 그 사유가 잇따라 획득해나간 단편적 진리들은 괴팍함 같은 어떤 것에 대한 첫인상을 전달할 때처럼 단호하고 대담하게 표현되었다."[2] 보즌켓이 이렇게 말하면 어떤 이들은 미학이 플라톤 이전부터 있었다고 주장할 수도 있겠다. 또 다른 이들은 미학의 발명을 18세기의 몫으로 돌릴 것이다. 이때가 예술과

---

[1]   Bosanquet, *A History of Aesthetic*, 1.
[2]   Bosanquet, *A History of Aesthetic*, 10.

아름다움, 취미에 관한 철학적 반성들을 "미학"이라는 명칭으로 부른 최초의 시기였기 때문이어서가 아니라, 그와 같은 반성들이 오늘날 우리가 "미학"이라고 부르는 학문과 유사해진 최초의 시기였기 때문이다. 피터 키비는 『제7의 감각』(1976)의 초판 서문에서 미학을 후자와 같은 관점으로 이해하는 입장을 지지한다. 키비는 이 저서를 "18세기의 미학에 관한 연구"로 기술하며, "내가 보기에 '미학'이라는 명사나 '미학적'이라는 형용사를 사용하는 게 적절한 대목에서는 그러한 용어들을 쓰기를" 망설이지 않았다고 말한다.[3] 키비는 "18세기의 비평가들과 철학자들의 저작에 대해 서술할 때 이러한 용어들을 사용하는 것에 반론이 제기되어왔다는 사실"을 알고 있지만 그러한 반론에 아주 간결한 반응만 보일 뿐이다.[4] 그는 이렇게 주장한다. "예술철학, 취미, 비평, 아름다움과 관련하여 18세기에 수행된 것들은 다른 그 무엇보다도 우리가 '미학'이라고 부르는 것에 가까운 게 확실하다."[5] 18세기 영국의 철학자들이 자신들이 한 것을 "미학"이라 부르지 않았으니 그것은 미학과 무관하다는 주장은 "지나치게 까다롭고, 게다가 오해의 소지가 있다."[6] 키비는 미학에서 우리가 그 명칭에 주목하기보다 그것이 무엇을 다루는지에 더욱 초점을 맞추어야 한다는 보즌켓의 주장에 동의하고 있는 것처럼 보인다.

바움가르텐이 미학에 "실질적으로가 아니라 명목상으로"만 기여

---

3 Kivy, *The Seventh Sense*, vii.
4 Kivy, *The Seventh Sense*, vii.
5 Kivy, *The Seventh Sense*, viii.
6 Kivy, *The Seventh Sense*, viii.

했을 뿐이라고 주장하는 길버트와 쿤의 입장에 동의하는 연구자도 많을 것이다.**7** 길버트와 쿤은 "이름을 붙이는 사람은 아담이 살던 태초부터 현자의 한 부류로 추앙받아왔다"라는 사실을 인정하면서도 "이름은 아무것도 아니기" 때문에 바움가르텐이 미학이라는 이름을 붙인 것은 기껏해야 부수적인 일일 뿐이라고 주장한다.**8** 하지만 이러한 관점을 견지하는 연구자들 중 바움가르텐의 『미학』의 "모호"하고 "끔찍"한 라틴어 원전이나 근래에 나온 프랑스어, 이탈리아어, 독일어 번역본을 끝까지 읽는 사람은 거의 없다.**9** 그 작품을 읽은 사람들은 그것이 오늘날 우리가 이해하고 있는 미학과 공통점이 거의 없다는 사실을 알게 될 것이다. 거기서 우리는 예술 작품의 존재론을 다루는 세심하게 구성된 논증, 자연미나 예술미의 필요충분조건을 규정하려는 시도, 혹은 비평에 관한 일반적 이론 같은 것을 발견하지 못할 것이다. 그 대신 우리는 특수한 종류의 인식(감성적 인식)에 관한 설명과 그러한 인식의 완전성(아름다움), 완전한 감성적 인식의 보편적 특징들(사물과 사유의 아름다움, 질서의 아름다움, 의미의 아름다움)에 관한 논의를 발견하게 될 것이다.**10** 이와 같은 논의가 다른 것들보다 오히려 실질적이라고 생각하는 연구자들이 있다. 이를테면 프레더릭 바이저의 『디오티마의 자녀들』(2009)과 부혜나우의 『독일 계몽주의에서 미학의 성립』(2013), 폴 가이어의 『근대 미학사』(2014)

---

7 Gilbert and Kuhn, *A History of Esthetics*, 289.
8 Gilbert and Kuhn, *A History of Esthetics*, 289.
9 바움가르텐의 라틴어 표현들의 특징이 "모호"하고 "끔찍"하다는 데 있다는 주장은 헤르더의 *Monument to Baumgarten*(1767)에서 나왔다. Herder, *Selected Writings on Aesthetics*(*A Monument to Baumgarten*), 42를 보라.
10 Baumgarten, *Ästhetik*, Teil I, §1, §14, §18.

같은 연구서들은 바움가르텐의 미학을 중시하는 정확한 이유가 저마다 다르지만 모두 그것에 충분한 분량을 할애한다. 바이저는 바움가르텐이 볼프와 고트셰트에 비해 감각의 문제에 더 많은 관심을 가졌기 때문에, 그가 보드머와 브라이팅어의 비합리주의에 대항했기 때문에 그의 미학이 결국 예술에 관한 일반 이론으로 발전할 수 있었다고 여기며, 바로 그러한 이유에서 그를 중요한 인물로 간주한다.[11] 부헤나우는 바움가르텐의 미학을 창작의 일반적인 방법이 성립할 수 있는지에 관해 근대 철학에서 오랜 시간 동안 벌여온 논쟁을 해소하려는 시도로 본다.[12] 가이어는 바움가르텐과 마이어가 인식능력들의 "유희"에서 기인하는 정념과 즐거움을 강조했던 영국 전통과 독일의 볼프 학파 전통 사이의 간극, 즉 인지주의cognitivism와 완전주의perfectionism의 간극을 메우는 데 도움을 주었다는 이유에서 그들에게 관심을 갖는다.[13] 이와 같은 주장들 중 맞는 게 있다면 이는 바움가르텐이 길버트와 쿤의 생각보다 미학에 더 실질적인 기여를 했다고 여길 만한 훌륭한 근거가 될 것이다.

내가 생각하기에 철학자들은 이름과 사물에 대해, 그리고 양자의 관계에 대해 고민해야 한다. 바움가르텐은 미학에 이름을 붙였다는 점뿐만 아니라 그가 철학에 도입하려 한 그 새로운 학문 분야에 그와 같은 이름이 적절하다고 생각했다는 점에서도 주목받을 만하다. 이름(미학)과 사물(바움가르텐의 새로운 학문)은 역사가 흐르면서 서로 분리되어 하나는 살아남았지만 다른 하나는 희미해져버렸다. 이

---

11 Beiser, *Diotima's Children*, 121-122.
12 Buchenau, *The Founding of Aesthetics*, 115-116.
13 Guyer, *A History of Modern Aesthetics*, I:339-340.

는 그 자체로 상당히 흥미로운 사안이다. 우리는 버려진 학문의 이름이 왜 오늘날까지도 철학자들에게서 여전히 사용되고 있는지 그 이유를 알아야 한다. 또 왜 미학이라는 학문이 도입되고 얼마 지나지 않아 이 학문에 관한 바움가르텐의 기획이 폐기 처분되었는지 이해해야 한다. 아래에서 나는 이와 같은 일이 왜, 어떻게 일어났는지를 설명할 것이다. 이 장의 첫째 절에서 나는 바움가르텐의 미학 개념을 일별하고, 그 개념이 마이어를 통해 어떻게 정교화되었는지를 살펴볼 것이다. 둘째 절과 셋째 절에서는 18세기 독일에서 바움가르텐의 미학이 수용되는 과정, 바움가르텐의 새로운 학문에 대한 칸트와 헤겔의 반대, "미학"이라는 용어에 대한 그들의 대안적 용법을 다룰 것이다. 넷째 절과 마지막 다섯째 절에서는 철학적 미학의 적절한 대상을 규명하고자 하는 20세기 철학자들의 시도, 즉 미학의 적절한 대상이 미적 속성인지, 미적 태도인지, 미적 경험인지, 혹은 그 밖의 다른 무엇인지를 논할 것이다. 일부 독자는 이 장의 마지막에 밝혀지게 될 미학의 정체에 놀라워할 수도 있겠다. 내가 그들에게 말해줄 수 있는 것은 아리스토텔레스가 생각한 철학은 우리가 이미 철학이 무엇인지를, 철학의 각 분야가 무엇을 다루는지를, 그리고 각 분야에서 어떤 방법들이 사용되어야 하는지를 알고 있다는 확신에서가 아니라 경이에서 시작한다는 사실뿐이다.

새로운 학문

알렉산더 고틀리프 바움가르텐은 1714년 베를린의 독실한 루터교 집안에서 태어나 할레Halle의 경건주의 고아학교에서 교육받았다. 그는 볼프가 할레대학에서 교수직을 박탈당하고 프로이센으로 추방당한 지 7년 뒤인 1730년에 그 대학에 입학했다. 볼프가 추방당한 까닭은 그가 수업과 철학 서적 출간을 통해 도덕의 종교적 토대를 약화시키고, 자유의지를 부정하고, 운명론을 장려하고, 병역거부를 권장했다며 신학부 구성원들이 그를 고발했기 때문이다.[14] 바움가르텐의 집안은 볼프에게 비판적이었던 많은 인물과 밀접하게 연관되어 있었다. 이를테면 할레의 경건주의파의 수장이었던 아우구스트 헤르만 프랑케August Hermann Francke는 바움가르텐이 교육받았던 고아학교의 설립자였으며, 요하임 랑에는 볼프와 그 추종자들에 반대하는 대중운동을 이끌었던 인물이다. 하지만 바움가르텐은 그의 형이자 루터교 신학을 더욱 엄격하고 정합성 있게 만들기 위해 볼프의 철학을 끌어들인 신학자인 지그문트 야코프Sigmund Jakob에게서 영향을 받아 볼프의 철학을 공부하는 데 열중했다.[15] 볼프

[14] 존 홀로란John Holloran은 자신의 박사 학위논문「1660-1730년 사이에 계몽주의 운동에 가담한 할레대학 교수들」에서 신학자들이 볼프에 반대했던 까닭은 그의 방법의 보편주의와 교육과정을 개정하고 체계화하려는 그의 요구가 다른 학부들의 자율적 심사권을 위협한다고 여겨졌기 때문이라고 주장한다. 코트니 푸가테Courtney Fugate와 존 하이머스John Hymers는 바움가르텐의 『미학』을 번역하면서 이와 같은 견해를 지지한다. 그러나 내가 생각하기에 신학자들이 볼프에게 적대감을 지녔던 원인이 신학적 반대 때문이 아니라 학문적 자유가 침해당할까 봐 우려했기 때문이라고 보기에는 이를 입증할 만한 증거가 충분하지 않다. 물론 일부 학부의 구성원들은 철학이 신학이나 법학의 연구 방식을 통제해야 한다는 볼프의 제안에 분개했을 것이다. 또 일부 구성원들은 볼프의 교육학 관련 주장들에 반대했을 것이다. 그러나 이러한 사안들은 신학자들이 볼프에게 지녔던 적대감의 정도나 그가 대표했던 철학적 합리주의에 대한 반감을 설명해주지 못한다.

[15] Baumgarten, *Metaphysics*, 6. 지그문트 야코프는 금지된 볼프의 방법들을 신학 수업에서 사용했다는 이유로 1733년에 프랑케의 아들과 랑에에게 고발당했

및 그의 추종자들의 작품과 여러 측면에서 유사한 바움가르텐의 철학 저술들에서 볼프의 영향력은 확연하게 나타난다. 두 사람의 저술들은 형식이 동일하다. 이를테면 양자는 간결한 설명과 예시 목록으로 이어지는 일련의 명제들로 구성되어 있으며, 수많은 동일한 정의를 공유하고, 여러 동일한 문제를 다루며, 많은 경우 같은 결론에 이른다 ─ 물론 전부 그런 것은 아니다. 볼프에 비해 바움가르텐은 수학과 자연과학에 관심이 별로 없었다. 또 그는 신학에서 볼프보다 보수적이었는데, 이를테면 바움가르텐은 어떤 종교적 진리들은 오직 신앙을 통해서만 드러나며, 이성이라는 자연의 빛을 통해서는 그러한 진리에 도달할 수 없다고 주장한다.[16] 바움가르텐의 미학 역시 그의 경건주의의 표현일 것이다. 많은 개신교 신학자는 우리처럼 죄 많은 유한한 피조물들에게는 이성보다 감각이 인식 원천으로서 더욱 적합하다고 생각했다. 이성은 우리가 신성한 계시와 신의 은총에 기대기보다는 우리의 제한된 능력을 초월해 있는 것들을 알려고 애쓰게끔, 그리고 우리의 타락한 상태를 스스로 개선하게끔 부추긴다는 이유에서다.[17] 바움가르텐은 미학에서 감성적 인

지만 같은 해에 국왕은 볼프를 할레대학 교수직에 복직시켜주었다. 볼프에 대한 지그문트 야코프 바움가르텐의 관심 및 그가 볼프를 자신의 신학적 연구에 끌어들인 방식을 다룬 아주 흥미로운 연구로는 Sorkin, *The Religious Enlightenment*, 121-128을 보라.

[16] Baumgarten, *Metaphysics*, 280(§800). §800에 대한 푸가테와 하이머스의 주석은 바움가르텐과 볼프의 자연신학 개념의 차이를 이해하는 데 유용하다. 볼프의 자연신학 개념을 다룬 더욱 자세한 내용은 Corr, "The Existence of God, Natural Theology and Christian Wolff", 106-109를 보라.

[17] 마틴 루터Martin Luther는 이성을 "악마의 매춘부"라고 부른 것으로 유명하다. 하지만 그는 『인간에 관한 논쟁』(1536)에서는 이성이 "모든 것 가운데서

식에 주목함으로써 볼프의 합리주의를 약화시키고 철학을 종교에 덜 위협적이게 만들었다.[18]

바움가르텐은 『시에 관한 성찰(Meditationes philosophicae de nonnullis ad poema pertinentibus)』(1735)이라는 자신의 박사 학위논문에서 최초로 자신의 새로운 학문인 미학을 제시했다. 중요한 것은 그의 논문이 자신의 새로운 학문을 해설하기 위한 것이 아니라 시학을 다루는 것이라는 점이다.[19] 『시에 관한 성찰』의 내용 대부분은 시를 규정하고(§9 "완전한 감성적 담론"), 시의 구성 요소들을 기술하며(§91 단어들, §101 운율, §104 시구 등), 무엇이 시를 완전하게 만드는지를 설명하는 데(§24 감성적 표상, §21 예시, §28 환영, §54 묘사, §83 은유, §84 제유, §85 풍유, §97 반향 등) 할애된다. 바움가르텐이 미학을 언급하는 것은 작품의 끝부분에서일 뿐이다. 바움가르텐은 논문의 초반부에서 "시의 구성 방법에 관한 지식과 철학은 완전히 상반된다고 여겨

> 가장 중요하고, 최상의 지위에 있으며, 현세의 그 어떤 것과 비교해보아도 최선의 것이요, 또 신성한 것이기도 하다"라고 주장하기도 한다. 같은 텍스트에서 루터는 인간이 이성을 통해서는 아프리오리하게 알 수 있는 것이 없으며, 이성을 통해 도출되는 결론들은 단지 아포스테리오리할 뿐이라고, 또 이성은 계시신학을 통해 알려지는 진리들에 비해 불확실하고, 단편적이며, 일시적이고, 천박하다고 주장하기도 하는데, 많은 경건주의자가 감각에 특별한 지위를 부여한 근거는 루터의 이 텍스트에 있다.

[18] 이러한 견해는 Schwaiger, *Alexander Gottlieb Baumgarten*, 22-23에서 옹호된다.
[19] 부헤나우는 많은 주석가가 바움가르텐의 박사 학위논문의 중요성 및 이 논문이 (미학과 여전히 구분되는) 철학적 시학에 한 기여를 간과하고 있다고 지적하며, 이러한 지적은 옳다. 바움가르텐의 『시에 관한 성찰』과 『미학』이 창작의 일반적 방법을 정초하려는 시도였다는 부헤나우의 주장이 과연 납득할 만한 것인지는 잘 모르겠지만 바움가르텐의 저술들에 대한 그녀의 설명은 설득력 있으며 매우 유용하다. Buchenau, *The Founding of Aesthetics in the German Enlightenment*, 114를 보라.

지는 경우가 많지만 사실 양자는 서로 연결되어 아주 부드러운 합일을 이룬다"라고 주장하며, 논문의 말미에서 시학이 철학에서 점유하는 위치를 논한다.[20] 그는 철학적 시학을 "감성적 담론을 완전성으로 이끄는 학문"으로 정의하고, 이러한 학문이 감성sensibility으로 알려진 시인의 "하위의 인식능력"을 전제로 하고 있다고 언급한다.[21] 시학이 시인의 감성 능력에서 생겨나는 감성적 담론을 완전성으로 이끄는 학문이라면 시인의 감성적 인식에서 생겨나는 인식을 완전성으로 이끄는 학문도 있어야 할 것이다. 대개 논리학이 그러한 기능을 수행한다고 여겨지는데, 이는 논리학이 "사물들을 철학적으로 인식하는 학문"으로 이해되기 때문이다.[22] 하지만 바움가르텐은 논리학이 감성적 인식을 완전성으로 이끌 수 있다는 생각을 받아들이지 않는다. 먼저 그는 논리학이 아직 개척되지 않은 분야로 남아 있기 때문에 그러한 목적을 달성하기에는 역부족이라고 주장한다.[23] 이어서 그는 논리학이 감성적 인식을 완전성으로 이끌 수 없는 주된 이유를 설명한다. 논리학은 "그 정의에 따르면 … 사

---

[20] Baumgarten, *Reflections on Poetry*, 36.
[21] Baumgarten, *Reflections on Poetry*, 77(§115).
[22] Baumgarten, *Reflections on Poetry*, 77(§115). 논리학에 대한 바움가르텐의 정의는 볼프가 『예비 논의』에서 제시한 정의와 상당히 다르다. 볼프는 논리학이 "진리를 인식할 수 있게 인식능력에 방향을 일러주는 학문"이자 "진리를 인식하고 오류를 피하려면 인식능력을 어떻게 사용해야 하는지를 다루는 철학 분야"라고 말한다. Wolff, *Preliminary Discourse*, 35(§61)를 보라. 볼프가 논리학을 인식능력 전체를 인도하는 학문으로 만든 것에 비해 바움가르텐은 그것을 단지 상위의 인식능력만 인도하는 학문으로 만들었으며, 이는 두 철학자 사이의 중대한 차이를 보여준다. 이러한 차이에는 볼프의 주지주의와 합리주의를 제한하려는 바움가르텐의 시도가 반영되어 있다.
[23] Baumgarten, *Reflections on Poetry*, 77(§115).

실 상당히 협소한 한계로 제한되어 있기 때문에" 감성적 인식을 완전성으로 이끌 수 없다는 것이다. 이와 같은 한계는 논리학의 정의에 있는 "철학적으로"라는 표현의 함의 때문에 설정된 것이다. 만일 논리학이 "사물들을 철학적으로 인식하는" 학문이라면, 그것은 "진리를 파악할 수 있게 상위의 인식능력에 방향을 일러주는 학문"이기도 해야 한다.[24] 사물을 철학적으로 인식한다는 것은 그 사물을 지적이고 이성적으로 인식한다는 의미이며, 이는 감각을 통해 인식되는 사물들을 배제한다는 뜻이다. 그런데 주지하듯이 논리학은 상위의 인식능력(지성과 이성)의 인식 작용 및 그러한 인식 작용의 완전성(진리)에 관계되며, 따라서 하위의 인식능력인 감성을 완전성으로 향하게 만들 수 없다. "하위의 인식능력들을 향상시키고, 예리하게 만들며, 세상을 이롭게 하는 데 더욱 적절하게 적용할 방안들을 탐구하려면" 별도의 학문이 필요하다.[25] 이와 관련하여 영혼론[심리학]*은 여러 흥미로운 전망을 제시해준다. 그러나 바움가르

---

[24] Baumgarten, *Reflections on Poetry*, 77(§115).
[25] Baumgarten, *Reflections on Poetry*, 78(§115).
* psychology가 오늘날의 "심리학"과 같은 의미를 지니게 된 것은 독일의 철학자 빌헬름 분트Wilhelm Wundt가 1879년에 인간의 마음을 실험적 방법으로 탐구하기 시작하면서부터였다. 이전까지 psychology는 아리스토텔레스의 『영혼에 관하여』와 볼프의 『경험심리학』을 주된 기원으로 삼아 "정신론Geisterlehre", "영혼학Animastik", "영혼론Seelenlehre" 등의 여러 이름으로 함께 불리면서 인간의 영혼·정신을 다루는 형이상학적·신학적·인간학적 탐구로 폭넓게 이해되었으며, 육체와 구분되는 영혼의 고유 특징, 영혼이 지니는 여러 능력, 실체로서의 영혼의 존재론적 성격 등의 주제를 다루었고, 근대에 볼프에게서 특수 형이상학의 한 분야로 간주되기도 하였다. 이 점에서 psychology를 단순히 "심리학"으로 옮길 경우 그 의미가 현대 심리학과 혼동될 위험이 있다고 판단되어 이 책에서는 "영혼론"과 "심리학"을 병기한다.

텐은 궁극적으로 새로운 학문, 즉 그가 그리스어 단어 아이스테시스(αἴσθησις)나 "감관 지각"을 따라 미학이라고 부른 것이 필요하다고 생각했다.²⁶ 따라서 미학은 지각된 것들에 관한 학문으로서 하위의 인식능력을 완전성으로 인도한다. 논문의 마지막 절에서 바움가르텐은 수사학을 미학에서 "주로 감성적 표상들의 불완전한 현시를 다루는" 부분으로 이해해야 하며, 한편 시학은 미학에서 "주로 감성적 표상들의 완전한 현시를 다루는" 부분으로 이해해야 한다고 주장한다.²⁷ 그는 철학자들이 자신의 새로운 학문을 수용하여 이를 "시와 일상적 화술의 정확한 경계"를 나누는 데 이용해야 한다고 촉구하기도 한다.²⁸ 그는 이렇게 쓴다. "차이라는 것은 확실히 단지 정도의 문제일 뿐이다. 그러나 사물을 이쪽이나 저쪽으로 귀속시키는 데서 우리는 프리지아인과 미시아인의 국경선을 나누었던 기하학자만큼은 유능해야 한다고 생각한다."²⁹

바움가르텐의 『형이상학(Metaphysica)』은 체계적 철학에서 미학이 어떤 역할을 수행하는지, 미학이 영혼론과 어떠한 관계에 있는지에 관하여 『시에 관한 성찰』보다 훨씬 더 자세한 설명을 제시한다. 바움가르텐은 볼프의 『예비 논의』의 기획에 따라 형이상학을 존재의 "더 일반적인" 속성을 기술하는 학문인 존재론(§4), 세계의 "일반적인 속성"을 다루는 학문인 우주론(§351), 영혼의 "일반적인 속성"을 다루는 학문인 영혼론(§501), 신앙이 아닌 이성을 통해 인식될 수

---

26   Baumgarten, *Reflections on Poetry*, 78(§116).
27   Baumgarten, *Reflections on Poetry*, 78(§117)[강조는 옮긴이].
28   Baumgarten, *Reflections on Poetry*, 78(§117).
29   Baumgarten, *Reflections on Poetry*, 78(§117).

있는 한에서의 신을 다루는 학문인 자연신학(§800)으로 구분한다.**30**
바움가르텐은 미학을 영혼론의 한 분야로, "경험에 기초한 주장들
을 연역"해내는 경험심리학의 일부로 만든다.**31** 그리하여 그는 미학
을 하위의 인식능력, 즉 감성의 인식을 다루는 경험심리학의 한 분
야로 명시한다. 바움가르텐은 『시에 관한 성찰』에서 도입한 생각 —
이는 라이프니츠와 볼프에게서도 발견된다 — 을 발전시키면서 감
성적 인식이 필연적으로 혼연할 수밖에 없다고 주장한다. 그는 이
렇게 쓴다. "모든 감각에는 무엇인가 모호한 것이 있다. 그래서 판
명한 것조차도 감각에서는 혼연한 것과 어느 정도 뒤섞인다."**32** 그
런데 여기서 마지막 구절은 다소 의아하다. 왜냐하면 라이프니츠
와 볼프는 판명한 인식을 관념(*notio*)이나 개념(*Begriff*)에 관한 인식
으로 규정했는데, 관념이나 개념의 술어들은 서로 구분되기에 충분
히 명석해서 우리는 이를 혼연한 것으로 받아들이지 않기 때문이
다. 라이프니츠는 『인식, 진리, 관념에 관한 성찰』(1684)에서 감성적
인식은 결코 판명할 수 없다고 주장했다.**33** 볼프는 『독일어 형이상
학』(1719)에서 라이프니츠의 이러한 견해에 동의했다.**34** 바움가르텐

---

30 바움가르텐이 형이상학의 구조와 요소들을 볼프에 아주 가깝게 이해했을
지라도 자연신학에 대한 정의와 관련해서는 양자 사이에 중대한 차이가 있
다. 볼프는 자연신학을 "신을 통해 가능한 것으로 인식될 수 있는 것들에 관
한 학문"으로 규정하는 반면 바움가르텐은 자연신학을 통해 얻을 수 있는 신
에 대한 지식은 신앙을 통해 획득될 수 있는 모든 지식과 구분된다고 밝힌다.
Wolff, *Preliminary Discourse*, 34(§57); Baumgarten, *Metaphysics*, 280(§800)을 보라.
31 Baumgarten, *Metaphysics*, 198(§503).
32 Baumgarten, *Metaphysics*, 207(§544).
33 Leibniz, *Philosophical Essays*, 27.
34 Wolff, *Vernünftigen Gedanken*, 153(§277).

은 『시에 관한 성찰』에서 라이프니츠와 볼프의 입장에 동의하면서 "모든 정도를 통틀어 완전하고, 충전하며, 심오하고, 판명한 표상들은 감성적이지 않고, 따라서 시적이지 않다"라고 언급한다.35 그럼에도 그는 감성적 표상들이 더욱 판명해지지 않고도 어떻게 더 명석하고 더 시적이게 될 수 있는지를 설명하기 위해 내포적 명석함[claritas intensiva]과 외연적 명석함[claritas extensiva]의 구별을 도입한다. 그는 다음과 같이 쓴다. "외연적으로 덜 명석한 표상들보다 외연적으로 아주 명석한 표상들에서 더 많은 것이 감성적 방식으로 표상된다(§16). 따라서 외연적으로 아주 명석한 표상들은 시의 완전성에 더 많이 기여한다(§7)."36 외연적으로 명석한 표상들은 내포적으로 명석한 표상들과 다르다. 왜냐하면 내포적 명석함은 표상에 대한 인식을 더 판명하게, 그래서 결국 덜 감성적이게 만드는 "개별 징표들의 선별a discrimination of characteristics"을 통해 달성되기 때문이다.37 외연적으로 명석한 표상들은 다른 표상들보다 더 많은 것을 표상하기 때문에 다른 표상들보다 명석하지만 그렇다고 그 과정에서 그것들이 더 판명해지는 것은 아니다. 결국 그것들의 명석함은 다른 표상들의 명석함보다 더 시적이며, 감성적 인식의 필연적 혼연함과 여전히 정합적이다. 왜냐하면 감성적 인식은 "명석하고 판명(*clara et distincta*)"하기보다는 "명석하고 혼연(*clara et confusa*)"한 상태로 머물기 때문이다.38 바

---

35 Baumgarten, *Reflections on Poetry*, 42(§14).

36 Baumgarten, *Reflections on Poetry*, 43(§17).

37 Baumgarten, *Reflections on Poetry*, 43(§16).

38 McQuillan, "Baumgarten on Sensible Perfection", 49, 57에서 나는 라이프니츠-볼프 학파와 바움가르텐의 '명석함', '혼연함', '판명함' 개념 및 '판명함'을 감성적 인식과 지성적 인식을 구분하는 기준으로 사용하려는 시도에 대한 칸트

움가르텐은 『형이상학』에서 이 같은 주장을 반복하면서 외연적으로 명석한 인식이 "생생(*vividus*)"하며, "더 생생한 지각은 덜 생생한 지각보다 더욱 완전"하기 때문에 "더 생생한 지각은 내포적으로 명석한 지각보다, 심지어는 판명한 지각보다 더 강렬할 수 있다"라는 언급을 덧붙인다.**39** 미학은 이러한 생생한 감성적 인식들을 탐구하고 드러내는 학문이다. 따라서 미학에 관계되는 인식능력이 혼연하게만 남아 명석하거나 판명해질 수 없다고 해서 미학이 논리학보다 열등하다고 여겨져서는 안 된다. 생생한 인식은 지성과 같은 상위의 인식능력의 명석하고 판명한 인식보다 적어도 몇몇 경우에서 "더 강렬(*fortior*)"하며, 이렇게 보면 미학이 논리학보다 우선할 때도 있다는 점을 알 수 있다.

바움가르텐의 미학 강의는 1741년에 프랑크푸르트안데어오데르 대학교에서 시작되었다. 그는 아마 거의 같은 시기에 미학에 관한 논문을 쓸 계획을 세우기 시작했을 텐데, 그가 『미학(Aesthetica)』 제1권(1750)을 출간하기 2년 전에 그의 옛 제자인 마이어가 『모든 예술과 학문의 기초(Anfangsgründe aller schönen Künste und Wissenschaften)』[이하 『기초』](1748-1750)를 출간했다. 마이어는 서문(Vorrede)에서 『기초』가 바움가르텐의 『미학 관련 소고집』에 기반을 두고 있다고 인정하는데, 이 책은 마이어가 『기초』를 출간하기 전에 바움가르텐이 그와 공유한 것이다.**40** 그래서 마이어의 『기초』와 바움가르텐의 『미학』은 많은 점에서 유사하다. 마이어와 바움가르텐이 같은

의 반대 등을 논하였다.
39 Baumgarten, *Metaphysics*, 204-205(§§531-532).
40 Meier, *Anfangsgründe*, I:1-2.

의견을 보이는 첫 번째 가장 중요한 부분은 미학의 정의이다. 마이어와 바움가르텐은 모두 미학이 감성적 인식을 다루는 학문이라 말한다.[41] 그들은 "아름다움(*Schönheit, pulcritudo*)"이 감성적 인식의 완전성이라는 점에서도 의견의 일치를 보인다.[42] 바움가르텐은 『시에 관한 성찰』에서든 『형이상학』에서든 아름다움을 감성적 인식의 완전성과 동일시하지 않았다. 하지만 마이어와 바움가르텐은 모두 아름다운 인식이 명석하고 판명할 수 있다는 생각을 받아들이지 않기 때문에 아름다움에 관해 마이어가 『기초』에서 제시하거나 바움가르텐이 『미학』에서 개진한 설명들이 이 같은 초기 작품들에 기초를 두고 있다는 것은 분명한 사실이다. 아름다운 인식은 하위의 인식능력인 감성적 인식의 완전성이므로 명석하면서도 혼연한 상태에 머물러야 한다. 마이어는 아름다운 인식의 명석함을 설명하기 위해 내포적 명석함과 외연적 명석함을 구분한다. 하지만 바움가르텐은 『미학』 어디에서도 그러한 구분을 끌어들이지 않는다. 마이어의 『기초』와 바움가르텐의 『미학』의 구조는 두 작품 사이의 또 다른 중대한 차이를 반영한다. 마이어의 『기초』의 제1권은 미적 완전성의 상이한 측면들(풍부함, 위대함, 개연성, 생생함, 명확함, 감성적 삶)을 다루는 일련의 장들로 간명하게 구성되어 있다. 한편 제2권은 하위의 인식능력들에 포함되어 있는 특수한 능력들(감성 일반, 주의력, 추상 능력, 감각들, 상상력, 재치, 섬세함, 기억, 창의력, 취미, 예지능력, 추측 능력, 묘사 능력, 욕구 능력)을 다룬다. 이에 비해 바움가르텐의 『미학』

---

[41] Meier, *Anfangsgründe*, I:3(§2); Baumgarten, *Ästhetik*, I:10-11(§1).
[42] Meier, *Anfangsgründe*, I:38(§23); Baumgarten, *Ästhetik*, I:20-21(§14).

의 구조는 훨씬 불명료하다. 바움가르텐은 『미학』의 「서설」에서 자신의 새로운 학문이 이론 미학과 실천 미학으로 나뉜다고 말한다.[43] 이론 미학은 다시 세 부분으로 나뉜다. (1) 창작에 관련되는 발상론, (2) 질서와 배열의 원리들을 다루는 방법론, (3) 기호들의 아름다움과 성질을 다루는 기호론이다.[44] 첫 번째 장의 일부는 1750년과 1758년에 출간되었다. 발상론은 광범위한 주제(§§14-27 감성적 인식과 그것의 완전성, §§28-115 미학자의 특징, §§115-176 풍부함의 감성적 완전성, §§177-422 규모, §§423-613 진리, §§613-828 빛, §§829-904 설득)를 다루지만 바움가르텐이 애초에 넣으려 했던 모든 내용이 담겨 있지는 않다(이를테면 감성적 명확성과 "감성적 인식의 삶"을 논하는 장들은 빠져 있다).[45] 방법론과 기호론을 다루는 장들이나 실천 미학에 관한 두 번째 부분은 아예 출간되지도 않았다. 바움가르텐의 『미학』이 미완에 그쳤다는 사실은 이 책이 출간 당시에 왜 그다지 주목을 받지 못했는지, 그리고 이후에 왜 그렇게 빨리 잊혔는지를 설명해줄 수 있다. 한편 어떤 사람들은 바움가르텐의 미학을 모호함의 어둠 속으로 던져 넣은 장본인이 책을 라틴어로 집필한 바움가르텐 그 자신

---

43 이러한 구분은 근대의 논리학 교재들에서 흔했다. 볼프의 『라틴어 논리학』 (1728)이 좋은 사례이다. 이 책에서 이론 논리학을 다루는 제1절은 논리학의 본성, 마음의 작용, 논리학에 관련된 개념들, 판단·추론에 관한 내용들로 이루어져 있다. 실천 논리학을 다루는 제2절에서는 논리적 원리들을 경험, 성스러운 글들과 세속적인 글들을 읽고 해석하기, 대화 등과 같은 폭넓고 다양한 주제에 적용한다.

44 Baumgarten, *Ästhetik*, I:16-19(§13).

45 이러한 주제들에 관한 바움가르텐의 논의의 구체적 내용들을 파악하는 데 유용한 영어 문헌으로는 특히 Buchenau, *The Founding of Aesthetics in the German Enlightenment*, 137-151; Guyer, *A History of Modern Aesthetics*, 1:327-340을 보라.

이라고 주장한다. 마이어가 지식인뿐만 아니라 대중을 위해서 『기초』를 독일어로 썼던 것과 달리 바움가르텐은 『미학』을 대학의 학술 언어인 라틴어로 썼다. 그러나 그렇다고 해서 미학에 관한 마이어의 논의가 바움가르텐의 논의보다 훨씬 나은 것은 아니다. 이러한 사실은 그들의 작업이 맞게 된 불행한 결말의 원인이 책이 작성된 언어나 목표 독자층에 있는 게 아니라 그들이 제안한 새로운 학문을 그들 스스로 어떻게 이해했느냐에 있다는 점을 보여준다.

주제의 변화

마이어의 『기초』와 바움가르텐의 『미학』이 출간된 이후 여러 해 동안 사람들 사이에서는 두 작품에 대한 평가가 엇갈렸다.[46] 어떤 독자들은 이들이 제시한 새로운 학문을 열광적으로 지지했지만 다른 독자들은 바움가르텐과 마이어를 속물이나 약장수라고 비난했다. 어떤 이들은 그들의 미학의 특정 측면을 전용했고, 또 어떤 이들은 그 이름을 전혀 다른 학문 분야들에 적용했다. 앞으로 보게 되겠지만 이러한 상황 때문에 18세기 말에 미학 개념은 새로운 학문에 대한 바움가르텐의 이해에서 분리되기에 이른다.

멘델스존은 바움가르텐의 미학 개념에 대체로 호의적이었다. 멘델스존의 『감정들에 관하여』에 등장하는 두 인물은 "아름다움은 완전성에 대한 판명하지 않은 표상에 … 의존"하므로 "그 어떤 판명

---

[46] 18세기 후반에 독일에서 바움가르텐의 『미학』을 둘러싸고 벌어진 몇몇 논쟁에 관한 설명은 Witte, *Logik ohne Dornen*, 59-73; Reiss, "The 'Naturalization' of the Term 'Ästhetik' in Eighteenth Century German", 645-658을 보라.

한 개념도 아름다움의 감정과 양립할 수 없다"라는 데 의견의 일치를 보인다.⁴⁷ 그리하여 더 나이 많고 현명한 인물인 테오클레스는 "확장된 더 명석한 표상"이 "더 풍부한 다양성" 및 "더 많은 서로 반대되는 관계를" 담고 있다고 말하며 그것들을 "만족감의 순전한 원천"으로 천명한다.⁴⁸ 이 구절에서 "확장된 더 명석한 표상(*ausgebreitete klarere Vorstellung*)"이라는 멘델스존의 언급은 바움가르텐이 『시에 관한 성찰』과 『형이상학』에서 사용한 "외연적 명석함(*claritas extensiva*)" 개념의 번역어임이 분명하다. 멘델스존은 아름다움과 감성적 완전성을 동일시하기도 하는데, 이 역시 그가 마이어의 『기초』와 바움가르텐의 『미학』에 빚을 지고 있다는 사실을 보여준다.⁴⁹ 하지만 『감정들에 관하여』에는 멘델스존이 볼프의 합리주의를 바움가르텐이나 마이어보다 더 열성적으로 옹호했다는 점을 보여주는 구절들이 있다.⁵⁰ 멘델스존의 쾌 개념은 그러한 사례 중 하나이다. 멘델스

---

47 Mendelssohn, *Philosophical Writings*(*On Sentiments*), 12-14. [여기서 의견의 일치를 보이는 두 인물은 테오클레스와 에우프라노르이다.]

48 Mendelssohn, *Philosophical Writings*(*On Sentiments*), 14. 앤 폴록Anne Pollok이 편집한 멘델스존의 『미학 저술들』(2006)의 마이너Meiner 출판사 판본에서는 "더 명석한(*klarere*) 표상들은 언급되지만 "확장된 더 명석한" 표상들은 언급되지 않는다. 나는 멘델스존의 『감정들에 관하여』의 1755년 원전에서 "확장된 더 명석한 표상들"이 확실히 언급되는지 확인하지 못했지만 1761년 원전에는 해당 개념이 등장한다. Mendelssohn, *Philosophische Schriften*, 16을 보라.

49 Mendelssohn, *Philosophical Writings*(*On Sentiments*), 22. 멘델스존이 바움가르텐과 마이어를 어떻게 인정하는지에 관해서는 마이어의 『기초』에 대한 멘델스존의 평가가 등장하는 Mendelssohn, *Ästhetische Schriften*, 102-107을 보라.

50 멘델스존을 이처럼 합리주의자로 보는 해석은 Beiser, *Diotima's Children*, 196-243; Blincoe, "The Priority of Reason", 105-120에서 옹호되었다. 멘델스존을 볼프의 합리주의와 칸트의 비판철학 사이의 과도기적 인물로 이해하는 사람들은 이러한 입장을 반박했다. 멘델스존의 미학을 과도기적 관점으로 해석하

존은 쾌를 지각의 완전성으로 보는 볼프의 견해를 수용한다.[51] 그리하여 그는 쾌를 세 종류로 구분한다. 첫째 종류의 쾌는 우리가 먹고 마시면서 신체 상태를 향상시키는 데서 얻는 감각적 만족이며, 둘째 종류의 쾌는 다양성 가운데서의 통일성에 대한 명석하지만 혼연한 지각에서 생겨나는 아름다움과 결부된 쾌이고, 마지막으로 셋째 종류의 쾌는 명석하고 판명한 인식에 수반되는 지적 쾌이다.[52] 지적 쾌에 관한 멘델스존의 설명은 바움가르텐과 마이어가 제시한 그 어떤 주장과도 모순되지 않으며, 심지어는 『형이상학』에서 바움가르텐이 제시한 쾌 관련 논의에 기반을 두고 있는 것처럼 보이기까지 한다. 이러한 점은 볼프를 비판하는 사람들 중 일부가 주장했던 것처럼 "이성이 우리의 쾌를 망쳐놓지는 않는다"라는 사실을 확실히 증명해준다.[53] 바움가르텐의 미학이 볼프의 합리주의를 약화시키기를 기대한 사람은 멘델스존의 『감정들에 관하여』에 몹시 실망할 수도 있다.

레싱은 그의 친구인 멘델스존에 비해 바움가르텐의 『미학』에 덜 호의적이었다. 『라오콘』의 머리말에서 레싱은 다음과 같이 말한다. "우리 독일인들에게는 체계적으로 쓰인 책들밖에 없고, 그러한 사

는 사례는 Beck, *Early German Philosophy*, 326-329; Hammermeister, *The German Aesthetic Tradition*, 18-19를 보라.

[51] Wolff, *German Metaphysics*, 247(§404). 바움가르텐 역시 쾌에 관한 볼프의 견해를 지지한다. 하지만 그는 완전성이 지각되는 방식에 따라 쾌가 감성적일 수도 지성적일 수도 있다고 주장하여 볼프의 견해를 더욱 구체화한다. Baumgarten, *Metaphysics*, 237(§656)을 보라.

[52] Mendelssohn, *Philosophical Writings*(*On Sentiments*), 48.

[53] Mendelssohn, *Philosophical Writings*(*On Sentiments*), 10, 25.

실은 우리를 괴롭게 만든다. 우리는 우리가 원하는 결론이 무엇이든 그것을 몇 가지 정의에서 가장 정당하고 논리적인 방식으로 연역해내는 능력을 지니고 있다. 세계의 그 어떤 민족도 이 점에서 우리를 능가하지 못한다."⁵⁴ 바로 다음 문장에서 그는 이렇게 말한다. "바움가르텐은 자신이 『미학』에서 사용한 예시들을 상당 부분 게스너의 사전에서 가져왔음을 인정했다. 나의 추론이 바움가르텐의 추론에 비해 덜 철저할지언정 적어도 내가 드는 예시들은 좀 더 원천의 풍미가 있을 것이다."⁵⁵ 이 구절들에는 두 가지 비판이 담겨 있다. 첫째는 레싱이 비판하는 "체계적으로 쓰인 책들"에서 사용된 방법과 관련된다. 그가 바움가르텐의 『미학』을 "체계적으로 쓰인 책들" 중 하나로 명시적으로나 특정하게 지목하고 있지는 않다. 하지만 바움가르텐의 "철저한 추론"이 자의적으로, 혹은 추론의 결과를 미리 계산하여 선택한 정의들에서 원하는 결론들을 이끌어내는 작업을 담고 있다는 레싱의 주장을 무시할 수는 없다. 많은 볼프주의자도 비판가들에게서 이와 유사한 반격을 받았다. 레싱은 평소에 볼프주의자들에게 매우 호의적이었기 때문에 대개 그러한 비판가들 중 하나로 여겨지지 않지만 그럼에도 그는 볼프주의자들의 방법이 속물들과 약장수들에게서 오용될 수 있다는 것을 알았다.⁵⁶ 레싱이 바움가르텐을 그러한 약장수들 중 하나로 여겼다는 사실은 그다음 구절에서 명백하게 확인된다. 바움가르텐이 예시들을 어느 사전

---

54 Lessing, *Laocoön*, x-xi.
55 Lessing, *Laocoön*, x.
56 레싱의 볼프주의에 관해서는 Goldenbaum, "Lessing ein Wolffianer?", 267-281을 보라.

에서 가져왔다는 레싱의 주장은 『미학』의 「서설」에 등장하는 한 언급과 관련되는데, 해당 구절에서 바움가르텐은 게스너의 『라틴어 표현 및 학습을 위한 새로운 유의어 사전(Novus Linguae Et Eruditionis Romanae Thesaurus)』(1749)이 "언어 표현과 관련해서뿐만 아니라 참된 아름다움에 기여하는 것들에 대해서도" 자신에게 큰 도움이 되었다고 말한다.[57] 레싱은 만일 바움가르텐이 라틴어 시를 이해하기 위해 사전에 의존했다면 그는 라틴어나 라틴어 시에 관한 글을 쓸 만큼 그것들을 충분히 알지 못한 것이며, 또 그가 참된 아름다움에 기여하는 것들을 사전에서 찾았다면 그는 미학에 관한 체계적인 연구 논문을 출간할 만큼 철학에 정통하지 못한 것이라는 점을 암시한다. 레싱은 자신의 예시들이 "좀 더 원천의 풍미가 있을 것"이라고 주장함으로써 언어, 시, 철학에 관한 자신의 지식이 바움가르텐보다 더 깊이 있고 더 근거 있는 것임을 암시한다. 이로써 레싱은 바움가르텐의 『미학』보다 자신의 『라오콘』이 시, 회화, 예술에 관한 독일인들의 논의에 더 가치 있는 기여를 한다고 자평한다.

헤르더는 레싱의 『라오콘』에 찬사를 보냈지만 바움가르텐의 새로운 학문을 열광적으로 지지한 사람이기도 했다.[58] 그는 1762년부터 1764년까지 쾨니히스베르크에 머물면서 칸트의 강의를 들으며 바움가르텐의 『형이상학』을 연구하기 시작했다. 그리고 그다음 해부터는 바움가르텐의 『시에 관한 성찰』과 『미학』을 집중적으로 연

---

57 Baumgarten, *Ästhetik*, I:4-5.
58 헤르더의 첫 번째 『비판의 숲(Critische Wälder)』(1769)은 레싱의 『라오콘』을 상세하게 주해한다. Herder, *Selected Writings on Aesthetics*(*Critical Forests: First Grove*), 51-176을 보라.

구하면서 『미학』의 도입부에 관한 주석을 쓰고 바움가르텐에 관한 여러 논문을 작성했다.[59] 그것들 중 『바움가르텐 기념문』(1767)에서 헤르더는 바움가르텐의 새로운 학문을 "철학적 정밀함과 엄격함으로 시의 근본 개념들을 규명하려는" 시도로 기술한다.[60] 이 밖에도 그는 바움가르텐의 미학의 엄격함을 칭송하고 시에 대한 바움가르텐의 정의에 "시의 본질을 단일 개념으로 파악하려 했던, 시에 대한 모든 정의 중에서 … 가장 철학적"이라는 찬사를 보낸다. 그런데 정작 그가 가장 깊은 인상을 받은 것은 바움가르텐의 엄격함도 철학적 통찰력도 아니었다. 헤르더가 가장 가치 있다고 생각한 것은 "나를 영혼의 가장 깊은 곳으로 이끌어서, 말하자면 인간 정신의 본성에서 시의 본질을 연역해낼 수 있게" 해주는 바움가르텐의 개념 정의 방식이다.[61] 그는 바움가르텐의 미학이 감성에 기반을 둔 덕분에 심리학적 깊이를 지닐 수 있다고 생각한다. 시에 대한 아리스토텔레스와 바퇴의 정의는 "시에서 모방된 사물의 실속 없는 요소들에 더

[59] 헤르더 『전집』의 편집자들은 이 글들을 「알렉산더 고트리프 바움가르텐과의 교류를 통한 미학 정초(Begründung einer Ästhetik in der Auseinandersetzung mit Alexander Gottlieb Baumgarten)」라는 제목으로 한데 묶었다. 여기에는 바움가르텐의 사유 방식(Denkart) 및 저술에 관한 성찰이 담겨 있는데, 이를테면 『미학』의 도입부에 관한 상세한 주석, 바움가르텐, 하일만J. D. Heilmann, 토마스 압트Thomas Abbt를 기리는 추도문, 그리고 무어Moore가 편집한 헤르더의 『미학 선집』 판본에서 바움가르텐을 위한 「기념문(Denkmal)」으로 번역된 글이 포함되어 있다. Herder, *Werke*, Bd. 1, *Frühe Schriften*, 1764-1772, 651-694를 보라. 헤르더의 바움가르텐 해석에 칸트가 영향을 끼쳤다는 증거는 헤르더가 바움가르텐과 홈을 비교하는 부분인 Herder, *Selected Writings on Aesthetics*(*A Monument to Baumgarten*), 49-50을 보라.
[60] Herder, *Selected Writings on Aesthetics*(*A Monument to Baumgarten*), 42.
[61] Herder, *Selected Writings on Aesthetics*(*A Monument to Baumgarten*), 42.

주목할 뿐, 그 대상을 움직이게 만드는 살아 있는 사람에게는 별로 관심을 두지 않는다."⁶² 하지만 이들과 달리 바움가르텐은 인간 영혼의 "가장 활동적(*würksamsten*)"이고 "가장 생생한(*lebendigsten*)" 부분을 파고든다. 헤르더는 감성 능력에서 "금수의 그림자 같은 감각이 사람의 감각으로 거듭나며", "충동과 감정과 쾌와 고통"이 발생한다고 생각하기 때문에 바움가르텐이 시와 감성을 연결했다는 점을 들어 그를 칭송한다.⁶³ 동물과 인간이 감성 능력을 공유한다는 사실은 인간 심리학[영혼론]과 인간학에서 감성 연구를 본질적인 것으로 만든다. 그리고 감성을 미학의 중심으로 만드는 것은 바로 감정과 쾌의 관계다. 헤르더는 다음과 같이 묻는다. "아름다움을 다루는 그 어떤 학문 이론이 그대의 감각sensation을 어떻게 유혹할지 알고 그대의 마음과의 대화에서 그대 자신과 다투는 이론보다, 그대에게 제시하는 모든 것이 그대 자신의 존재에서 훔쳐 온 것인 그런 이론보다 더 큰 즐거움을 줄 수 있겠는가?"⁶⁴ 바움가르텐과 동시대를 살았던 사람들 중에서 그의 『미학』을 정념에 관한 연구로 보는 이는 거의 없었다. 그리고 오늘날 그것을 예술을 통해 감정을 이끌어내기 위한 안내서로 생각하는 학자들은 더욱 적다. 하지만 헤르더는 바움가르텐의 변형된 표현 방식의 배후에, 그리고 "아프리오리한 연역"을 통해 미학의 원리들을 입증하려는 그의 무모한 시도 너머에 시대를 읽는 어떤 위대한 심리학적 통찰이 있다고 확신했다.⁶⁵

---

62 Herder, *Selected Writings on Aesthetics*(*A Monument to Baumgarten*), 43-44.
63 Herder, *Selected Writings on Aesthetics*(*A Monument to Baumgarten*), 44.
64 Herder, *Selected Writings on Aesthetics*(*A Monument to Baumgarten*), 45.
65 Herder, *Selected Writings on Aesthetics*(*A Monument to Baumgarten*), 48-49.

칸트는 바움가르텐의 『형이상학』과 마이어의 『논리학』을 강의 교재로 사용했지만 아마도 바움가르텐의 『미학』을 가장 냉정하게 비판한 사람이었을 것이다. 전前 비판기에 칸트는 미학이 학문일 수 있다는 생각을 받아들이지 않았다. 왜냐하면 그는 미적 판단이 경험적이라고 생각했기 때문이다. 심지어 그는 라인홀트Reinhold와 주고받은 편지에서 미적 판단의 아프리오리한 원리를 발견했다고 스스로 주장한 후에도, 또 『판단력비판』을 출간한 후에도 미학이 학문으로 성립할 가능성을 계속해서 부정했다. 하지만 바움가르텐의 새로운 학문의 이름[미학]은 칸트가 그 용어의 의미를 바꾸어 사용한 덕분에 다른 무엇보다 오래 살아남을 수 있었는지도 모른다. 『순수이성비판』의 "선험적 감성학Transcendental Aesthetic" 도입부 각주에서 칸트는 "감성의 아프리오리한 모든 원리에 관한 학문"을 다루는 "요소론"에 감성학이라는 이름을 붙인 이유를 설명한다.**66** 그는 다음과 같이 언급한다. "현재 독일인들은 다른 사람들이 취미 비평이라고 일컫는 것을 지칭하는 데 '미학[감성학]'이라는 말을 사용하는 유일한 사람들이다."**67** 그는 이러한 독특한 언어 표현이 "아름다움에 관한 비평적 판정을 이성 원리들 아래에 세우고, 그 판정의 규칙들을 학문으로 높이려 했던 훌륭한 분석가 바움가르텐의 그릇된 희망"에서 기인한다고 주장한다.**68** 그에 따르면 바움가르텐의 미학은 실패할 수밖에 없었는데, 왜냐하면 취미판단을 지배하는 규칙들은 "그것들의 원천이 순전히 경험적이어서 우리의 취미판단이 준거해

---

66 Kant, *Critique of Pure Reason*, A 21/B 35.
67 Kant, *Critique of Pure Reason*, A 21/B 35.
68 Kant, *Critique of Pure Reason*, A 21/B 35.

야만 할 아프리오리한 법칙으로 쓰일 수가 없"기 때문이다.**69** 이러한 이유에서 칸트는 "이 용어를 그만 사용하고, 진정한 학문을 위해 아껴두는 것이 바람직하다"라고 결론짓는다.**70** 칸트가 언급한 "진정한 학문"이란 물론 자신의 선험적 감성학을 가리킨다. 칸트의 선험적 감성학은 바움가르텐의 미학처럼 감성 능력을 다룬다. 하지만 양자 사이의 유사성은 그것이 전부다. 칸트의 감성학은 감성적 인식을 완전성으로 이끌려고 하지 않는데, 왜냐하면 그는 감성적 인식과 지성적 인식이 같은 "종류"의 인식을 이룬다는 점을 받아들이지 않기 때문이다.**71** 그 대신 그는 감성 능력과 지성 능력이 각각 직관(감성)과 개념(지성)을 구성하며, 양자는 대상에 대한 인식을 산출하는 판단에서 종합된다고 생각한다. 완전성 개념은 이러한 과정에서 실제로 아무런 역할도 수행하지 않는다. 이렇게 칸트는 바움가르텐이 제시한 아름다움의 개념을 제거해버린다. 그 대신에 그는 감성적 직관의 아프리오리한 형식들(시간과 공간)과 내용들(감각)의 차이에 초점을 둔다.**72** 칸트의 "선험적 감성학"은 직관의 순수한(아프

---

69 Kant, *Critique of Pure Reason*, A 21/B 35.
70 Kant, *Critique of Pure Reason*, A 21/B 35.
71 칸트는 그의 교수 취임 논문인 「감성계와 지성계의 형식과 원리들에 관하여」에서 감성적 인식과 지성적 인식이 서로 다른 종류의 인식이라는 관점을 옹호한다. 하지만 그는 『순수이성비판』의 "선험적 논리학" 도입부에서는 그러한 관점을 분명하게 부정하며, 인식이 직관과 개념의 통일에서만 생겨난다고 주장한다. Kant, *Theoretical Philosophy 1755-1770*, 384-386(§§3-5); Kant, *Critique of Pure Reason*, A 51/B 75-76을 보라.
72 Kant, *Critique of Pure Reason*, A 19-21/B 33-35. 크로체는 자신의 『미학』(1902) 도입부에서 직관적 인식과 논리적 인식의 차이를 언급하고, 직관의 형식과 내용의 관계를 설명하며, 직관과 감각, 지각의 관계를 논한다. 이는 『순수이성비판』의 "선험적 감성학"에서 영감을 받은 것이다. 칸트와 달리 크로체는

리오리한) 형식만을 다루는데, 『순수이성비판』은 "이성이 모든 경험에서 독립해서 추구할 법한 모든 인식과 관련하여 이성 능력 일반을 비판"하기 때문이다.[73] 이를테면 이성은 모든 가능한 경험의 보편적이고 필연적인 (아프리오리한) 조건들을 규명하기 위해 실제 경험의 우연적인 경험적 (아포스테리오리한) 조건들을 도외시한다. "선험적 감성학"에서 칸트는 시간과 공간이 감성적 직관을 통해 대상을 우리에게 제공해줄 수 있는 보편적이고 필연적인 조건이며, 따라서 양자는 "아프리오리한 인식의 원리들"로 간주될 수 있다고 주장한다.[74] 칸트는 "선험적 감성학"에서 분명해진 그러한 원리들이 "선험적 논리학"의 첫 부분에서 지성의 순수개념들에서 도출한 원리들의 체계와 더불어 자신의 비판적 형이상학의 기본 "요소들" 중 하나를 이룬다고 생각한다.[75]

나중에 『판단력비판』에서 칸트는 바움가르텐의 "미학[감성학]"이라는 용어를 전혀 다른 방식으로 사용한다. 『순수이성비판』에서 그는 "미적[감성적]aesthetic"이라는 용어를 감성 및 직관의 아프리오리한 형식들에 결부시켰지만, 이제는 "객관의 표상에서 한낱 주관적인 것, 즉 대상이 아닌 주관과 관계를 이루는 것"을 표상의 "미적[감

  직관 개념을 표현과 예술에 연관시킨다. Croce, *Aesthetic*, 1-9, 12-21을 보라.
[73] Kant, *Critique of Pure Reason*, A xii를 보라.
[74] Kant, *Critique of Pure Reason*, A 22/B 36.
[75] 『순수이성비판』의 "요소론(*Elementarlehre*)"을 "선험적 감성학"과 "선험적 논리학"으로 구분하는 것에 관해서는 Kant, *Critique of Pure Reason*, A 15-16/B 29-30을 보라. 한편 "선험적 논리학"에서 칸트가 구축한 원리들의 체계와 그 체계가 "선험적 감성학"에서 발견된 원리들과 맺는 관계는 Kant, *Critique of Pure Reason*, A 148-150/B 187-189를 보라.

성적]" 속성이라 부른다.76 칸트는 표상이 지닌 미적[감성적] 속성들을 쾌나 고통의 감정과 동일시한다. 하지만 그는 이러한 감정들이 "결코 인식의 요소가 될 수는 없다"고 주장한다. 왜냐하면 감정은 "객관이 아니라 오로지 주관에만 관계하며, 쾌는 반성적 판단력에서 유희하는 인식능력들이 그러한 유희의 상태에 있는 한에서 바로 그 인식능력들에 대한 객관의 적합성을, 따라서 객관의 한낱 주관적인 형식적 합목적성을 표현할 따름"이기 때문이다.77 위 구절에서 "반성적 판단력(reflectirenden Urtheilskraft)"에 대한 칸트의 언급은 중요하다. 왜냐하면 『판단력비판』에서 그는 미적 판단력과 반성적 판단력을 동일시하기 때문이다. 반성적 판단력은 규정적 판단력과 다르다. 규정적 판단력이 경험에 주어진 특수자들을 지성의 보편적 법칙에 포섭시키는 일을 한다면 반성적 판단력의 경우 특수자가 주어져 있기는 하지만 그에 상응하는 보편자를 따로 찾아야 한다. 이때 아무런 보편자도 발견되지 않는 경우 칸트는 판단력이 스스로 원리를 제공한다고 생각한다. 이러한 원리는 대상에서 유래할 수도 없고 판단되는 대상에 귀속될 수도 없다. 미적 판단은 이러한 종류의 판단에 해당하는 훌륭한 사례이다. 칸트는 어떤 대상을 가리켜 그것을 아름답다고 여기는 판단, 즉 미적 판단이 "대상에 대한 그 어떤 기존 개념에도 근거를 두지 않고, 대상에 대한 아무런 개념도 만

---

76 Kant, *Critique of the Power of Judgment*, 75(V:188).
77 Kant, *Critique of the Power of Judgment*, 76(V:189f.). [칸트의 원문에는 해당 인용문의 주어가 "감정"이 아니라 "표상"으로 되어 있다. 이때 "표상"은 구체적으로 말하자면 대상의 합목적성의 표상이다. 그런데 객관에 대한 쾌나 불쾌의 감정은 그러한 감정과 직접 결합되어 있는 대상의 합목적성의 미적 표상 그 자체이므로 이렇게 주어를 바꾸어 이해해도 무방할 것으로 보인다.]

들어내지 않는다"고 생각한다.[78] 그 대신에 미적 판단은 그 판단에서 "유희하는(*im Spiel*)" 인식능력들과 그 인식능력들의 "자유로운 유희(*freies Spiel*)"에서 발생하는 쾌의 감정에 토대를 둔다. 그런데 칸트는 미적 판단의 이러한 개념을 "아름다움의 분석론"에서 더욱 자세하게 설명하면서 그 판단이 실제로는 미적 쾌의 감정에 선행한다는 이상한 주장을 펼친다. 대부분의 독자와 주석가는 칸트의 주장에 당혹스러워하면서 의문을 품는데, 이는 우리가 대상을 아름답다고 먼저 판정해야 비로소 그 아름다운 대상이 우리에게 쾌를 준다는 의미이기 때문이다. 상식적으로는 어떤 대상이 우리에게 쾌를 주기 때문에 우리가 그것을 아름답다고 여긴다고 말하는 게 훨씬 자연스러워 보인다.[79] 정말 그럴 수도 있다. 하지만 칸트의 주장은 그가 『판단력비판』에서 사용한 미적 판단력 개념을 따른 것이다. 미적 판단들은 주관적이고, 아름다움은 우리의 인식능력들의 자유로운 유희의 한 기능이기 때문에 미적 쾌는 몇몇 경험주의자가 생각한 것처럼 외재적 대상이 감관에 아로새긴 인상에서 유래할 수 없다. 또 미적 쾌는 바움가르텐과 마이어의 주장과 달리 특수한 종류의 인식의 완전성과 동일시될 수도 없다. 우리가 비록 아름다운 것들에 대해 이야기하고 어떤 대상을 아름답다 여기는 우리의 판단에 다른 사람들이 동의해줄 것을 요구한다고 해도 칸트는 미적 판단이 실제로는 우리의 능력들을 활성화시키고 "자유로운 유희"에 참여하

---

[78] Kant, *Critique of the Power of Judgment*, 76(V:190).
[79] 도널드 크로포드Donald Crawford와 폴 가이어는 칸트의 『판단력비판』에서의 주장들에 대한 이와 같은 종류의 비판들을 발전시킨다. Crawford, *Kant's Aesthetic Theory*, 69-74; Guyer, *Kant and the Claims of Taste*, 88-105를 보라.

게끔 만드는 조건들과 관련된 것이라고 생각한다.

18세기 말에 "미적"이라는 용어가 어떻게 사용되었고, 또 "미학"에 관하여 어떠한 논의들이 이루어졌는지를 조사해보면 그러한 용어와 논의들이 예술, 시, 문학, 비평, 철학에 관한 영국과 프랑스의 논의들에서는 거의 전혀 등장하지 않는다는 사실을 알 수 있다.[80] 이 용어들이 독일 철학 특유의 것이라는 칸트의 말은 옳다. 그러나 그는 1781년 『순수이성비판』의 출간 전후로 그것들이 얼마나 다르게 사용되었는지를 일러주지는 않는다. 몇 년 지나지 않아 라이프니츠-볼프의 철학, 바움가르텐의 미학 개념, 혹은 아름다움은 감성적 인식의 완전성이라는 생각을 옹호하려 하는 철학자들은 대부분 사라졌다. 멘델스존의 미적 합리주의는 우선 요한 하만Johann Hamann의 『미학 개요(Aesthetica in Nuce)』(1760)의 도전에 직면했다. 여기서 하만은 "그림과 기호"에 "정신, 생명, 언어"를 부여해주는 것은 이성이 아니라 정념이라고 주장한다.[81] 뒤이어 멘델스존 미학의 합리주의적 토대는 레싱을 스피노자주의자로, 라이프니츠-볼프 철학을 운명론으로 비난한 프리드리히 하인리히 야코비Friedrich Heinrich Jacobi의 공격을 받았다. 야코비는 이성이 "그 자체로 신앙에서 비롯되어야 하며, 또 오직 신앙에서만 그 힘을 얻어야 한다"는 사실을 멘델스존이 부정했다고 비판했다.[82] 레싱과 헤르더는 여전히 영향력 있는 위치에 머물렀지만 바움가르텐에 대한 그들의 견해는 망각되었다. 레싱은 『라오콘』 출간 이후 예술과 문학을 다룬 유일한 주

---

80   Costelloe, *The British Aesthetic Tradition*, 1-3.
81   Hamann, *Aesthetica in Nuce*, 14.
82   Jacobi, *Main Philosophical Writings*(*Concerning the Doctrine of Spinoza*), 230.

요 작품인 『함부르크 극작법』 그 어디에서도 바움가르텐이나 "미학"을 거론하지 않는다.[83] 예술과 문학에 관한 헤르더의 저술들은 그를 독일 낭만주의에 영감을 주는 원천이자 괴테 시대의 거두로 만들었다. 하지만 그는 셰익스피어에 관한 논문을 출간한 1773년 즈음부터 바움가르텐에게서 멀어졌다. 칸트는 18세기 말 독일 철학에서 미학을 이해하던 방식에 가장 결정적인 영향을 끼친 인물일 것이다. 칸트의 추종자들은 그가 "선험적 감성학"에서 감성과 그것이 우리의 인식에서 차지하는 몫을 논하면서 사용한 용어들을 받아들였다. 미적 판단에 관한 『판단력비판』의 논의 역시 영향력이 막대했다. 하지만 어떤 사람들은 칸트가 아름다움에 대한 경험을 완전히 개인적인 경험으로 전락시켜서 예술 작품에서 객관적 진리를 몰아낸, 미학을 "주관적"으로 전환시킨 장본인이라 비판한다.[84]

예술철학

미학은 18세기 말과 19세기 초에 예술철학과 동일시되면서 또 다른 중대한 변화를 겪는다. 이러한 변화의 뿌리는 칸트의 『판단력비판』에서 발견된다. 그런데 『판단력비판』이 예술을 다루기는 했어도 미학을 예술철학으로 만들지는 않았다. 칸트는 줄곧 미학을 "감

---

[83] 레싱은 『함부르크 극작법』 이후로 예술이나 문학에 관하여 어떠한 주요 작품도 내놓지 않았지만 『에밀리아 갈로티』와 『현자 나탄』과 같은 그의 가장 위대한 극작품 일부는 1770년대에 출간되었다.

[84] Gadamer, *Truth and Method*, 42-101. 이러한 비판에 대한 반론으로는 Makkreel, *Imagination and Interpretation in Kant*, 168-169; Makkreel, *Orientation & Judgment in Hermeneutics*, 35-43을 보라.

성의 모든 아프리오리한 원리에 관한 학문"으로, 미적 판단력을 "사물(이나 그 형식)이 우리의 인식능력들에 대해 갖는 적합성을 (개념과의 일치를 통해서가 아니라 감정을 통해 결정하는 한에서) 취미에서 발견하는" 능력으로 이해했다.[85] 예술에 관한 『판단력비판』에서의 칸트의 논의는 "미적 이념들"을 논한다는 점, 그리고 예술과 천재의 관계를 설명한다는 점에서 주목할 만하지만 그가 첫째, 예술을 자연 및 수공예와 구분하려 한다는 점, 그리고 둘째, 예술이 학문의 주제가 될 수 있음을 거부한다는 점에서 본질적으로 여담에 불과하다. 예술이 학문의 주제가 될 수 없다는 관점은 프리드리히 슐레겔 같은 낭만주의자의 지지를 받았지만 프리드리히 빌헬름 요제프 폰 셸링Friedrich Wilhelm Joseph von Schelling이나 게오르크 빌헬름 프리드리히 헤겔 같은 관념론자들에게는 받아들여지지 않았다.

『비판적 단편』(1797)에서 슐레겔은 "소위 예술철학에는 대개 철학이나 예술, 둘 중 하나가 결여되어 있다"고 주장한다.[86] 이 단편의 아이러니는 슐레겔의 전형적인 특징인데, 그에게 아이러니란 "훌륭하고 동시에 위대한 모든 것"을 담고 있는 "역설의 형식"이었다.[87]

---

[85] Kant, *Critique of Pure Reason*, A21/B35; Kant, *Critique of the Power of Judgment*, 79-80(V:194).

[86] Schlegel, *Philosophical Fragments*, 2(*Critical Fragments*, 12). 낭만주의가 철학, 특히 칸트의 비판철학과 맺는 관계는 학술 문헌들에서 수많은 논쟁의 주제였다. 만프레드 프랑크는 낭만주의자들을 철학의 토대주의에 대해 회의적인 비판가들로 이해한다. 반면 바이저는 이들을 선험적 관념론자들로 본다. 그들의 입장에 대한 더욱 자세한 내용은 Frank, *Philosophical Foundations*, 23-37; Beiser, *German Idealism*, 359-461; Nassar, *The Relevance of Romanticism*, 15-43을 보라. 낭만주의를 아주 통찰력 있게 다루면서 이와 같은 논쟁들을 더욱 자세하게 부연하는 연구로는 Millán-Zaibert, *Friedrich Schlegel*, 1-24; Nassar, *The Romantic Absolute*, 8-14를 보라.

아마도 그는 다른 주제를 다루는 철학적 논의들에서 발견되는 일종의 엄격함이 예술을 다루는 철학적 논의들에는 결여되어 있는 경우가 많다는 사실을 지적하려는 의도였을 것이다. 아니면 예술에 관한 철학자들의 논의를 신뢰할 수 있게 해줄 예술에 관한 이해와 안목이 그들에게 부족하다는 점을 지적하려는 의도였을 수도 있겠다. 레싱은 『라오콘』의 머리말에서 바움가르텐을 슐레겔과 유사한 관점에서 비판했다. 그러나 슐레겔의 단편은 레싱의 비판보다 훨씬 멀리 나아간다. 슐레겔의 단편은 특정 철학자의 저작이 아닌 철학이 예술을 다루는 방식 전반을 비판한다. 슐레겔은 『아테네움 단편』(1798)에서 이와 같은 비판 노선을 미학에까지 확장하며 다음과 같이 쓴다. "미학의 필수적인 형식 절차들은 전례etiquette와 사치로 변질되었다. 가수들의 기교 현란bravura한 아리아와 문헌학자들의 라틴어 산문처럼 기교를 검증하고 시험하는 방식으로서 전례와 사치는 나름의 목적과 가치를 지닌다. 또 그것들은 상당히 수사학적인 느낌을 내기도 한다. 그러나 관건은 항상 무엇인가를 알고 무엇인가를 말하는 것이다. 무엇인가를 증명하기를 바라거나 심지어는 설명하기를 바라는 것조차 대부분의 경우에는 전혀 불필요하다."[88] 미학에서 이루어지는 설명과 증명에 슐레겔이 보이는 경멸적인 태도는 미학이 "자신의 규칙들을 아포스테리오리하게 구해"오고, "더 불완전한 것과 더 완전한 것(아름다움)을 인식하게끔 해주는 경험적 법칙들을 단지 비교를 통해서만 보편적으로 만들 뿐"이기 때문에 결코

---

[87] Schlegel, *Philosophical Fragments*, 6(*Critical Fragments*, 48).
[88] Schlegel, *Philosophical Fragments*, 29(*Critical Fragments*, 82).

"판단력을 충분히 규정"할 수 없다는 칸트의 주장과는 구분되어야 한다.[89] 슐레겔은 취미의 문제를 철학적으로 설명하거나 논리적으로 증명할 가능성을 논박하는 데서 그치지 않는다. 그는 예술에 관한 논의들에서 설명과 증명이 필요하다거나 심지어 바람직하다고 여기는 입장을 받아들이지 않으며, 철학적 미학이 예술을 논하는 맥락에 적절하지 않다고 생각했다. 『관념들』(1800)에서 슐레겔은 다음과 같이 천명한다. "헛되게도 당신은 인류의 조화로운 충만함, 즉 문화의 시작과 끝을 소위 미학을 통해 탐색하려 든다."[90] 그의 단편들에서 그는 예술을 이해하기 위한 대안적 모델로 문법, 문헌학, 비평, 역사학을 강조한다. 이러한 관심은 단편들에서 문법을 "실용적 학문"으로, 문헌학을 "고전적으로 살면서 그 자신 안에서 고대를 실제로 구현하는" 방식으로, 비평을 "수많은 철학자가 헛되이 추구한 도덕적 수학과 예의 규범학을 대신할 유일한 것"으로, 역사학을 "실제로 필요한 모든 것의 구현"으로 칭송하는 것으로 표현된다.[91] 『시에 관한 대화』(1799)에서 슐레겔은 예술을 "시학적"으로 설명하려는 철학적 이론들 역시 거부한다. 그는 이렇게 쓴다. "시를 짓고, 창작하고, 만들고, 그리고 거기에 가혹한 법칙들을 부과하는 일에 비하면 시학 이론(*Theorie der Dichtkunst*)이 할 법한 일, 즉 시를 합리적 화술과 학설(*vernünftige Reden und Lehren*)로 보존하고 전하는 일은 그 누구에게도 필요치 않다. … 시에 관해서는 시를 갖고서만 진정 말할 수 있을 뿐이다."[92]

89 Kant, *Lectures on Logic*, 530(IX:15).
90 Schlegel, *Philosophical Fragments*, 100(*Ideas*, 72).
91 Schlegel, *Philosophical Fragments*, 29, 37(*Athenaeum Fragments*, 89, 90, 92, 147).

독일 관념론자들은 미학의 철학적 전망에 좀 더 낙관적이었다. 『독일 관념론의 가장 오래된 체계 구상』[이하『체계 구상』](1797)에서 헤겔, 횔덜린, 셸링은 "정신철학은 미학적 철학이다"라고 천명한다.[93] 이러한 주장을 정당화하면서 이들은 자신들의 관념론에 영감을 준 칸트나 라인홀트나 피히테Fichte를 언급하지 않는다. 그 대신에 이들은 플라톤의 아름다움의 이데아와 초월적인 것들에 대한 중세의 교설을 언급한다. 전자는 아름다움을 "절대적이고, 순수하고, 순일하며, 인간의 육신이나 피부색이나 죽을 수밖에 없는 운명에서 비롯되는 여타의 거대한 무의미로 오염되지 않은" 그 무엇으로 만든다.[94] 후자는 통일성, 진리, 선함, 아름다움이 존재와 동연적同延的 coextensive이라고 주장한다. 『체계 구상』의 저자들이 "모든 관념을 망라함으로써 이루어지는 이성의 최고 활동은 미적 활동이고 진리와 선함은 아름다움 안에서 형제일 뿐이다"라고 주장할 때 이들은 위의 두 교설을 변용하고 있는 것이다.[95] 플라톤의 『국가』에서 진리와 아름다움의 형상을 포함한 모든 다른 형상을 비추어주는 것은 선의 형상이다.[96] 초월적인 것들에 대한 교설에서는 통일성, 진리, 선함, 아름다움이 동일한 외연을 지닌다는 의미에서 서로 같은 것으로 간주된다. 즉 존재하는 모든 것은 하나이고, 참되고, 선한데, 이는 만물이 신에게서 나오고 그의 섭리에 지배되기 때문이라는 것이다.[97]

[92] Schlegel, *A Dialogue on Poesy*, 181.
[93] Hegel, Hölderlin, Schelling, *Oldest System Program of German Idealism*, 186.
[94] Plato, *Symposium*, 211e.
[95] Hegel, Hölderlin, Schelling, *Oldest System Program of German Idealism*, 186.
[96] Plato, *Republic*, 508b-c.
[97] Thomas Aquinas, *De Veritate*, I.1; Aquinas, *Summa Theologica*, I-II.27.1.

아퀴나스는 『진리에 관하여 논박된 물음들』(1256-1259)에서 초월적인 것들의 목록에 아름다움을 포함시키지는 않지만 『신학대전』(1265-1273)에서 "아름다운 것은 선한 것과 동일하며, 양자는 단지 양상의 측면에서만 상이할 뿐이다"라고 말한다. 이러한 언급은 아퀴나스가 아름다움을 초월적인 것들 중 하나로 간주했을 가능성을 암시한다. 하지만 그가 아름다움이, 오로지 아름다움만이 진리와 선함을 통일한다는 생각을 받아들이지 않았을 것이라는 데는 의심의 여지가 없다.[98] 독일 관념론자들은 『체계 구상』에서 이 같은 주장을 지지함으로써 형이상학에 대해 꽤 과격한 함의를 지니는 미학의 독특한 관점에 천착한다. 만일 진리와 선함이 아름다움에서 통일될 따름이라면 아름답지 않은 진리는 선할 수 없다. 이와 마찬가지로 만일 선이 아름답지 않다면 그러한 선의 선함은 참일 수 없을 것이므로 아름답지 않은 선함은 진정 선할 수 없다. 『체계 구상』은 미학이나 아름다움에 관한 주장이 상세하게 전개되기에는 분량이 지나치게 적다. 그래서 이 관념론자들이 이러한 함의를 받아들였는지는 불분명하다. 그러나 언뜻 납득이 잘 되지 않는 입장들을 아우르려는 그들의 철학적 야심과 의욕으로 미루어 보건대, 내가 생각하기에 이것은 그들이 자신들의 관념론을 미학적 철학이라고 불렀을 때 염두에 둔 그 함의가 맞다. 만일 그들이 이러한 함의를 받아들이지 못하는 철학자들을 "미학적 능력"이 부족하고, "관념들을 이해하는 데" 실패했으며, "무엇인가가 일람표와 명단을 벗어나기라도 하

---

98 이러한 견해는 Eco, *The Aesthetics of Thomas Aquinas*, 20-48; Gilson, *Elements of Christian Philosophy*, 159-163, Maritain, *Art and Scholasticism*, 27-41에서 옹호된다. 그것은 Aertsen, "Beauty in the Middle Ages", 68-97에서 반박된다.

면 더는" 사유를 하지 못하는 사람들로 치부한다고 해도 놀라운 일이 아닐 것이다.[99]

셸링은 19세기 초에 예술철학을 증진시키는 데 아마 그 어떤 관념론자보다도 더 많은 역할을 했을 것이다. 『선험적 관념론 체계』(1800)에서 그는 예술철학을 "철학의 보편적 기관organon"이자 "철학의 전체 홍예arch의 이맛돌"이라 부른다.[100] 예술은 의식과 비非의식을 "의식 자체에서" 통일하는 유일한 활동인 "미적 활동"의 산물이다.[101] 이와 같은 주장은 뜻하는 바가 불분명하지만 셸링이 선험적 관념론을 "나"라는 주관의 자기의식과 더불어 시작되는 자연 세계에 대한 철학적 설명으로 여긴다는 점을 상기하는 데는 도움이 된다.[102] 자연철학(*Naturphilosophie*)은 철학에 접근하는 대안적이고 보완적인 방법으로, 지성이 객관적 자연에서 어떻게 출현하는지를 설명해준다.[103] 미적 활동이 의식 자체에서 의식과 비의식을 통일한다는 셸링의 말은 예술 작품이 (주관적) 자기의식과 (객관적) 자연의 일치가 이루어지는 지점이라는 의미이다. 자기의식과 자연의 일치가 "의식 자체에서" 이루어지는 까닭은 예술가가 양자의 지성뿐만 아니라 본성까지 작품에서 의식적이고 의도적으로 표현하기 때문이다. 『선험적 관념론 체계』의 끝부분인 「예술-산물 그 자체에 대한 연역」에서 셸링은 예술 작품에서 이루어지는 자연과 지성의 통

---

99 Hegel, Hölderlin, Schelling, *Oldest System Program of German Idealism*, 186.
100 Schelling, *System of Transcendental Idealism*, 12(§3).
101 Schelling, *System of Transcendental Idealism*, 12(§3).
102 Schelling, *System of Transcendental Idealism*, 5-7(§2).
103 Schelling, *System of Transcendental Idealism*, 5-7(§2).

일의 특징이 천재성과 자유의 결합이라고 말한다. 천재성은 예술가 그 자신의 본성에서 생겨나는 "까마득한 미지의 힘"인 반면에 자유는 직접 주어지지 않은 무엇인가를 창조해내는 예술가의 지적 능력이다.[104] 이 같은 상반된 원리들이 예술에서 드러나며 예술 작품은 그것들이 서로 일치하는 경우에만 성립될 수 있기에 셸링은 예술이 "철학의 유일하게 참되고 영원한 기관이자 증서"라는 결론에 이른다.[105] 이어서 그는 이렇게 주장한다. "예술은 철학자에게 그 어떤 것보다도 중요하다. 왜냐하면 자연과 역사 속에서 이리저리 흩어지고 사유와 마찬가지로 삶과 행위에서 영영 산산조각이 나야 하는 것들이 영원하고 원초적인 통일성 가운데서 마치 단일한 불꽃 속에 있는 양 타오르는 장소를, 말하자면 지극히 성스러운 곳the holy of holies을 예술이 철학자에게 개방해주기 때문이다."[106] 셸링은 예나(1802-1803)와 뷔르츠부르크(1804)에서 한 예술철학 강의에서 이러한 생각들을 더 발전시킨다. 강의 안내문에서 그는 청중들에게 자신이 가르치는 "예술학"을 "미학이나 예술 이론 및 학문 같은 다른 명칭으로 불린 이전의 모든 것"과 구분해달라고 요청한다.[107] 셸링은 바움가르텐의 미학이 "볼프 철학의 후손"이며, "얄팍한 통속성과 철학적 경험주의가 지배했던" 시대를 반영하고 있다는 이유를 들어 그것을 지독하리만큼 거부한다.[108] 그러한 시대에 "예술과 학문에

---

104 Schelling, *System of Transcendental Idealism*, 219-224(§1).
105 Schelling, *System of Transcendental Idealism*, 231(§3).
106 Schelling, *System of Transcendental Idealism*, 231(§3).
107 Schelling, *Philosophy of Art*, 11.
108 Schelling, *Philosophy of Art*, 11.

관한 다양한 이론이, 다시 말해 영국인과 프랑스인의 심리학적 원리들에 토대를 두고 있는 이론들이 제창되었다." 셸링은 이러한 이론들에 반대했는데, 그것들이 "아름다움을 경험심리학을 사용해 설명하려 했으며, 예술의 기적을 유령 이야기와 여타 미신을 다루는 것과 매한가지의 방식으로, 그러니까 둘러대는 방식으로 다루기 일쑤였기 때문이다."109 셸링이 볼프의 철학을 경험주의로 여기거나 심리학적 원리들에 기초를 두고 있는 것으로 생각하지는 않았겠지만, 미학의 토대를 경험심리학에 두는 것에 대한 반대와 예술을 이성적으로 설명하는 것에 대한 반감은 바움가르텐과 마이어에 대한 비판으로까지 충분히 확대될 수 있었다.110 예술이 "기적"이라는 그의 주장에는 또한 『선험적 관념론 체계』에서 볼 수 있는 것보다 더욱 극단적인 관점이 반영되어 있는데, 강의에서 그는 "예술 그 자체와 예술 일반의 구성"을 설명하면서 예술이 자연과 지성, 천재성, 그리고 자유의 통일성을 반영한다는 자신의 기존 주장을 넘어선다. 이제 그는 신이 "모든 예술의 직접적인 원인"이라고 천명한다. 예술이 표상하는 관념들은 "오직 신에게서만 유래"하며, 실제로 "영원한 아름다움 가운데에 거하는 신 안에서 만들어졌기" 때문이다.111 그러므로 예술은 신이 이 세상에 그 자신을 드러내는 방식으로, 즉 무한한 것과 관념적인 것이 유한한 것과 실제적인 것을 통해 나타나

---

109 Schelling, *Philosophy of Art*, 12.
110 셸링은 근대 철학사 강의에서 그가 생각하기에 볼프는 라이프니츠를 추종한 합리주의자이며, 영국 경험주의와 프랑스 물리 신학의 지지자가 아니라고 분명히 밝히고 있다. Schelling, *On the History of Modern Philosophy*, 84-93을 보라.
111 Schelling, *Philosophy of Art*, 32(§§23-24).

는 일종의 강생降生incarnation으로 간주되어야 한다.¹¹²

헤겔은 하이델베르크(1818)와 베를린(1920-1821, 1823, 1826, 1828-1829)에서 한 미학 강의에서 예술철학을 확실한 토대 위에 놓기 위해 노력했다. 1823년 강의의 필사본에 따르면 헤겔은 예술이 상상력의 자유로운 유희에서 발생하므로 학문 탐구에 속할 수 없다는 주장을 받아들이지 않는다.¹¹³ 또 그는 예술이 "가상假象이나 외관"에 관련되기 때문에 "속임수에 지나지 않는다"라는 주장도 인정하지 않는다.¹¹⁴ 헤겔은 예술이 종교 및 철학과 더불어 "사유를 표현하는" 능력을 공유하기 때문에 그저 상상력에만 관계되는 것이 아니라고 주장한다.¹¹⁵ "사유(Gedancke)"는 공상적이거나 우연한 무언가가 아니다. 또 흔히 오해되듯이 사견opinion이나 사변speculation과 혼동되어서도 안 된다.¹¹⁶ "사유"는 "의식에 신성한 것을, 즉 정신의 최상

---

112 이러한 구절들을 다룬 탁월한 해설은 Shaw, *Freedom and Nature in Schelling's Philosophy of Art*, 99-111을 보라.

113 헤겔은 예술을 "자유로운 상상의 대상"으로 보는 관점을 맹렬하게 비판하며, 이러한 비판은 『판단력비판』에서 예술을 "상상력"의 "유희"와 창조성의 산물로 만든 칸트를 겨냥한 것일 가능성이 높다. Hegel, *Lectures on the Philosophy of Art*, 182; Kant *Critique of the Power of Judgment*, 183, 192-193(V:304, 314-315)을 보라.

114 Hegel, *Lectures on the Philosophy of Art*, 182.

115 Hegel, *Lectures on the Philosophy of Art*, 182.

116 사유는 "사변"과 혼동되어서는 안 되지만 만일 사변이 "한낱 추측mere conjecture"으로 이해된다면 헤겔의 철학이 사변적이라는 데는 중요한 의미가 있다. 『피히테와 셸링의 철학 체계의 차이』(1801)에서 헤겔은 사변을 "그 자신에게로 정향된 하나의 보편적 이성의 작용"으로 정의한다. 이러한 정의는 자기 인식이나 자기의식을 다루는 모든 철학이 필연적으로 사변적일 수밖에 없다는 사실을 암시한다. Hegel, *The Difference between Fichte's and Schelling's System of Philosophy*, xvi-xxiv, 88을 보라.

의 요구를 가져다주는" 한 방식이다.**117** 헤겔은 예술이 의식에 신성한 것을 가져다주는 "최고의 방식"이라고 생각하지는 않는다. 실제로 그는 예술이 "그리스도교의 관념을 최고 수준에서" 표현하기에는 부적합하며, 바로 그것이 우리가 "더는 예술 작품에 기도하지 않는" 까닭이라고 생각한다.**118** 한편 그는 오직 철학만이 자신의 "절대지"를 통해 신성한 것을 "절대정신"으로 파악할 수 있다는 견해에 천착한다.**119** 하지만 그럼에도 그는 예술이 "그 자체로 더 높은 것을 감각적 방식으로 묘사하는, 그리하여 그것을 감각에 와닿는 자연에 더 가까이 데려오는 독특한 방법"을 가지고 있기 때문에 "철학의 전체 계열에 필수적인 구성 요소"로 간주되어야 한다고 생각한다.**120** 예술이 신성한 것을 잘못 표상하고, 그것의 본성을 우리에게 거짓되게 알려준다는 반론은 예술이 초감성적인 것(사유, 신성한 것)을 감각에 와닿는 형식(예술 작품)으로 표상한다는 생각에서 기인한다. 이러한 반론에 대해 헤겔은 독일어 단어 "아름다움(*das Schöne*)"과 "가상(*der Schein*)"의 어원적 관계를 따지면서 "아름다움은 자신의 이름을 가상에서 얻었다"라는 사실을 학생들에게 상기시킨다.**121** 그는 1823년 강의 필사본에서는 이러한 주장을 더 정교화하지 않지만, 강의록 출간본에서는 예술 작품에서 이루어지는 초감성적인 것의 감성적 표상을 다음과 같이 옹호한다. "하지만 가상은 본질에 본

---

117 Hegel, *Lectures on the Philosophy of Art*, 182.
118 Hegel, *Lectures on the Philosophy of Art*, 182.
119 Hegel, *Phenomenology of Spirit*, §§788-808.
120 Hegel, *Lectures on the Philosophy of Art*, 183, 187.
121 Hegel, *Lectures on the Philosophy of Art*, 182. Hegel, *Hegel's Aesthetics: Lectures on Fine Art*, I:4도 보라.

질적이다. 진리가 그 자신을 내보이지도 않고 가상에서 드러나지도 않는다면, 또 진리가 정신 일반뿐만 아니라 어떤 이에게도, 그 자신에게도 진리가 아니라면 그것은 진리일 수 없을 것이다."**122** 이러한 설명이 헤겔 자신의 것인지 아니면 그의 제자이자 편집자였던 호토H. G. Hotho가 덧붙인 것인지는 분명하지 않지만 여기에는 예술의 철학적 중요성에 대한 헤겔의 관점이 매우 간명하게 요약되어 있다.**123** 예술은 종교나 철학을 통해서는 정신의 진리 — 신성한 것 — 를 아직 파악하지 못한 사람들에게 진리를 드러내준다. 그 감성적 형식은 시간의 흐름에 따라 변화한다. 즉 지적이거나 정신적인 의미를 자신 안에서 "구현"하려는 상징 예술을 거쳐, 작품의 형식과 내용에서 보편자와 특수자의 균형을 맞추려는 고전 예술로 옮겨 간다. 그리고 결국에는 자기 자신을 넘어 감성적 표상의 아름다움 저편에 놓여 있는 진리를 가리키는 낭만 예술에 이른다.**124** 헤겔은 고대 인도와 이집트의 예술을 상징 예술의 예시로 들고, 그리스의 비

---

122 Hegel, *Hegel's Aesthetics: Lectures on Fine Art*, I:8.
123 헤겔의 강의록 현대 판본들은 그의 제자였던 호토가 1835년에 출간한 초판과 1842년의 개정판에 근거를 두고 있다. 호토는 자신이 헤겔의 강의록 노트에 충실했다고 주장하지만, 텍스트 곳곳에는 호토 자신의 견해가 삽입되어 있다. 이러한 삽입을 다룬 논의는 Hegel, *Lectures on the Philosophy of Art*, 69-86을 보라. 아네마리 게트만-지페르트Annemarie Gethmann-Siefert가 편집하고 로버트 브라운Robert F. Brown이 영어로 번역한 1823년 강의와 『철학적 학문들의 백과 개요[Enzyklopädie der philosophischen Wissenschaften im Grundrisse]』(특히 §§556-563 정신철학)에 등장하는 예술철학 관련 논의들을 비교해보면 — 비록 헤겔 자신이 직접 쓴 것은 아니지만 — 이 구절이 철학 자체 내에서 예술철학이 점유하는 위치에 대한 이해와 일치하는, 예술철학에 대한 헤겔의 생각을 반영한다는 사실이 드러난다.
124 Hegel, *Lectures on the Philosophy of Art*, 282, 311, 333; Hegel, *Hegel's Aesthetics: Lectures on Fine Art*, I:312-313, 427-431, 517-518.

극과 조각을 고전 예술의 미점으로 설명하며, 낭만 예술을 밝히는 데서는 초대 교회의 성상 연구에서 네덜란드의 개신교 화가들에 이르는 그리스도교 예술을 끌어들이지만 그는 철학의 차원에서 예술사를 재편하려 들지는 않는다.[125] 그 대신에 그는 예술이 표현하는 사유에서 무엇이 본질적인지를 우리가 이해할 수 있도록 각 예술 형식에서 무엇이 정신의 드러남[가상]에 본질적인지를 보여주려 한다. 예술철학에 접근하는 이러한 방식의 한 가지 흥미로운 특징은 예술철학을 조건부로 필요한 것으로 본다는 데 있다. 헤겔은 예술이 표현하는 사유가 필수적이며, 때로는 예술을 통해 그러한 사유를 표현할 필요가 있다고 주장한다. 하지만 그는 사유가 항상 예술을 통해 표현될 필요는 없다는 점도 인정한다. 동일한 사유가 종교나 철학을 통해 더욱 적절하게 표현될 수 있을 때 ─ 헤겔은 그러한 일이 근대에 가능하다고 생각한다 ─ "예술은, 그것의 최고 소명을 고려해보자면, 우리에게 과거의 것이며, 또 과거의 것으로 머무른다."[126]

헤겔이 호토가 편집한 자신의 강의록 첫머리에 붙은 제목이 부

---

[125] 헤겔은 수많은 예술철학자보다 예술사art history가 예술에 더 많이 기여했다고 여기는 것처럼 보인다. 예술사에 관한 그의 언급들은 Hegel, *Hegel's Aesthetics: Lectures on Fine Art*, I:21을 보라. Gombrich, "Hegel und die Kunstgeschichte", 202-219도 보라.

[126] Hegel, *Hegel's Aesthetics: Lectures on Fine Art*, I:11. 이 주장의 의미는 학술 문헌들에서 격렬한 논쟁 주제가 되었다. Danto, *After the End of Art*, 30-33; Danto, "The End of Art", 127-143; Donougho, "Art and History", 179-215; Harries, "Hegel and the Future of Art", 677-696; Henrich, "Art and Philosophy of Art Today", 107-133; Houlgate, "Hegel and the 'End' of Art", 1-21을 보라. Hegel, *Lectures on the Philosophy of Art*, 13-17에 수록된 헤겔의 1823년 강의록에 대한 게트만-지페르트의 서문에 담긴 매우 유용한 논의도 보라.

적절하다고 불평했다는 사실은 주목할 만하다. 강의의 주된 소재가 "아름다움의 광대한 영역", 더 정확하게는 "예술, 아니면 차라리 아름다운 기술"이므로 헤겔은 자신의 강의가 "예술철학"이나 "더 명확하게는 아름다운 기술에 관한 철학"으로 불려야 실로 마땅하다고 말한다.[127] 그는 미학이 "감각, 즉 감정을 다루는 학문"이라는 이유를 들어 자신의 강의가 "미학"이라는 이름으로 불리는 것을 못마땅해했다.[128] 헤겔은 미학이 "독일에서 예술 작품들이 그것들이 창출해낸다고 상정되었던 감정들, 이를테면 쾌, 경탄, 공포, 연민 등과 관련하여 다루어지던 시기에 볼프 학파에서" 생겨났다는 사실을 염두에 두라고 학생들에게 말한다.[129] 헤겔의 이러한 이해는 바움가르텐의 미학의 성격을 심각하게 왜곡시킨다. 또 칸트가 바움가르텐의 용어를 전용하여 재탄생시킨 "미학"의 새로운 의미도 전혀 반영하고 있지 않다. 하지만 이는 헤겔이 미학에 대한 앞선 시대의 이해와 자신이 강의에서 발전시킨 예술철학의 차이를 의식하고 있었다는 사실을 보여준다. 헤겔은 바움가르텐이 독일 철학에 도입한 [미학이라는] 용어를 제목으로 채택할 수밖에 없다고 느꼈다. 왜냐하면 바움가르텐이 『시에 관한 성찰』(1735)에서 새로운 학문으로 공표한 것[미학]과 [헤겔 자신의] 『미학 강의』(1835/1842)의 사후 출판을 분리하기에는 그 용어가 백 년 동안 이미 "흔한 말로 굳어져버렸기" 때문이다. 명칭은 사소한 문제이기 때문에 헤겔과 호토는 헤겔 강의의 주된 소재가 완전히 다르다고 주장하면서도 제목을 그냥 그대로 두었다.

---

[127] Hegel, *Hegel's Aesthetics: Lectures on Fine Art*, I:1.
[128] Hegel, *Hegel's Aesthetics: Lectures on Fine Art*, I:1.
[129] Hegel, *Hegel's Aesthetics: Lectures on Fine Art*, I:1.

복잡성 등

 미학의 주제를 둘러싼 논쟁은 19세기와 20세기에 계속되었다. 이 논쟁에 참여한 이들 중에는 미학이 특별한 부류의 대상들을 다룬다고 생각한 철학자들도 있었다.[130] 이 철학자들 중 상당수는 예술 작품을 미학이 다루는 대상의 전형적인 사례로 여기지만 다른 몇몇 철학자는 인공물과 자연현상도 미학의 대상으로 고려한다.[131] 또 다른 이들은 미학의 이해 영역에 들어가는 것이 특별한 부류의 대상들이라기보다 특별한 속성들의 집합이라고 주장한다.[132] 그들의 주장에 따르면 대상들은 저마다 지닌 속성들을 통해 서로 구별되므로 어떤 대상이 미적 대상이려면 그 대상은 미적 속성들을 지녀야만 한다. 그 속성들로는 통일성이나 조화 같은 형식적 속성, 사실주의나 추상주의 같은 묘사적 성질, 즐거움이나 우울감 같은 표현적 성질, 혹은 그것들을 인지하는 사람의 마음을 움직이는 정념적 성질이 있을 수 있다.[133] 어떤 철학자들은 모든 미적 대상이 미적 속성

---

[130] 미학의 대상을 다룬 연구는 Beardsley, *Aesthetics*, 15-74; Wollheim, *Art and Its Objects*, 1-157을 보라. 예술의 존재론에 관한, 어떤 종류의 대상이 예술 작품인지를 규정하려는 시도들에 관한 논쟁을 개괄할 수 있는 아주 유용한 문헌으로는 Thomasson, "Debates about the Ontology of Art", 245-255를 보라.

[131] 미학을 예술과 자연 너머로 확장해서 이해해야 한다는 설득력 있는 주장으로는 Irvin, "The Pervasiveness of the Aesthetic in Ordinary Experience", 29-44를 보라.

[132] 미적 속성들에 관해서는 Sibley, "Aesthetic Concepts", 421-450; Walton, "Categories of Art", 334-367; Levinson, "What Are Aesthetic Properties?", 197-227을 보라.

[133] 미적 속성들의 종류를 다룬 유용한 연구로는 De Clercq, "The Structure of Aesthetic Properties", 894-909; Schellekens, "Aesthetic Properties", 86-87을 보라.

의 전형으로 여겨지는 단일한 속성, 즉 아름다움을 공유한다고 주장하지만 아름다움은 대상이 소유하고 있는 속성보다 그 대상이 체험되는 방식에 더 관련되는 것일 수 있다. 미학이 특별한 부류의 대상들이나 특별한 종류의 속성들보다 특별한 종류의 체험을 다룬다고 주장하는 사람들은 후자의 관점을 옹호한다.134 미적 체험에 관한 이론들은 미적 대상들이나 속성들에 관한 설명들과 다소 다르다. 무릇 미적 체험은 객관적이라기보다 주관적이거나 상호 주관적이기 때문이다. 하지만 그렇다고 해서 이 이론들이 미학적 상대주의나 회의주의에 굴복하는 것은 아니다. 이 이론을 지지하는 사람들은 실제로 미적 체험이 다른 종류의 체험들과 구분되는 독특한 현상학을 지닌다고 생각하는 경향이 있다.135 다른 철학자들은 미적 체험이 사실은 특수한 태도나 제도적 체제의 산물에 불과한 것이 아닐까 의구심을 품는다. 미적 태도론을 열성적으로 지지하는 사람들은 미적 체험이 대상과 특정한 방식으로 관계 맺는 주관의 기질에서 비롯되는 것이라고 주장하는 반면에 미적 제도론을 옹호하

---

134 미적 체험에 관해서는 Urmson, "What makes a Situation Aesthetic?" 75-92; Beardsley, "The Aesthetic Point of View", 10-28; Carroll, "Art and the Domain of the Aesthetic", 191-208; Carroll, "Aesthetic Experience Revisited", 145-168; Carroll, "Recent Approaches to Aesthetic Experience", 165-177; Shusterman and Tomlin, *Aesthetic Experience*, 2008에 수록된 논문들을 보라. 가이어도 Guyer, *A History of Modern Aesthetics*, vol. 1, *The Eighteenth Century*, 5-7에서 미적 체험이 미학의 중심이라는 견해를 옹호한다.

135 미적 체험에 관한 이와 같은 이해의 칸트적 기원 및 미적 체험 관련 논쟁들에 관한 유용한 개괄로는 Matravers, "Aesthetic Experience", 74-83을 보라. 미적 체험의 현상학에 관해서는 Dufrenne, *The Phenomenology of Aesthetic Experience*, esp. xlv-lxvii을 보라.

는 사람들은 미적 대상, 속성, 체험, 태도를 미술관, 박물관, 전시회 등과 같은 사회제도에서 구현되는 일련의 사회적 실천과 연계시킨다.136 미학의 주제를 둘러싸고 끊임없이 갑론을박하면서 논의를 계속 확장시키는 이 같은 입장들은 무한히 열거될 수 있을 것이다.

내가 보기에 이러한 논쟁들은 "복잡성 등embarrassed etc."을 인정하는 경우에만 종결될 수 있다. 복잡성 등의 개념은 주디스 버틀러가 『젠더 트러블』(1990)에서 당면 주제의 정체성을 적절하게 규정하는 문제를 해결하고자 도입하였다.137 버틀러는 우리가 사람들의 정체성을 규정할 때 인종, 국적, 계층, 성, 성적 지향성, 능력 등을 자주 열거하곤 한다고 언급한다. 우리는 이러한 열거 목록이 길면 길수록 누군가의 정체성을 더욱 정확하게 규정했다고 생각한다. 하지만 열거가 무한하게 계속될 수는 없다. 그래서 우리는 대개 "등etc."이라는 말로 열거를 끝낸다. 등은 목록이 암묵적으로 계속 이어진다는 뜻이다. 그러나 이는 한편으로는 우리가 여태까지 열거하면서 서술한 것들이 불완전하고 부적합하다는 사실을 인정하는 셈이기

---

136 미적 태도론을 다룬 연구로는 Bullough, "Physical Distance", 87-118; Stolnitz, "On the Origins of Aesthetic Disinterestedness", 131-143; Stolnitz, "The Aesthetic Attitude", 409-422를 보라. 미적 태도론에 대해서는 Dickie, "The Myth of the Aesthetic Attitude", 56-65에서 조지 디키가 한 비판이 유명하다. 미적 태도론은 Kemp, "The Aesthetic Attitude", 392-399에서 옹호되었다. 미적 태도론을 둘러싼 논쟁을 개괄할 수 있는 유용한 문헌으로는 Fenner, *The Aesthetic Attitude*, 1996을 보라. 미적 제도론 및 예술 제도론은 Danto, "The Artworld", 571-584; Dickie, *Art and Aesthetic*, 1974; Dickie, *The Art Circle*, 1984; Dickie, "The New Institutional Theory of Art", 85-97에서 전개된다. David Graves, "The Institutional Theory of Art", 51-67에서 그레이브스는 미적 제도론에 관한 논의들을 검토한다.

137 Butler, *Gender Trouble*, 182-183.

도 하다. 현실의 사람들은 복합적 존재이고, 그들이 처한 조건은 저마다 다양하다는 사실을 고려해보면 라이프니츠가 실질적 정의에서 추구했던, 그리고 러셀이 한정적 기술definite description과 연동시켰던 종류의 완결성에 도달하는 일은 아마도 불가능할 것이다.[138] 만일 우리가 사용하고 있는 정의와 기술이 불완전할 수밖에 없다면 등이라는 말로 서술의 열거 목록을 종결하는 일은 필요할 뿐만 아니라 적절하다. 하지만 이는 우리를 당혹스럽게 만들기도 한다. 왜냐하면 결국 이는 철학자들이 자신들이 이야기하고 있는 것을 실제로 말할 능력이 없다는 사실을 의미하기 때문이다. 특히 미학의 경우에 이는 당혹감을 불러일으키는데, 철학이 자신의 일부분인 미학의 주제와 위상을 규정할 수 없다는 사실을 암시하기 때문이다. 미학이 오늘날 전문 철학에서 상대적으로 주변부에 위치해 있긴 하지만 철학자들이 비교적 간단한 물음 — "미학이란 무엇인가?" — 에 답하려고 할 때 그들이 마주하는 난점들은 그들이 사용하는 방법, 그들이 제시하는 논증의 힘, 그들이 도달한 결론의 확실성에 대해 심각한 의문들을 불러일으킨다. 만일 철학자들이 논리학, 형이상학, 인식론, 윤리학, 정치철학에 관한 물음에 답하려 할 때 이와 유사한 난점들에 직면한다면 — 만일 철학자들이 이러한 난점들에 아직 직면하지 않았다면 앞으로 직면하게 될 것이다 — 우리는 철학이 과연 소크라테스가 알키비아데스Alcibiades에게 권했던 것과 같은 종

---

138 Leibniz, *Philosophical Essays*(*Discourse on Metaphysics*), 41(§8); Russell, *The Problems of Philosophy*, 82-91을 보라. 한정적 기술에 관한 러셀의 견해의 발전적인 전개는 Russell, "On Denoting", 479-493을 보라. 여기서 러셀은 "프랑스의 현재 국왕" 같은 문제 사례들을 제시한다.

류의 자기 인식에 도달했는지 의구심을 품을 수도 있다.[139]

 나는 철학에 대한 좀 더 다원주의적인 접근법과 철학사에 대한 더욱 면밀한 평가가 미학을 이와 같은 곤경에서 벗어나게 해주는 데 도움이 될 것이라고 제안하고 싶다. 미학의 정체성이나 본질을 규정하려면 미학과 관련하여 어떤 주제들이 상정되는지 살펴보기보다 차라리 미학의 비교적 짧은 역사 동안 미학의 맥락에서 논의되어온 주제가 정말 다양하다는 사실을 이해하는 편이 더 나을 것이다. 다원주의자들은 그 모든 주제를 한데 묶어주는 자연스럽거나 필연적인 무엇인가가 있든 없든 그 주제들이 미학에 포함될 수 있다는 사실을 인정하는 데 만족할 것이다. 다원주의는 미학을 상이하고 다양한 주제를 다루는 철학의 복합적이고도 다면적인 한 분야로 볼 수 있게 만들어준다. 그리고 심지어 우리가 감성적 인식, 직관의 순수한 형식들, 쾌와 고통의 감정, 예술 작품이라는 것이 과연 무엇인지, 그리고 특별한 부류의 대상들, 속성들, 체험들, 태도들, 제도들은 서로 어떠한 연관성을 지니는지, 그것들은 미학에, 그리고 철학의 다른 분야들과 다른 학문들에서의 논의들에 어떻게 관련되는지를 묻더라도 다원주의자들은 언제나 이러한 물음들이 역사적으로 서로 연관된다는 식으로 답할 수 있을 것이다. 우리는 미학사를 연구함으로써 그리고 이 같은 상이한 주제들이 어떠한 방식으로

---

[139] Plato, *Alcibiades*, 124b, 129a-135e. 수학 분야에서 벌어진 근래의 논쟁들과 형이상학의 대두는 윤리학과 형이상학이 분과 학문의 이러한 종류의 자기 인식을 향해 훌륭한 진전을 보이고 있다는 사실을 보여준다. 이를테면 Horgan and Timmons, *Metaethics after Moore*, 2006; Chalmers, Manley and Wasserman, *Metametaphysics*, 2009를 보라.

철학과 철학의 한 분야인 미학에 포함되었는지를 연구함으로써 우리가 미처 예상하지 못했던 이 주제들의 개념적 관계를 밝혀낼 수도 있을 것이다.[140] 철학자들이 이러한 주제들을 미학이라는 분야에서 논하고, 그중 일부는 다른 주제들보다 우선해야 한다고 주장한 까닭이 무엇인지는 분명 생각해볼 만한 가치가 있다. 그리고 생각해볼 만한 가치가 있는 것은 무엇이든지 철학적으로 생각해볼 가치가 있다.

[140] 내가 이 책의 앞선 장들에서 근대 초기의 미학을 고대와 근대, 예술, 비평 그리고 취미에 관한 17-18세기의 논의들과 구분해야 한다고 주장하긴 했지만, 그러한 주장을 펼친 까닭은 오로지 역사적 이유 때문이다. 나의 목표는 근대 초기의 미학에 대한 시점 착오적 접근법을 피하는 데 있었다. 이 주제들은 미학이 처음 도입되었을 당시의 주제들과 동일한 맥락과 방법에서 다루어질 수 없다. 그래서 나는 바움가르텐, 칸트, 헤겔 등이 생각한 미학과 그들이 미학으로 여기지 않았던 것을 구분하는 게 유용하리라고 생각했다. 18세기부터 지금까지 확장되어온 미학의 전체 역사는 이 모든 주제가 미학과 어떻게 연관될 수 있는지를 설명해줄 수 있을 것이다. 나는 그러한 발전에 역사적이고 철학적인 이유가 있을 것이라고 믿어 의심치 않는다.

제5장
오늘날의 근대 미학

 지금까지 우리는 고대인과 근대인, 예술, 취미 비판 등을 둘러싸고 벌어졌던 근대 초기의 논쟁들뿐만 아니라 18세기와 19세기 초의 미학의 출현과 변천을 살펴보았다. 이제 나는 이러한 논의들이 현재에 어떠한 의의를 지니는지 고찰해보고자 한다. 이 장의 첫째 절에서는 근대 이래로 철학자, 과학자, 예술가, 비평가를 괴롭혀온 근대주의의 문제를 다룬다. 둘째 절에서는 레싱의 『라오콘』을 새롭게 재해석하고 예술의 한계를 규정하려 했던 20세기의 시도들을 검토한다. 셋째 절에서는 취미의 기원에 관한 근대 초기의 논쟁들을 확장시킨 현대 비평의 두 가지 접근법을 다룬다. 끝으로 마지막 절에서는 미학의 근대성 및 미학이 철학의 한 분야로서 지니는 독자성을 논한다. 이러한 작업을 통해 나는 근대 미학에 대한 관심이 그저 오래된 것을 좋아하는 골동품 애호와는 다르다는 사실을 보여줄 수 있기를 바란다.

예술적 근대주의

프랑스에서 벌어진 고대인과 근대인 논쟁과 영국에서 일어난 책들의 전쟁은 예술 및 문학에 관한 17세기와 18세기의 논의들이 근대 초기에 철학과 과학이 직면했던 것과 동일한 문제를 겪었다는 사실을 보여준다. 그 문제에는 다음과 같은 이름이 붙는다. 바로 근대주의다. 내가 생각하기에 근대주의는 철학, 과학, 예술의 진정한 철학적 문제이다.

근대주의는 어떤 종류의 철학적 문제인가? 우선 한 가지 가능성은 근대주의가 형이상학적 문제일 수 있다는 것이다. 만일 그렇다면 우리는 근대성이라는 게 정말 있는지, 근대성의 본질은 무엇인지, 근대성은 어떠한 속성들을 지니는지를 규정해야 할 것이다. 이러한 작업을 위해서는 근대성의 성립 가능성을 의심하는 입장을 논박하고, 근대성에 대한 우리의 지식을 정당화하며, 근대성이 지닌 속성들에 관한 우리의 주장을 증명해줄 수 있는 근거의 토대를 검토해보아야만 할 것이다. 형이상학적 문제로서의 근대주의는 인식론적 문제로서의 근대주의로 전환된다. 물론 근대주의는 형이상학적 문제도, 인식론적 문제도 아닌 그저 분류학적 문제일 수도 있다. 만일 그게 사실이라면, 우리는 분류 체계를 고안하고, 그 체계에 근대성을 위치시켜야 할 것이다. 물론 근대성이 체계 내의 다른 요소들과 어떻게 연관되는지를 두고 논쟁들이 오가게 될 텐데, 요소들의 상호 관계는 결코 중립적이지 않기 때문이다. 20세기에 학술적 분과 학문들과 대중문화에서 급속히 번졌던 근대주의 관련 논쟁들은 근대성이 온갖 종류의 도덕적 평가와 정쟁에 종속된다는 사실을 보여준다.[1] 그래서 우리는 근대성을 그것이 이룩한 성취를 보고 칭송할지, 실패를 이유로 비난할지, 아니면 양자 사이에서 적절한 균형을 유지할지를 고민해보아야 할 것이다. 잃어버린 과거를 되찾고 싶어 하는 사람들은 근대주의를 완전히 저버려야 한다고 주장할 것이다. 반면 계몽주의의 미완의 기획을 완수하려는 사람들은 근대주의를 비호하는 격론을 펼칠 것이다. 철학은 이 모든 논쟁의 한 부분을 차지할 것이다. 철학은 그러한 논쟁들에 어떤 종류의 문제들이 있고, 그 문제들이 서로 어떻게 연관되며, 우리는 그것들을 어떻게 인식하고 어떻게 판단하는지, 그 철학적 문제들을 갖고 우리는 무엇을 할 것인지 등에 관한 물음들을 인지하기 때문이다. 근대주의는 이 모든 문제가 모여드는 여러 지점 중 하나에 불과할 뿐이다.

철학과 과학은 근대주의의 문제를 다양한 방식으로 이해하려고 시도해왔다. 한때는 근대 철학이 스스로 고대와 중세의 철학보다 거의 모든 측면에서 우월하다는 자신감에 가득 차 있던 시대가 있었다. 요즘의 철학사 연구에서는 그러한 입장이 유지되기 매우 어렵다. 근래의 연구들은 근대 철학자들이 자신들의 새로운 철학을 다듬고 발전시키는 과정에서 여러 문제에 직면했을 뿐만 아니라 고대와 중세의 선대 철학자들에게 빚을 지고 있다는 사실도 밝혀냈다.[2] 이러한 연구들에서 등장한 근대 철학에 대한 관점은 근대 초기

---

1 이러한 논쟁들에 다음과 같은 문헌들이 철학적으로 기여했다. Löwith, *Meaning in History*, 1957; Blumeberg, *The Legitimacy of the Modern Age*, 1966/1985; Habermas, *The Philosophical Discourse of Modernity*, 1985; Taylor, *The Malaise of Modernity*, 1991; Pippin, *Modernism as a Philosophical Problem*, 1999.

2 이 책의 1장 각주 6을 보라.

의 일부 철학자들이 사용했던 미사여구 — 이에 따르면 근대의 새로운 철학은 과거와 완전한 단절을 이룬 것처럼 보인다 — 와 매우 상충된다.[3] 이에 비해 과학에서는 근대과학이 고대와 근대의 선배 과학자들을 계승하지 않는다고 보는 게 통설이지만, 과학사 및 과학철학 관련 연구들은 과학의 역사가 단절(혁명)뿐만 아니라 연속성(전통)의 특징도 지닌다는 사실을 보여주었다.[4] 과학사 및 과학철학은 근대과학이 아리스토텔레스의 자연철학을 극복하고, 스콜라 철학의 형이상학을 거부하고, 경험을 진지하게 받아들이고, 실험에 진지하게 착수하고, 새로운 방법을 채택하고, 혹은 수학, 천문학, 물리학, 화학, 생물학, 심리학, 경제학에서 특수한 발견들을 이루어냄으로써 자기 자신으로 거듭나게 된 것이라고 말할 수 없게 만든다. 이로써 근대의 과학혁명에 대한 우리의 이해는 복잡해졌다. 근대과학의 출현은 복합 현상으로, 근대과학을 근대과학으로 만드는 모든 것을 엄밀하게 분석할 때에만 해명될 수 있다. 근대과학의 발전에 영향을 준 수많은 요인이 그 어떤 탐구의 범위에도 완전하게 포괄될 수 없을 것이라고, 이 같은 분석 작업은 결코 완수될 수 없을 것이라고 반론하는 사람도 있을 수 있겠다.[5] 하지만 반론이 옳다고 하더라도 과학사가들과 과학철학자들은 야심 차면서도 엄격한 방식

[3] 이 문제는 포스트칸트주의와 독일 관념론자들 사이에서 벌어진 제1원리에 관한 논쟁들에서 가장 극단적인 형태로 가장 뚜렷하게 나타난다. 이 논쟁들에 관해서는 Franks, *All or Nothing*, 2005를 보라.
[4] 근대과학이 중세 과학의 연장선상에 있다는 뒤엠Duhem의 주장에 대한 반론은 Ariew and Barker, "Duhem and Continuity in the History of Science", 323-343 및 그들의 논문집 *Revolution and Continuity*, 1991을 보라.
[5] 이 책 제4장의 "복잡성 등" 논의를 보라.

으로 그와 같은 과업을 지금까지 수행해오고 있다.

예술과 문학 분야에서 이루어진 근대주의 연구들은 철학과 과학 분야에서 벌어진 근대주의 관련 논쟁들에 많은 기여를 했다. 예술과 문학을 연구하는 역사학자들과 철학자들은 철학사가들과 과학사가들처럼 근대 초기에 예술과 문학 관련 논의들에서 사용된 수사와 논증을 모두 검토하여 자신들의 주제를 역사적 맥락에 위치시켰다. 그들은 고대인과 근대인을 구분하기에 그들의 작업에서는 근대주의가 실재하는 것으로 상정된다. 고대인과 근대인의 차이를 우리는 비교를 통해 알 수 있다. 페로는 근대인의 우월성을 증명하기 위해 고대와 근대의 시, 회화, 조각을 비교한다. 페로와 퐁트넬은 양자의 차이 역시 설명한다. 페로는 고대인이 몰랐던 기법들과 방법들을 근대인은 찾아냈기 때문에 근대의 예술과 문학이 고대보다 우월하다고 주장한다. 퐁트넬은 고대의 예술과 문학에서 문젯거리였던 오류들을 근대인이 교정했기 때문에 근대인의 성취가 고대인을 능가한다고 주장한다. 내가 생각하기에는 이 설명들 중 어느 쪽도 그럴듯하지 않다. 이것들은 근대 초기의 철학자들과 과학자들이 자신들의 업적을 홍보하기 위해 사용했던 종류의 논증들과 크게 다르지 않다. 다시에는 『취미를 타락시킨 원인들에 관하여』에서 근대주의를 비난하면서 고전적 취미로 회귀할 것을 요청하지만 그녀가 아무리 학식이 뛰어나다고 할지언정 이러한 요청이 그 논증들에 대한 최선의 대응이라고는 할 수 없을 것이다. 부알로의 『시학』은 근대주의자들에게 좀 더 신중하게 대응하지만 그의 대응 역시 불만족스러운 것은 매한가지이다. 워튼의 『성찰』은 이와 관련하여 좀 더 유용한데, 페로가 그 자신의 주장을 입증하지 못했다는 사실을 밝혀내기 때문이다. 워튼은 시간의 경과가 예술의 진보를 위한 충분조건은 아니며, 이전에는 몰랐던 기법들을 알아내는 것도 위대한 작품을 창작하기 위한 필요조건이나 충분조건이 되지는 못한다는 사실을 분명하게 드러낸다.[6] 그는 고대 예술과 근대 예술의 비교 우위를 평가하기 위한 대안적 기준들을 제시하지 않지만 그럼에도 그는 근대주의를 옹호할 수 있다고 생각한다. 실제로 워튼은 근대의 철학과 과학이 고대의 철학과 과학보다 우월하다는 주장을 지지한다.[7] 그는 근대의 회화와 조각이 고대와 동등한 수준에 있다고 평가한다.[8] 『성찰』의 이 같은 대목들에서 워튼이 사용하는 기준들이 언제나 완전히 명확한 것은 아니다. 하지만 고대 및 근대의 화가들과 조각가들의 상대적인 기술, 디자인, 판단력에 관한 그의 언급들은 철학적 논증으로 취급될 수 있다.[9] 워튼의 이러한 논증이 그 자신의 주장을 페로의 논증이 그의 주장을 증명해주었던 것보다 더 잘 증명해주는지는 잘 모르겠다. 하지만 그의 논증은 철학과 과학에서 제시되는 근대주의 옹호 논증들 못지않게 철학적으로 연구되고 평가될 가치가 있다.

워튼의 논증을 여기서 더욱 상세하게 검토하는 일은 분명 가치있는 작업일 것이다. 하지만 나는 근대주의가 진정 철학적인 문제라는 사실을 보여주기 위해서만 그의 논증을 언급하는 것으로 만족하고자 한다. 근대주의의 문제는 17세기와 18세기에 철학자, 과학

---

6   Wotton, *Reflections*, 47-48.
7   Wotton, *Reflections*, 42.
8   Wotton, *Reflections*, 77.
9   Wotton, *Reflections*, 71-77.

자, 예술가, 비평가 사이에서 활발한 논쟁을 불러일으켰다. 이러한 논쟁의 역사는 거기에 참여했던 수많은 사람이 근대의 철학, 과학, 예술의 실재성을 입증하고, 그것들의 본질적 특징을 뚜렷이 드러내고, 그것들이 고대인 및 중세인과 맺는 관계를 수립하고, 그것들의 비교 우위를 규정하며, 그것들의 가치를 다른 사람들에게 확신시키려고 노력했다는 사실을 보여준다. 또 우리가 근대의 예술과 문학의 역사를 간과하고 그저 철학사와 과학사에만 집중한다면 근대주의 역사의 본질적인 부분을 놓치게 된다는 사실을 보여주기도 한다.

근래의 『라오콘』

『라오콘』에서 레싱은 시와 회화 각 예술의 한계를 밝혀 그것들의 관계를 규정하려 한다. 그는 두 예술의 상호 유사성을 긍정하는 오랜 전통과 대결하면서 양자가 여러 면에서 닮지 않았음을 지적한다.[10] 이를테면 그는 시가 감정을 폭넓게 표현할 수 있는 반면 회화는 아름다움을 위해 그 표현을 제한할 수밖에 없다고 강조한다. 그는 또한 문학은 사건들의 연속성을 묘사할 수 있지만 조형예술은 특정한 순간에 초점을 맞출 수밖에 없다고 설명한다.[11] 이러한 주장

---

[10] 이 맥락에서 "시는 그림처럼(*ut pictura poesis*)"이라는 호라티우스의 격언이 흔히 인용되지만 사실 레싱은 두 예술형식의 유사성을 주장하는 더 광범위한 전통에 맞서고 있다. 이 광범위한 전통에는 볼테르와 빙켈만뿐만 아니라 아리스토텔레스, 키케로, 쿠인틸리아누스까지도 속해 있다. Hardison and Golden, *Horace for Students of Literature*, 18; Lessing, *Laocoön*, vii-ix를 보라.

[11] 레싱의 이러한 관점은 멘델스존에게서 취한 것일 가능성이 가장 높다. Mendelssohn, *Philosophical Writings*, 180-185.

들은 레싱의 추종자들 사이에서조차 갑론을박되어 그가 예술에 부과한 한계가 타당한지를 따지는 물음들이 제기되기도 했다.[12] 그런데 이러한 물음들은 예술을 그 자체로, 예술들의 상호 관계 안에서, 그리고 더 넓은 체계의 맥락에서 이해해보려는 근대 초기의 시도들에서는 비일비재했다. 그러한 시도들이 거둔 성취에서 영감을 받은 20세기의 많은 작가는 『라오콘』을 새롭게 재해석하고, 레싱의 방법론을 그 이후의 예술사와 다른 예술형식들에까지 확장하려 했다.

그러한 확장의 시도들 중 가장 영향력 있는 것은 미국의 비평가 어빙 배빗의 『새로운 라오콘: 예술의 혼동에 관한 논고』이다. 배빗은 『새로운 라오콘』에서 예술의 혼동을 사이비 고전주의적 혼동the pseudo-classic confusion과 낭만주의적 혼동romantic confusion 두 종류로 구분한다. 배빗은 전자를 프랑스 신고전주의를 통해 촉진되었던 아리스토텔레스의 『시학』에 대한 형식주의적 해석과 결부시킨다. 한편 후자는 루소에게서 영감을 받은 독창성과 즉흥성에 대한 낭만주의의 추종과 연결된다. 배빗은 신고전주의와 낭만주의 모두에 그것들이 그저 혼동에 불과하다는 부정적 심판을 내린다. 그는 신고전주의가 예술을 객관적으로 혼동시킨 반면 낭만주의는 예술을 주관적으로 혼동시켰다고 말한다.[13] 이러한 혼동에 맞서 배빗은 중

---

12 『라오콘』에 대한 반응에 관해서는 Nisbet, *Gotthold Ephraim Lessing*, 326-328을 보라. 레싱이 예술에 부과한 한계에 대한 가장 면밀한 물음들 중 일부는 헤르더의 『비판의 숲』에 수록된 「첫 번째 작은 숲First Grove」에서 제기되었다. Herder, *Selected Writings on Aesthetics*, 51-176을 보라. 헤르더의 『라오콘』 이해에 관하여 매우 유익한 정보를 제공해주는 자료로는 Guyer, *A History of Modern Aesthetics*, vol. 1, *The Eighteenth Century*, 381-388을 보라.

13 Babbitt, *The New Laokoon*, 186.

용moderation과 자기 규율self-discipline을 특징으로 삼는 신新인문주의new humanism를 옹호한다. 중용은 예술을 지배하는 "법칙들"에 덜 엄격하고 덜 정형화된 접근법을 취하여 변주와 혁신을 허용한다는 점에서 신고전주의적 형식주의에 대한 반反정립이다.**14** 한편 자기 규율은 낭만주의에 대한 반정립이다. 배빗은 낭만주의가 "과거에 이루어진 모든 것과 정반대되는 것"만을 열망하면서 통일성과 척도, 목적과 법칙의 모든 개념을 폐기했다고 규탄한다.**15** 형식주의를 중용으로 이끌고 낭만주의에 자기 규율을 부여하면 우리는 예술에 좀 더 자연주의적인 방식으로 접근할 수 있게 된다. 자연주의적 접근법은 사이비 고전주의적 혼동과 낭만주의적 혼동보다 낫다. 하지만 여기에도 물론 나름의 위험 요소는 남아 있다. 배빗은 과학적 자연주의가 기계론적 형식주의로, 감상적 자연주의가 극단화된 낭만주의로 회귀하게 되지 않을까 우려한다.**16** 하지만 그럼에도 그는 중용과 자기 규율을 통해 예술에 접근하는 방식이 고전적 인문주의가 제시했어야만 했던 최상의 것을 부활시킬 수 있으리라고 희망한다.

 루돌프 아른하임의 논문 「새로운 라오콘: 예술적 종합과 발성영화」(1938)의 포부는 비교적 소박하다. 시와 회화에 관한 레싱의 성찰들의 정밀함에서 영감을 받은 아른하임은 "하나 이상의 매체 — 예컨대 발성된 언어, 움직이는 이미지, 음악 음향"을 반드시 담고 있는 새로운 예술 매체, 즉 발성영화를 검토한다.**17** 결국 그는 발성

14 Babbitt, *The New Laokoon*, 189-191.
15 Babbitt, *The New Laokoon*, 193-194.
16 Babbitt, *The New Laokoon*, 200-201.
17 Arnheim, *Film as Art*, 200.

영화에서 결합된 상이한 매체들이 "공동의 협력"을 통해 관객들을 매혹하기보다는 관객의 이목을 끌기 위해 "서로 다투는" 지경에 이른다는 생각에 도달한다.[18] 이러한 주장은 다소 의아하다. 왜냐하면 연극도 이미지와 대사를 언제나 결합시켜왔기 때문이다. 하지만 그럼에도 아른하임은 극시와 발성영화 사이에 중대한 차이가 있다고 생각한다. 그에 따르면 연극은 눈에 보이는 행위와 대사라는 양극단 사이에서 망설여온 반면 발성영화는 눈에 보이는 행위와 완전한 대사를 완벽하게 표현하려고 시도한다. 일부 감독은 자신의 영화에서 시각적 차원을 강조하고 대사의 역할은 제한하려고 노력하지만, 스크린에서 모든 것을 보여주고 그 어떤 것도 말해지지 않은 채로 남겨두지 않는 것이 영화 산업의 표준 관행이다.[19] 영화감독은 무성영화를 발성영화로 둔갑시키려고 한다. 그러나 영화 산업의 관행들은 연극에서조차 결여되어 있는 움직이는 이미지와 발성 언어의 "병행parallelism"을 달성하려는 것이 발성영화의 진정한 본성임을 드러내준다. 아른하임은 병행을 달성하려는 시도들이 불가피하게 "대사로만 가득 찬, 시각적으로는 형편없는 장면들"을 만들어낼 것이라고 못 미더워 하면서 그러한 장면들이 앞선 시대의 활동사진[영화]에서나 볼 수 있는 "풍부하긴 하지만 소리는 나지 않는 행위들을 표현하는 전통적 스타일"보다도 훨씬 재미가 없을 것이라고 말한다.[20] 그는 당시의 영화들에서 이러한 불신을 확신한다. 하지만 그럼에도 그는 여전히 희망에 가득 차 있었다. 왜냐하면 그는 영화와

18 Arnheim, *Film as Art*, 199.
19 Arnheim, *Film as Art*, 208-212.
20 Arnheim, *Film as Art*, 230.

같은 혼종의 예술형식들이 불안정한 상태로 있어서 쉽게 변화할 수 있으리라고 생각했기 때문이다.

클레멘트 그린버그의 논문 「더 새로운 라오콘을 향하여」(1940)는 여러 측면에서 배빗의 논문에 대한 반응으로 이해될 수 있지만 그렇다고 해서 그가 신인문주의를 열망하는 배빗의 향수까지 공유하는 것은 아니다.²¹ 그린버그는 아른하임과 마찬가지로 현대 예술에 관심을 가지면서도 아른하임이 발성영화에 비판적이었던 것과 달리 20세기에 출현한 회화에 대한 "비구상적"이고 "추상적"인 접근법에 그렇게 비판적이지 않았다.²² 그린버그는 조형예술과 문학의 차이를 강조하여 조형예술에 대한 비구상적이고 추상적인 접근법의 순수성을 입증하려 시도한다. 그린버그에게 문학은 유럽 전통에서 지배적인 예술형식으로 다른 모든 예술형식의 모델이 된다.²³ 그리하여 문학적 모델에 따른 유럽의 회화는 마치 문학작품처럼 장면들을 아주 상세하게 묘사하면서 시각 매체만이 지닌 특색을 등한시했다. 회화가 마침내 문학에서 해방되기 시작한 것은 19세기 말에 아방가르드가 등장하면서부터였다. 그린버그는 귀스타브 쿠르베Gustav Courbet를 문학적 모델과 결별한 첫 아방가르드 화가로 여긴다. 그가 작품에서 주제를 극적으로 보여주는 일보다 캔버스에 물감을 골고루 배분하여 칠하는 일에 더 큰 관심을 보임으로써 새로운 "평

---

21   그린버그의 글이 배빗에 대한 반응이라는 점은 배빗을 언급하는 각주에서뿐만 아니라 낭만주의를 논하는 부분의 둘째 문단에서 예술의 "혼동"을 언급한다는 점에서도 확인할 수 있다. Greenberg, "Towards a Newer Laocoon", 60, 62-65, 70을 보라.
22   Greenberg, "Towards a Newer Laocoon", 61.
23   Greenberg, "Towards a Newer Laocoon", 61-62.

면성flatness"을 도입했다는 이유에서다.²⁴ 인상파 화가들은 여기서 한 걸음 더 나아가 주제에 대한 "발칙한 무관심"을 보여주고, 자신들의 그림을 "색채들의 진동"으로 뒤바꾸어놓았다.²⁵ 입체파 화가들은 원근법을 폐기하고, 색채들의 단계적 차이를 원색으로 대체하며, 회화에서 가장 추상적인 요소들인 선과 기하학적 형식을 강조함으로써 그린버그가 "실재론적인 회화적 공간의 파괴the destruction of realistic pictorial space"라고 부르는 것을 더 발전시키기까지 했다.²⁶ 그러한 발전의 결과가 바로 시각예술의 역사를 지배해왔던 문학과의 혼동에서 회화를 해방시킨 순수 추상이다.

레싱의 『라오콘』을 새롭게 재해석하려는 시도들이 언제나 긍정적으로 수용되었던 것만은 아니다. 배빗의 가르침을 받은 T. S. 엘리엇은 처음에는 그의 인문주의에 다가갔지만 그러나 엘리엇은 자신의 논문 「어빙 배빗의 인문주의」(1927)에서 종교적인 이유로 배빗과 결별하게 된다.²⁷ 「인문주의를 재고해보다」(1928)라는 논문에서 엘리엇은 예술에 인문주의적으로 접근하는 방식을 비판하기 시작했다. 거기서 그는 배빗과 그의 신봉자인 노먼 포에스터Norman Foerster가 문학을 "철학, 윤리학, 신학의 시녀"로 만들려 한다고 비난한다.²⁸ 엘리엇은 "가장 새로운 라오콘"이 예술을 통해 중용과 자기규율이라는 도덕적 덕목들을 장려하려는 시도에 불과할 뿐이라고

24 Greenberg, "Towards a Newer Laocoon", 64.
25 Greenberg, "Towards a Newer Laocoon", 64-65.
26 Greenberg, "Towards a Newer Laocoon", 68. 이 점에서 그린버그는 아방가르드 회화가 절대음악과 유사해졌다고 주장한다.
27 Eliot, *Selected Essays*, 383-392.
28 Eliot, *Selected Essays*, 398.

염려한다. 그리고 그는 배빗의 사고방식이 인문주의를 이데올로기로, 예술을 선전 선동으로 만들어서 결국 "문학적 판단력과 감수성이 저해"되는 결과를 초래할까 봐 우려한다.**29** 아른하임은 "매체 분화medium-differentiation"의 원리와 "매체 순수성medium purity" 교설을 주장하는 바람에 비판을 받긴 했지만 아마 예술을 이데올로기적으로 왜곡했다는 혐의를 받지는 않을 것이다.**30** 데이비드 데이비스는 아른하임의 원리와 교설이 형이상학적으로 옹호되기 어려운, 예술 매체의 본성에 관한 일종의 본질주의를 상정한다고 지적한다.**31** 아른하임의 이론에는 예술과 예술 매체의 관계를 다소 이상하게 바라보는 시각이 전제되어 있기도 하다. 아른하임은 예술이 예술적 효과를 성취하려면 기존 매체나 여타의 가용 매체를 개척하는 대신에 매체에 제약되어야 한다고 생각하는 것처럼 보인다.**32** 한편 『라오콘』을 현대화하려는 시도에 반대하는 약간 다른 노선은 그린버그에 대항하는 방식으로 클락에게서 나타났다. 클락은 그린버그의 맑시즘에 초점을 맞추어, 그린버그가 19세기와 20세기에 아방가르드를 통해 이루어진 예술의 발전에 현대사회의 모순에서 예술의 자기 정당화로 이어지는 내적 논리가 있다고 생각한다는 점을 드러낸다.**33** 후자[예술의 자기 정당화]는 현대의 자본주의사회에서 대량 소비를 위해 생산되는 키치Kitsch에서 예술을 분리해내고 예술을 자율적이

---

29 Eliot, *Selected Essays*, 398.
30 Davies, "Medium in Art", 184-185.
31 Davies, "Medium in Art", 185.
32 Davies, "Medium in Art", 185-186.
33 Clark, "Clement Greenberg's Theory of Art", 71-74.

게 함으로써 이루어진다.³⁴ 어째서 그린버그가 그러한 분리가 예술 형식의 순수화와 예술 매체의 특이성에 대한 강조를 통해 이루어져야만 한다고 생각했는지는 여전히 불분명하다. 클락은 아방가르드 회화에서 발견되는 추상이 회화의 자율성과 관련된다기보다는 차라리 자본주의 때문에 모든 전통적 가치가 약화되고 그 가치들이 한낱 자본주의의 도구적 이성으로 대체되는 문화에서 "일관되고 반복되는 의미들의 결핍"과 관련되지 않을까 생각한다.³⁵ 이는 추상화가 자본주의경제의 파괴적 경향들을 반영하는 것으로 이해될 수 있다는 뜻이다. 이러한 이해는 그린버그의 생각과 다르게 추상화가 독립된, 순수한 자율적 예술형식이 아니라는 사실을 의미한다.

  이 같은 반론들에 대응하려면 일단 예술들 사이의 경계를, 나아가 예술과 다른 모든 것 사이의 경계를 설정해줄 수 있는 더 새로운 『라오콘』을 마련해야 할 것이다. 그러나 우리는 예술들의 관계에 관한 근대의 성찰들과 그러한 성찰들을 확장하려는 근래의 시도가 과연 근본적으로 오도된 것은 아닌지 따져볼 수도 있다. 원칙적으로 그 어떤 철학 이론도 예술들의 관계를 결정적으로 명확하게 규정할 수 없다고 생각하는 사람들이 실제로 있다. 그들은 레싱의 신봉자들에게 예술은 역사의 여러 시점에 서로 뒤섞이고 분리되면서 시간의 흐름에 따라 변화한다는 사실을 명심하라고 말할 것이다. 그리고 예술형식에 경계를 부여하려는 평론가들과 이론가들

---

34 Clark, "Clement Greenberg's Theory of Art", 75-77. Greenberg, "Avant-Garde and Kitsch", 29-47도 보라.

35 Clark, "Clement Greenberg's Theory of Art", 82. 이 점과 관련하여 클락과 마이클 프리드의 대화 Michael Fried, "How Modernism Works", 87-101; Clark, "Arguments about Modernism", 102-112도 보라.

의 시도를 예술가들이 월권의 유혹으로 여긴다는 사실 또한 지적할 수 있겠다. 배빗, 아른하임, 그린버그가 현대 예술에서 매우 중요한 부분이 된 지속적인 변화나 근대 예술가들을 구별 짓는 월권의 충동을 인정할지는 잘 모르겠다. 하지만 내가 생각하기에 레싱은 적어도 어느 정도는 그러한 충동을 인정할 것 같다. 논쟁가이자 논객으로서의 그의 이력은 그가 현대 예술가들의 월권의 경향을 공유했다는 점을 보여준다.[36] 만일 우리가 회화와 시의 한계에 관한『라오콘』의 설명을 천재와 예술 규칙의 상호 관계를 논하는『함부르크 극작법』의 대화에 대입해본다면 우리는 예술들의 상호 관계에 대한 레싱의 견해가『라오콘』에 나타나는 견해만큼이나 거의 제한적이지 않다는 사실을 보게 될 것이다. 레싱은 천재가 "자신 안에 모든 규칙의 증거를" 담고 있기 때문에 "자신의 감정을 말로 표현해주는 것들만 이해하고 기억하며 따른다"라고 말한다.[37] 천재는 일반 규칙들이 특정 작품에 적용되어 그 작품의 아름다움에 기여할 경우에는 그 규칙들에 주목한다. 따라서 만일 예술형식이나 매체의 한계를 존중하지 않는 바람에 작품의 수준이 떨어지게 된다면 천재는 그 한계를 존중할 것이다. 그러나 천재는 자신의 작품 수준을 위태롭게 만들거나 매체를 혁신적으로 활용하지 못하게 막는 규칙들은

---

[36] 논쟁가이자 논객으로서의 레싱의 이력에 관해서는 Moore, "Lessing's Theory of Polemic", 1990 을 보라. 레싱이 벌였던 격론과 그가 제기한 비판 사이의 관계는 Berghahn, "Lessing the Critic", 67-668; Berghahn, "From Classicist to Classical Literary Criticism", 49-62를 보라.

[37] Lessing, *Hamburg Dramaturgy*, 254(no. 96). 이 인용문 말미에서 "말"에 대한 언급은 레싱의 논의가 지닌 극적 맥락을 반영한다. 하지만 나는 레싱이 동일한 원리가 회화나 다른 예술형식에 적용되는 것을 지지할 것이라고 생각한다.

받아들이지 않을 것이다. 천재의 규칙 파괴를 멈출 수 있는 유일한 것은 재능이 떨어지는 비평가들과 이론가들이 예술형식에 부과한 한계들에 동의할지 말지를 결정하는 천재 자신의 비판적 판단력뿐이다.

만일 천재에 대한 레싱의 생각이 옳다면 근래의 『라오콘』이 최후의 『라오콘』이 되리라고 생각할 하등의 이유가 없다. 예술가들은 자신들의 작업에 무엇이 가장 잘 들어맞는지 발견해내기 마련이므로 여러 매체를 결합하고 분리하면서, 그리고 자신들의 흥미를 끄는 기법이라면 무엇이든 활용하면서 예술의 영역을 계속 확장시켜 나갈 것이다. 한편 철학자들은 특정 예술형식에서 무엇이 작동하거나 작동하지 않는지를 나타내주는 일반 규칙들과 원리들을 찾아내려 하면서 예술가들의 성패를 끊임없이 성찰할 것이다.[38] 물론 그러한 규칙들과 원리들은 언제나 잠정적일 뿐이겠지만 그렇다고 해서 무가치한 것은 아니다.

역사주의와 자연주의

17세기와 18세기에 철학자들과 과학자들은 인체생리학과 심리학, 사회성과 역사에서 취미 비판의 근거를 마련하려 했다. 이러한 노력들은 19세기와 20세기에도 계속되었다. 그들의 역사는 취미, 비판적 평가, 미적 가치에 관한 논의들을 계속해서 형성해나갔다.

---

[38] 예술 작품에서 성공이나 실패가 무엇을 의미하는지를 다룬 대단히 흥미로운 설명으로는 Mag Uidir, *Art and Art Attempts*, 2013을 보라.

18세기 말과 19세기에 역사주의는 다양한 취미가 존재하는 까닭에 대한 간편한 설명을 내놓았다. 역사주의자들은 인간 사회가 각기 다른 조건에서 형성되기 때문에 서로 다른 방식으로 발전할 수밖에 없다고 주장했다. 각 사회의 역사적 차이는 저마다 서로 다른 가치를 지향하고 매우 다양한 취미를 드러내게 한다. 그러한 차이를 이해하려면 비유럽 문화에 대한 근대 초기 유럽인들의 설명에는 현저히 결여되어 있는 어느 정도의 공정함과 공평함이 필요하다. 식인 풍습과 인신 공양에 관한 광적인 보고들은 차치하더라도 얼굴 문신 같은 비유럽권 문화 풍습을 타락이나 퇴보의 증거로 취급하지 않으려 한 유럽인은 단지 소수에 불과했다. 이를테면 영국의 내과 의사 존 불워John Bulwer는 「인간 변태」(1650)라는 논문에서 아메리카 대륙 원주민들의 얼굴 문신을 일종의 "잔혹한 용기"라고 부르며 비난하는 데 열심이었는데, 왜냐하면 그는 자연이 인간에게 의도한 얼굴의 형태를 원주민들이 문신을 통해 바꾸어버렸다고 생각했기 때문이다.[39] 칸트도 『판단력비판』에서 마오리족의 얼굴 문신

[39] 불워의 논문이 공평한 관점을 결여하고 있다는 사실은 그 제목에서부터 이미 분명하게 드러난다. 논문의 전체 제목은 다음과 같다. 「인간 변태: 광기와 잔혹한 용맹함, 멍청한 용기, 우스꽝스러운 아름다움, 추잡한 세심함, 민족 대부분의 혐오스러운 사랑스러움, 자연이 의도한 형태를 벗어나 신체를 꾸미고 바꾸는 것에서 역사적으로 나타난 변형된 인간이나 인위적 변경. 규칙적 아름다움과 자연의 정직함을 옹호하며, 영국인들의 용맹함의 계보를 부록으로 덧붙이면서Anthropometamorphosis: Man Transform'd, or the Artificial Changeling. Historically presented, in the mad and cruel Gallantry, foolish Bravery, ridiculous Beauty, filthy Fineness, and loathesome Loveliness of most Nations, fashioning & altering their Bodies from the Mould intended by Nature. With a vindication of the Regular Beauty and Honest of Nature, and an Appendix of the Pedigree of the English Gallant」. 이 논문에 대한 이해를 돕는 논의

에 대해 비슷한 의견을 보이며 "온갖 종류의 소용돌이 문양과 경쾌하면서도 규칙적인 선들"로 인체를 치장하는 것에 반대했다.**40** 마오리족의 문신에 대한 칸트의 서술은 쿡Cook 선장의 항해에 관한 호크스워스Hawkesworth의 설명에서 가져왔을 가능성이 가장 높다. 거기에는 마오리족의 소용돌이 문신이 "대단히 섬세하고 심지어는 우아하게 그려져 있다"라고 기술되어 있다.**41** 하지만 칸트는 쿡과 그의 항해일지를 작성한 독일인 게오르크 포르스터Georg Forster가 항해에서 마주쳤던 그 사람들을 공평한 관점에서 평가하려 했다는 사실을 알아보지는 못했던 것 같다.**42** 한편 헤르더와 훔볼트 같은 역사학자들은 그러한 접근 방식에 더 적극적으로 동조했다. 그들은 포르스터의 여행기의 서술들 및 그 서술들이 인류사, 문화, 도덕, 취미 등을 다루는 연구에 갖는 함의에 영감을 받아 유럽인들이 비유럽 문화를 연구할 때 가능한 한 공평해야 한다는 생각을 고취시키기 시작했다. 그들이 자신들이 설파한 것을 항상 실행한 것은 아니지만 그들은 이전의 비평가들에게는 극도로 결여되어 있던 순수한 호기심으로 비유럽 문화 관행의 기원과 가치에 다가서는 모습을 보

는 Smith, *Nature, Human Nature, and Human Difference*, 124-125를 보라.
40 Kant, *Critique of the Power of Judgment*, 115(V:230). [칸트가 해당 원문에서 마오리족의 문신을 다소 부정적 뉘앙스로 언급하고는 있지만 이 책처럼 칸트가 그러한 치장에 "반대했다"라고까지 적극적으로 말할 수 있는지는 다소 의문이다. 왜냐하면 그러한 언급은 특정 종류의 아름다움의 시비를 따지거나 각 민족(전통의 아름다움)을 인간학적 배경에서 평가하는 맥락이 아니라 자유미pulchritudo vaga와 부수미pulchritudo adhaerens, 자유롭고 순수한 취미판단과 대상의 개념을 고려하는 불순한 취미판단을 비교하고 설명하는 맥락에서 등장하기 때문이다.]
41 Hawkesworth, *Voyages*, III:49.
42 Sikka, *Herder on Humanity and Cultural Difference*, 26.

여주었다.⁴³ 그들이 이처럼 더욱 관대한 태도를 취미 문제로 확대하자 역사학자들은 일종의 "계몽된 상대주의enlightened relativism"를 수용했다. 이로써 그들은 다른 문화의 취미를 그 문화의 고유한 기준에 의거하여 평가할 수 있게 되었다.⁴⁴

20세기 초에 맑스주의 비평가들은 상대주의에 굴복하지 않으면서 취미의 다양성을 설명할 방법을 발견했다. 그들은 예술 작품이 당시의 사회 조건을 반영한다고 보는 역사학자들의 견해에 동의한다. 하지만 그들은 인간 사회의 역사와 발전을 지배하는 원리들이 있으며, 또 생계 수단을 산출하기 위해 사용하는 생산양식이라는 게 존재한다고도 주장한다.⁴⁵ 그들에 따르면 예술적, 문화적 생산물에도 이와 유사한 원리들이 적용될 수 있다. 예술에 대한 이러한 접근법의 초기 사례는 게오르크 루카치의 『소설의 이론』(1916/1920)에서 찾아볼 수 있다. 루카치는 고전 문명과 그리스도교적 중세의 통합이 산업자본주의의 등장으로 붕괴되었을 때 소설이 생겨났다고

---

43 헤르더의 자민족 중심주의는 『인류사에 대한 철학 개요』(1784-1791)에서 명백하게 나타난다. 앞선 시기에 집필한 『취미의 변화에 관하여』에서 그는 유럽인들에게 문화적 우월주의를 경고하며 중국의 사례를 인용했다. 하지만 『인류사에 대한 철학 개요』에서는 "중국인들의 취미는 그들의 신체 기관이 제대로 된 형태를 갖추지 못해서 생긴 결과처럼 보인다. 마치 그들의 정부 형태가 폭력적이고, 그들의 지혜의 형태가 야만적인 것과 마찬가지다"라고 주장한다. 이는 계몽된 상대주의와 자민족 중심주의가 독일의 역사주의 안에서 어떻게 공존할 수 있었는지를 보여주는 충격적인 사례이다. Herder, *Philosophical Writings*, 248-249; Herder, *Outlines of a Philosophy of the History of Man*, 1:234-291; Sikka, *Herder on Humanity and Cultural Difference*, 27, 106-116을 보라.
44 "계몽된 상대주의"라는 개념은 소니아 시카의 『인류 및 문화 차이에 관한 헤르더의 사상』에서 차용했다. 헤르더의 미학과 해석학에 내재된 비평의 역할을 다룬 문헌으로는 Beiser, *The German Historicism Tradition*, 108-109를 보라.
45 Marx and Engels, *The German Ideology*, 42-48.

말하면서 이런 점에서 소설은 "삶의 광범위한 전체성이 더는 직접 주어지지 않는 시대, 삶에서 의미의 내재성이 문제가 되었는데도 여전히 전체성에 관해서 사유하는 시대의 서사시"라고 기술한다.**46** 발터 벤야민은 예술이 역사적, 사회적 힘들의 산물이라는 루카치의 견해에 동의한다. 하지만 그는 「제작자로서의 작가」(1934)라는 논문에서 예술의 혁명적 탈바꿈을 요청하기도 한다.**47** 벤야민은 — 형식을 바꾸고, 예술가와 관객의 관계를 변화시키는 등 — 문학의 산물을 탈바꿈시킴으로써 작가들이 혁명적 투쟁의 시금석이 될 수 있다고 생각한다. 테리 이글턴Terry Eagleton은 루카치만큼 서정적이지도 않고, 벤야민처럼 혁명적이지도 않다. 하지만 그는 『비평의 기능』(1984)과 『미학의 이데올로기』(1990) 같은 작품에서 맑스주의 비평의 전통을 이어나간다. 이글턴은 비평이 "절대주의 국가에 대항하는 투쟁"의 일부로 나타난다고 주장한다. 비평을 통해 "유럽의 부르주아계급은 독재정치의 잔혹한 칙령이 이루어지는 공간이 아닌 이성적 판단과 계몽된 비판이 이루어지는 독특한 담론의 공간을 스스로 개척해나가기 시작한다."**48** 이글턴은 미학의 기원이 그다지 귀족적이지 않다고 본다. 그는 미학도 절대주의에 대응할 수 있는 하나의 방식이라고 생각하지만 미학이 비평과 같은 방식으로 정치적 권

---

46 Lukás, *Theory of the Novel*, 56. 루카치는 1962년판 서문에서 자신이 『소설의 이론』을 쓰던 당시에 "칸트에서 헤겔로 전향하는 과정에 있었다"고 기술한다. 하지만 그가 추후에 옹호한 맑시즘은 그가 제시한 소설에 대한 역사적 분석에 이미 나타나 있었다고 말할 수 있다.

47 Benjamin, *Selected Writings*(Vol. 2), 768-782. Eagleton, *Marxism and Literary German*, 59-76도 보라.

48 Eagleton, *The Function of Criticism*, 9.

위에 도전한다고는 생각하지 않는다. 그 대신에 그는 미학이 개인의 감각과 감정을 이성, 이성의 원리, 그리고 궁극적으로는 법칙에 종속시킴으로써 정치적 힘의 범위를 개인의 감각과 감정의 주관적 영역으로까지 확장시킨다고 말한다.⁴⁹ 나는 미학의 기원에 대한 이러한 설명이 대단히 의심스럽다는 가이어의 견해에 동의하지만 미학이 사회, 정치 혹은 경제와 무관한 진공상태에서 생겨났다고 여기는 것도 잘못일 수 있다고 생각한다.⁵⁰ 맑스주의 비평가들과 그 이후의 탈식민주의 비평가들은 예술, 비평, 미학이 그것들의 출현 배경이 되는 역사적, 사회적 조건들을 거의 언제나 반영한다는 점을 보여주었다.⁵¹

현대 비평은 역사주의, 맑시즘, 탈식민주의 등의 다양한 통찰을 수용해왔다. 하지만 최근에는 인간 사회 및 그 역사의 장막 너머에 취미에 관한 자연적인 어떤 것이 있지는 않을까 하는 가능성이 탐

---

49 Eagleton, *The Ideology of the Aesthetic*, 13.
50 Guyer, "History of Modern Aesthetics", 36-40; Guyer, *A History of Modern Aesthetics*, vol. 1, *The Eighteenth Century*, 10-14.
51 탈식민주의 비평가들은 맑스주의 비평의 역사주의와 유물론을 받아들이는 경향이 있지만 그것들이 경제적 관계들보다 우선할 수 있다고 생각하지는 않는다. 에드워드 사이드는 『문화와 제국주의』에서 이러한 접근법을 아주 유용하게 요약해주고 있다. "내 방법은 가능한 한 개별 작품에 초점을 맞추는 것으로 우선 작품을 창조적이거나 해석적인 상상력의 위대한 산물로 독해하고, 이후에 그것이 문화와 제국의 관계의 일부라는 점을 보여준다. 나는 작가들이 이데올로기, 계층 혹은 경제사의 영향에 그저 기계적으로 지배당한다고 믿지 않으며, 그들이 사회의 역사 속에서 서로 다른 기준으로 그 역사와 자신들의 사회적 경험을 형성하기도 하고, 그것들에 의해 형성되기도 한다고 생각한다. 문화와 그 문화가 담고 있는 미적 형식들은 역사적 경험에서 유래한다. 그 역사적 경험이라는 게 사실 이 책의 주요 주제다." Edward Said, *Culture and Imperialism*, xxii.

구되기도 했다.

　인류학자들이 문화상대주의에 너무 많은 기반을 내주었다고 우려한 일부 철학자들과 과학자들은 예술과 취미의 진화론적 기원을 탐구하기 시작했다.52 데니스 더튼의 『예술 본능』(2009) 같은 작품은 취미가 인간의 본성에서 분리되어 그러한 본성을 뛰어넘은 인위적이고 비자연적인 문화적 관습이 아니라 인류학적으로 보편적인 진화론적 적응으로 간주되어야 한다고 주장한다. 만일 더튼의 추정이 옳다면, 진화는 호모사피엔스가 어떻게 "어린아이들의 놀이에서부터 베토벤의 사중주에 이르기까지, 불빛이 희미한 동굴 벽에서부터 온 세상에서 끊임없이 빛나는 텔레비전의 화면에 이르기까지 우리 스스로를 즐겁게 하고, 놀라게 하고, 자극하고, 도취시키는 예술적 표현들을 창조해내는 일에 사로잡힌 생물종"이 되었는지를 설명해줄 수 있다.53 더튼의 설명에 따르면 우리의 미적인 감성 능력은 대지와 우리의 관계에서, 그리고 풍경에 대한 우리의 감상 활동에서 생겨난다. 더튼은 "전 세계의 아주 다른 문화권에 사는 사람들은 회화적 재현의 일반적 유형, 즉 나무와 탁 트인 공간, 물, 인물, 동물이 있는 풍경에 똑같이 끌린다"는 점에 주목하면서, "풍경

52　주지하듯이 근대 민족지학이 지지한 상대주의는 헤르더와 홈볼트의 "계몽된 상대주의"에서 거의 직접적으로 유래한다. 그러나 더튼은 루트비히 비트겐슈타인Ludwig Wittgenstein, 벤자민 리 워프Benjamin Lee Whorf, 토마스 쿤 역시 인류학자들 사이에서 이러한 이데올로기가 확산되는 데 중요한 역할을 수행했다고 주장한다. Dutton, *The Art Instinct*, 10을 보라. 디사나야케 또한 이러한 경향을 비판한다. Ellen Dissanayake, *What Is Art For?*, 167-193(esp. 183-188); *Homo Aestheticus*, 212-214.

53　Dutton, *The Art Instinct*, 3.

의 특정 유형에 대한 근본적인 이끌림fundamental attraction은 사회적으로 형성된 것이 아니라 현생인류가 160만 년에 걸쳐 진화를 이룬 '홍적세Pleistocene'부터 유전된 인간의 본성 안에 현존"하는 것이라고 주장한다.[54] 서식지를 선택하는 일은 "홍적세의 인류(및 원생 인류)에게 사활이 걸린 중대한 문제"였기 때문에 인류는 "평균 생존율을 조금이라도 높여주는" 것으로 보이는 장소에 걸맞은 정서적 성향을 발전시켰다고 더튼은 결론짓는다.[55] 스티븐 데이비스는 『예술적 종』(2012)에서 더튼의 이 같은 결론을 반박한다. 그는 더튼(과 다른 학자들)이 이끌림과 미적 감상을 혼동했다고 주장한다.[56] 그는 진화론이 미적 경험을 설명해줄 수 있다는 점을 부정하지는 않지만, 진화론이 제공하는 설명에서 특수한 미적 경험과 이끌림이라는 일반적인 감정이 구분되어야 하며, 그 감정이 우리가 풍경, 인간 아닌 동물, 다른 인간에 대한 예술적 재현을 보고 일으키는 반응에 영향을 주는 경우에조차 그렇게 되어야 한다고 생각한다. 달리 말하자면 진화론은 "어떤 것의 미적 속성들에 대한" 적절한 미적 "의식 및 감상"을 설명해주어야만 한다는 것이다.[57] 데이비스는 미적 의식 및

---

54 Dutton, *The Art Instinct*, 18.
55 Dutton, *The Art Instinct*, 25.
56 Davies, *The Artful Species*, 88. 데이비스는 미적 선호를 적응의 문제로만 간주하는 입장 역시 반박한다. 더튼은 미적 선호가 (1) 우연에서 생겨날 가능성, (2) 적응의 결과일 가능성, (3) 부산물일 가능성을 검토한다. 하지만 데이비스는 미적 선호가 (1) 적응의 결과일 수도 있고, (2) 부산물일 수도 있으며, (3) 무엇인가의 흔적이거나 (4) 연결점이 전혀 없는 발전의 결과물일 수도 있다고 지적한다. Dutton, *The Art Instinct*, 90-102; Davies, *The Artful Species*, 45를 보라.
57 Davies, *The Artful Species*, 9.

감상을 단순한 이끌림과 구분하려면 그것들을 아름다움, 숭고 및 그 대립자들에 대한 정서적 반응으로 — 그러한 반응이 쾌를 제공해주는지의 여부와는 무관하게 — 간주해야만 한다고 주장한다.[58] 이러한 관점이 지닌 함의 중 하나는 미적 경험을 섀프츠베리와 칸트 같은 철학자들처럼 무관심적 쾌disinterested pleasure로 이해하지 않는다는 점이다. 실제로 데이비스는 취미가 다양한 방식으로 관심과 결부될 수 있다고 주장한다. 이를테면 사물의 기능성의 측면에서, 사물이 우리의 실용적 관심과 맺는 관계의 측면에서, 사물이 우리의 사회생활에서 차지하는 위치의 측면에서, 아니면 사물이 처한 환경의 적합성의 측면에서, 그리고 그 밖의 다양한 방식에서 취미는 관심과 결부될 수 있다.[59] 이러한 관점은 통상 미적 반감의 가장 극단적 형태로 간주되는 혐오disgust에 대한 진화론의 연구들을 통해 뒷받침된다. 이 연구들에 따르면 혐오감은 우리가 오염 물질, 전염병, 질병을 회피할 수 있도록 도와주는 진화적 적응의 산물이다. 결국 우리는 "똥오줌과 악취, 동물의 부산물, 썩었거나 낯선 음식, 일반적으로 질병을 매개하는 (들쥐나 파리 같은) 생명체들, 기름투성이인 것, 끈적거리는 것, 변색된 것, 악취를 내뿜는 것과 같이 전염성의 징후를 보이는 모든 것"에 혐오감을 느낄 수밖에 없다.[60] 캐롤린 코스마이어는 이러한 혐오가 많은 경우 역설적인 매력을 수반하기도 한다고 지적하지만 우리가 이러한 성질들에 보이는 미적 반응

58 Davies, *The Artful Species*, 15.
59 Davies, *The Artful Species*, 15-23.
60 Strohhminger, "The Meaning of Disgust: A Refutation", 214. Strohminger, "Disgust Talked About", 478-493도 보라.

은 어쨌든 우리가 그것들을 회피하는 데 강한 관심을 갖는다는 사실을 보여준다.[61]

진화론 이외에 예술과 취미에 자연주의적 방식으로 접근하는 입장으로는 지각 심리학과 신경과학이 있다. 모한 마텐은 아름다운 대상을 관조하는 데서 쾌를 얻는 것이 왜 인간에게 이점이 되는지를 진화의 관점에서 고려하면서 그 해답을 우리의 지각 방식에서 찾을 수 있다고 주장한다.[62] 감각 경험에는 "자극들이 쾅쾅거리고 윙윙거리면서 혼란스럽게 뒤섞여" 있기에 지각은 "안정적이고 정합적인 세계상을 구축"할 수 있어야만 한다. 그래서 지각은 "3차원 공간에 즐비한 온갖 대상을 명석하고 정합적으로 제시하는" 의식을 제공한다.[63] 그런데 그러한 세계상을 구축하려면 지각은 우리의 감각들의 패턴과 질서를 감지해야만 하고, 또 우리의 경험의 상이한 대상 및 사건의 의미를 인지해야만 한다. 마텐이 보기에 예술에 대한 미적 관조는 "지각의 유희를 통한 즐거움"이다.[64] 이러한 즐거움은 정합적 세계상을 구축하기 위해 필요한 지각의 기술들을 숙련시키는 데 때로는 정말 놀라울 정도로 유용하다. 벤스 나네이Bence Nanay는 「미학의 길잡이로서의 지각의 철학」(2014)이라는 글에서 지각이 미적 관조에서 수행하는 역할을 다른 방식으로 설명한다. 나네이는 경험심리학의 성과에 힘입은 지각의 철학이 묘사의 문제를 해결하는 데 미학에 어떤 도움을 줄 수 있는지를 보여준다. 묘사

---

[61] Korsmeyer, *Savoring Disgust*, 113-136.
[62] Matthen, *Eye Candy*, 2014.
[63] Matthen, *Eye Candy*, 2014.
[64] Matthen, *Eye Candy*, 2014.

의 문제란 우리가 어떤 대상을 묘사하는 이미지를 볼 때 [이미지가 아닌] 실제 대상을 보고 있다고 상상한다는 것이다. 허구의 문학작품에 사로잡히면 그 작품들의 허구적 사건들에 대한 기술은 강력한 정서적 반응을 이끌어낸다. 그리고 연극, 영화, TV 쇼에 등장하는 허구적 인물들에 몰입하면 우리는 우리 자신을 그 인물들의 입장에 두고 그들이 어떠할지를 "내면으로부터" 상상한다.[65] 이러한 문제들 각각에는 감각적 상상의 문제가 결부되어 있는데, 이는 미학에 대한 전통적 접근법들보다 지각의 철학이 더 잘 해명해줄 수 있다. 왜냐하면 지각의 철학은 경험심리학이 거둔 최신의 성과들을 반영하고 있기 때문이다.[66] 물론 이제 그러한 성과들 중 상당수는 예술과 취미에 대한 자연주의적 접근법을 뒷받침하는 신경과학을 통해 설명되고 있기도 하다. 신경 미학을 지지하는 어떤 사람들은 환원주의적이고 결정론적인 방식으로 취미의 문제에 접근하며, "인간의 행위에 지시를 내리는 신경 법칙"이 "예술 못지않게 모든 영역 — 법률, 도덕, 종교, 심지어는 경제와 정치 — 에 걸쳐" 존재한다고 주장한다.[67] 그들은 "인간의 모든 행위가 궁극적으로 우리의 뇌 조직에서 나온 산물이며, 뇌의 법칙에 종속"된다고 본다. 그래서 이를테면 세미르 제키 같은 신경과학자들은 취미 역시 그러한 뇌의 법칙의 지배를 받을 것이라고 예상한다.[68] 그들은 "아름다움이나 추함에

---

[65] Nanay, "Philosophy of Perception as a Guide to Aesthetics", 105. Nanay, *Aesthetics as Philosophy of Perception*, 2016도 보라.
[66] Nanay, "Philosophy of Perception as a Guide to Aesthetics", 112-113.
[67] Zeki, *Statement on Neuroaesthetics*. Zeki, *Inner Vision*, 1도 보라.
[68] Zeki, "Aesthetic Creativity and the Brain", 52.

대한 경험 각각에 작용하는 뇌의 상이한 부위"를 발견하는 일에 천착한다.⁶⁹ 실제로 제키와 히데아키 가와바타는 기능적 자기 공명 영상법fMRI 검사를 활용하여 사람들이 자신이 좋아하는 그림을 볼 때 후두부 피질과 좌측 전대상회left anterior cingulate의 활동량이 증가한다는 사실을 발견했다.⁷⁰ 어떤 사람들은 미학이 "신경 생물학의 연구를 반영"해야 하며 미적 경험의 "신경적 토대"를 탐구해야 한다는 데는 동의하면서도 신경 미학을 더욱 열렬하게 옹호하는 사람들이 주장하는 환원주의와 결정론에는 반대한다.⁷¹ 그 대신에 그들은 철학자들이 "합리적으로 파악"하려고 하는 "사실들에 빚지고 있는" 것들을 통해 미학과 예술철학에 접근하는 방법을 지지한다.⁷² 이 사실들에는 뇌에 관한 사실들이 포함되지만, 신경과학자들이 지나치게 자주 간과했던 예술, 비평, 미적 경험 등에 관한 사실들 역시 포함된다.⁷³

오늘날 과학이 18세기보다 훨씬 더 많은 발전을 이룩한 덕분에 현대의 자연주의는 취미에 대하여 근대 초기의 생리학이나 심리학이 제시했던 것보다 훨씬 설득력 있는 설명을 제공해준다. 취미에 대한 역사주의적 접근법도 이와 같은 상황에 놓여 있다고 말할 수

69 Kawabata and Zeki, "Neural Correlates of Beauty", 1699.
70 Kawabata and Zeki, "Neural Correlates of Beauty", 1700-1702. Chatterjee, *The Aesthetic Brain*, 138-139도 보라. 또 다른 자기 공명 영상법 실험은 Starr, *Feeling Beauty*, 151-158에서 기술된다.
71 Davies, "This is Your Brain on Art", 58; Starr, *Feeling Beauty*, xi, 21-22, 160n3.
72 Davies, "This is Your Brain on Art", 74.
73 존 하이먼은 이러한 결론을 위한 강력한 사례를 제시한다. Hyman, "Art and Neuroscience", 245-261.

있다. 엄청난 양의 역사적 지식이 축적되었고, 새롭고 더 나은 방법들이 개발되었으며, 그리고 취미와 아름다움에 대한 지난 세기 유럽인들의 오래된 자문화 중심주의를 비판하는 반박들이 제기되기도 했다. 그러나 역사주의와 자연주의가 얼마나 많은 발전을 이루었든지 간에 이러한 두 접근법의 기원이 근대 초기의 취미 비판으로 거슬러 올라갈 수 있다는 것은 여전히 분명한 사실이다.

오늘날의 미학

이 책 전체에 걸쳐 나는 미학이 18세기까지 철학의 한 분야가 아니었다고 주장했다. 오늘날 미학에 해당하는 것으로 여겨지는 주제들은 18세기까지 철학 밖에서 그리고 철학 내의 다른 분야들에서 논의되었을 뿐 그 모든 논의를 한데 모아 취급하는 철학 분야는 당시에 없었다. 나는 이러한 사실이 중요하다고 생각한다. 왜냐하면 철학의 체계를 정교화하는 작업은 철학이 제공하는 통찰을 이해하는 방식에 영향을 주기 때문이다. 만일 시와 음악의 형식과 내용에 관한 『국가』에서의 플라톤의 논의들을 미학에 해당하는 것으로 여긴다면 우리는 그것들이 오늘날 도덕 심리학이나 교육철학이라 불리는 분야에 기여한 점들을 제대로 보지 못하게 될 수 있다. 만일 아리스토텔레스의 모방론을 미학에 포함시킨다면 우리는 그가 시학을 수학과 자연과학 같은 이론적 학문 및 윤리학과 정치학 같은 실천적 학문과 구별되어야 하는 생산적 학문으로 간주했다는 사실을 망각하게 될 것이다. 만일 위 디오니시우스와 아퀴나스의 문헌들에 등장하는 아름다움과 선함의 관계에 관한 논의들을 미학에 해당하는 것으로 간주한다면 우리는 그것들이 중세의 논리학과 형이상학에서 지니는 의의를 평가하기가 어려워질 것이다. 그리고 만일 아름다움을 느끼는 내적 감각에 관한 허치슨의 설명이 정말로 미학에 속한다고 확신한다면 우리는 그 설명이 지닌 신학적 목적을 못 본 체하는 것일 수 있다.74 이 같은 논의들을 이해하려면 우리는 그것들을 철학사에서 어디에 위치시켜야 할지, 그것들이 철학의 다른 분야들과는 어떻게 연관되는지를 알아야 한다.

내가 견지하는 입장의 한 가지 함의는 미학이 명백히 철학의 근대적인 분야라는 점이다. 미학은 17세기와 18세기에 고안된 새로운 학문들의 목록에 가장 나중에 추가된 분야라고 부르는 것이 아마 가장 적절하겠다. 자신이 "감각된 것들(αἰσθητά)과 사유된 것들(νοητά)을 세심하게 구분"했던 "그리스철학자들과 교부들"의 가르침을 따르고 있다고 생각한 바움가르텐은 이 같은 서술이 설득력 있다고 여기지 않을 것이다.75 칸트 역시 이러한 입장을 받아들이지 않을 텐데, 그는 미학이라는 용어를 사용하는 자신의 방식이 "인식을 감각된 것들과 사유된 것들αἰσθητά καὶ νοητά로 구분할 수 있다는 걸 아주 잘 알고 있던 고대인의 용법과 의미에 더 근접"하므로 바움가르텐의 방식보다 낫다고 주장했기 때문이다.76 우리는 미학의 고대성에 헌신하는 다른 사람들의 더 많은 반론을 예상해야 한다. 이름이 있기도 전

---

74 Plato, *Republic*, 376d-401d; Aristotle, *Metaphysics*, 1025b19-1025b28, 1064a10-1064a28; Pseudo-Dionysius, *The Divine Names*, 701c-708b; Thomas Aquinas, *Summa Theologica*, I-II.27.1; Hutcheson, *Inquiry*, 80.
75 Baumgarten, *Reflections on Poetry*, 78(§116).
76 Kant, *Critique of Pure Reason*, A 21.

에 사물이 이미 존재했다고 믿는 사람들은 미학이 실제로는 18세기에 탄생했다는 사실을 단호히 부정한다. 어쩌면 그들 중 몇몇은 미학이 그 시기에 어떤 다른 방식으로 새롭게 거듭났거나 개선되었다고, 아니면 활성화되었거나 계몽되었거나 변화하게 되었다고 인정할 용의가 있을 수도 있겠다. 하지만 철학이 영원하다고 믿는 독단적 옹호자들에게는 그 정도를 인정하는 일도 무리일 것이다. 나는 오늘날 미학과 관련된 주제들에 대한 주장에 초점을 두고 고대, 중세, 근대 그리고 현대의 철학자들 사이에는 어떤 면에서 모두 "같은 주제를 다루고 있다"라고 말하는 것이 충분한 유사점들이 있다고 결론을 내리는 사람들에게 좀 더 동조한다.[77] 그러나 나는 그러한 사람들이 아름다움, 예술, 문학, 비평, 취미에 관한 논의가 철학의 어떤 분야나 다른 맥락에서 이루어졌든 역사의 어느 시기에 이루어졌든 간에 어쨌든 진정 미학에 속한다고 말한다면 이는 선결문제 요구의 오류를 범하는 셈이라고 여전히 생각한다. 문헌들을 아무리 대충 훑어본다 해도 그러한 논의를 다루었던 당시의 수많은 철학자가 자신들이 완전히 다른 무언가를 하고 있다고 여겼다는 사실을 금세 알 수 있다. 미학적 논의들이 위치한 특수한 맥락을 무시하면 몇 가지 새로운 사실이 드러날 수도 있지만 오히려 그 사실들에 관한 가장 중요한 점들이 불분명해질 수도 있다. 그래서 나는 근대 철학의 체계에서 미학이 차지하는 위치에 주목하고, 그 체계가 기대고 있는 체제를 이해하여 미학의 역사적 특수성을 인지할 때 우리가 미학을 더욱 명확하고 정확하게 파악할 수 있다고 확신한다.

---

77   Guyer, *A History of Modern Aesthetics*, vol. 1, *The Eighteenth Century*, 3-5.

미학의 근대성 및 철학의 한 분야로서 미학이 지니는 독자성은 예술사와 미학사가 서로 유사하다는 사실을 암시해주기도 한다. 흔히 예술은 몇몇 창조적 활동 및 탐구 영역이 유용성이라는 제한에서 풀려나 자유로운 기술이 기계적 기술과 구별되기 전까지는 본질적으로 공예에 불과했다고 말해진다.[78] 결국 아름다운 기술[예술]은 스스로를 일상 세계에서 분리하고 새로운 예술계의 성립을 향해 한 걸음 내딛으면서 자유로운 기술과 구별되고 장식품 신세를 면했다.[79] 예술사에 대한 이러한 이해는 주로 "아방가르드의 황금 전설"에서 절정에 이르는데, 그것은 예술이 부르주아의 관습과 재현의 요구를 물리치고 결국 완전한 자율성을 얻는 데 아방가르드가 어떻게 도움을 주었는지를 설명해준다.[80] 만일 예술사와 유사한 서사를 미학사에 도입한다면 우리는 미학이 아직 고유한 이름도 갖지 못하고 철학의 다른 분야들에 지배받았던 암흑의 나날들에서부터 출발

---

[78] 유용성에서 해방된 자유교육에 관해서는 Cicero, *De Oratore*, I.72-73을 보라. 자유로운 기술과 기계적 기술의 구분은 Hugh of St. Victor, *Didascalion*, II.20-27을 보라. 중세의 자유로운 기술[자유 학예, 이와 관련해서는 111쪽의 옮긴이 주를 보라]에 대한 개괄은 Curtius, *European Literature and the Latin Middle Ages*, 36-42를 보라. Kristeller, "The Modern System of the Arts, Part I", 507-510도 보라.

[79] "아름다운 기술fine art[예술](beaux arts)" 개념의 발전에 관해서는 Kristeller, "The Modern System of the Arts, Part I", 521-527을 보라. Shiner, *The Invention of Art*, 80-88도 보라. 예술계 개념에 관해서는 Danto, "The Artworld", 582-584; Dickie, *The Art Circle*, 1997을 보라. 예술계에 대한 더욱 사회학적인 접근으로는 Becker, *Art Worlds*, 1982; Bourdieu, *Distinction*, 1987; Bourdieu, *The Field of Cultural Production*, 1993(esp. 254-266)을 보라.

[80] Greenberg, "Avant-Garde and Kitsch", 48-59; Greenberg, "Towards a Newer Laocoon", 60-70을 보라. "아방가르드의 황금 전설"이라는 구절은 Rancière, *Aisthesis*, xiii에서 차용했다. 랑시에르가 예술사에 대한 그린버그의 접근법을 비판한 내용은 Rancière, *Aisthesis*, 26-262를 보라.

해야 할 것이다. 그러면 우리는 논리학과 나란히, 심리학 아래, 형이상학 안에 미학의 자리를 마련해주었던 바움가르텐을 위한 찬가를 부르게 될 것이다. 그리고 우리는 칸트와 헤겔에 대해 그들이 미학 창시자의 본래 시각에서 벗어났다고 비난할 수도, 그들이 미학을 오늘날의 모습에 몇 걸음 더 가깝게 만들었다고 칭송할 수도 있을 것이다. 미학의 중요성을 평가하기에는 지나치게 근시안적이고 편협한 다른 철학자들에게는 부당하게 무시당하겠지만 결국 우리는 현대 미학을 완전히 자율적인 철학 분야로 기릴 수 있을 것이다. 이러한 서사의 문제는 미학사를 마치 그것이 예술사와 동일한 것처럼 오도한다는 점에 있다.

예술사와 미학사의 상호 유사성은 자크 랑시에르가 『감각』(2011)에서 제안한 반反예술사를 통해 더욱 적절하게 제시된다. 내가 방금 설명한 예술사에 맞서 랑시에르는 예술에 대한 근대적 개념이 예술의 위계와 장르의 규칙이 붕괴되기 시작한 근대 초기에야 비로소 형성되기 시작했다고 주장한다.[81] 랑시에르는 예술 자체를 삶과 분리하거나 매체의 순수성을 강조하거나 예술의 자율성을 주장하지 않는다. 그 대신에 그는 근대 예술이 "예술의 특수성을 지워버리는, 그리고 예술들을 서로 분리시키고 일상적 경험과 떼어놓는 경계선들을 흐리게 만드는 경향이 있었다"는 사실을 보여준다.[82] 랑시에르는 이러한 전개의 기원을 〈벨베데레의 토르소Belvedere Torso〉에 대한 빙켈만의 열광적 묘사에서 찾는다. 빙켈만은 그것이 조화로운

---

[81] Rancière, *Aisthesis*, ix.
[82] Rancière, *Aisthesis*, xii.

비율과 정서의 아름다운 표현을 재현하고 있다고 여겼던 고전적인 생각을 버리는데, 왜냐하면 이 작품에는 사지와 머리가 남아 있지 않기 때문이다.[83] 랑시에르는 거지들을 그린 무리요Murillo의 회화 작품들부터 워커 퍼시Walker Percy의 사진 작품들, 그리고 시골 앨라배마에 사는 소작농들의 삶을 그린 제임스 에이지James Agee의 르포르타주『이제 우리가 유명인들을 칭송할 수 있게 하라』(1941)에 이르기까지 예술이 재현에 대한 요구 및 특정 주제, 대상, 활동에 부여된 특권에 도전하는 다양한 장면을 고려한다. 그는 결국 근대 예술의 발전이 곧 "신체, 이야기, 행위의 위계적 모델과의 영원한 단절"을 의미한다는 결론에 이르는데, 그러한 단절은 서로 다른 사람들이 서로 다른 활동에 서로 다른 목적을 가지고 서로 다른 맥락에서 동등하게 참여할 수 있는, 자유로운 유희를 위한 공간을 열어준다.[84] 이러한 모델을 미학에까지 확장하여 우리는 미학이 과학혁명과 계몽주의가 고대와 중세의 철학 및 신학의 특징이었던 위계를 무너뜨린 시대에 철학자들과 과학자들에게 그들 자신이 알고 있다고 여기는 것들을 재고해보게 하면서 등장했다고 말할 수 있다. 철학자들은 새로운 학문을 창시하고 새로운 체계를 구축함으로써 자신들이 상실했던 질서를 다시 세우려 했다. 미학은 그러한 새로운 학문들 중 하나였다. 하지만 미학의 주제와 방법을 둘러싸고 벌어진 18세기, 19세기, 20세기의 논쟁들은 미학의 대상이나 지위를 명확하게 규정하는 데 실패했다. 이제 21세기에 이르러 미학은 철학

---

83 Rancière, *Aisthesis*, 1-20.
84 Rancière, *Aisthesis*, xiv.

내에서 독자적이기는 하지만 비교적 주변부에 머무르는, 서로 느슨하게 연결된 일련의 주제들(예술, 아름다움, 취미, 비평)과 논쟁들(상이한 종류의 대상, 속성, 체험, 태도, 제도에 관한 논쟁들)을 다루는 학문으로 여겨진다. 미학은 철학의 다른 분야들(특히 형이상학, 인식론, 윤리학) 및 다른 학문들(특히 생물학, 심리학, 신경과학)과 소통해왔다. 하지만 그렇다고 해서 그러한 대화가 서로 동등한 위치에서 이루어져 왔다고 말하는 건 잘못일 것이다. 그럼에도 나는 철학사와 과학사에 대한 더욱 정당한 평가 및 다원주의와 학제 간 연구에 대한 개방성을 통해 미학, 철학, 과학이 미래에 동등한 위치에서 서로 소통하는 방향으로 나아갈 것이라고 생각한다.

참고 문헌

Aertsen, Jan, "Beauty in the Middle Ages: A Forgotten Transcendental?", *Medieval Philosophy and Theology* 1(1991): 68-97.

Addison, Joseph and Richard Steele, *The Spectator*, Edited by Henry Morley, London: George Routledge and Sons, 1891.

Agamben, Giorgio, "The Friend", Included in *What is an Apparatus and Other Essays*, Translated by David Kishik and Stefan Pedatella, Stanford: Stanford University Press, 2009.

Agee, James and Walker Evans, *Let Us Now Praise Famous Men*, Boston: Houghton Mifflin, 1941.

Akehurst, Thomas, *The Cultural Politics of Analytic Philosophy: Britishness and the Spectre of Europe*, London: Continuum, 2011.

Al-Farabi, *The Virtuous City*, Included in *Al-Farabi on the Perfect State*, Edited and Translated by Richard Walzer, Oxford: Oxford University Press, 1985.

American Philosophical Association(APA), "Philosophy: A Brief Guide for Undergraduates", 1981, http://www.apaonline.org/?undergraduates_INTRODUCTION.

Ariew, Roger and Peter Barker, "Duhem and Continuity in the History of Science", *Revue Internationale de Philosophie* 46.182.3(1992): 323-343.

Ariew, Roger and Peter Barker, *Revolution and Continuity: Essays in the History and Philosophy of Early Modern Science*, Washington DC: Catholic University of America Press, 1991.

Ariew, Roger and Eric C. Watkins, *Modern Philosophy: An Anthology of Primary Sources*(2nd Edition), Indianapolis: Hackett Publishing, 2009.

Ariew, Roger, *Descartes Among the Scholastics*, Leiden: Brill, 2011.

Aristotle, *Metaphysics*, Translated by W. D. Ross, Included in *Complete Works*, Edited by Jonathan Barnes, Princeton: Princeton University Press, 1984.

Aristotle, *Nicomachean Ethics*(2nd Edition), Translated by Terence Irwin, Indianapolis: Hackett Publishing, 1999.

Aristotle, *On Poetry and Style(Poetics)*, Edited and Translated by G. M. A. Grube, Indianapolis: Hackett Publishing, 1989.

Arnheim, Rudolf, *Film as Art*, Berkeley: University of California Press, 1957.

Augustine, *Confessions*, Translated by F. J. Sheed, Indianapolis: Hackett, 1993.

Babbitt, Irving, *The New Laokoon: An Essay on the Confusion of the Arts*, Boston: Houghton Mifflin, 1910.

Bacon, Francis, *The Major Works*, Edited by Brian Vickers, Oxford: Oxford University Press, 2008.

Bacon, Francis, *Of the Dignity and Advancement of Learning*, Included in *The Works of Francis Bacon*, Edited by James Spedding, Robert Leslie Ellis, and Douglas Denon Heath, New York: Garrett Press, 1870.

Bacon, Francis, *The New Organon*, Edited by Lisa Jardine and Michael Silverthorne, New York: Cambridge University Press, 2000.

Barboza, David, Graham Bowley, and Amanda Cox, "A Culture of Bidding: Forging an Art Market in China", *New York Times*(October 28, 2013), http://www.nytimes.com/projects/2013/china-art-fraud/.

Batteux, Charles, *A Course of the Belles Lettres, or The Principles of Literature*, Translated by John Miller, London: B. Law and Co., 1761.

Baumgarten, Alexander, *Metaphysics: A Critical Translation with Kant's Elucidations,*

Selected Notes, and Related Materials, Translated and Edited by Courtney D. Fugate and John Hymers, London: Bloomsbury, 2013.

Baumgarten, Alexander, *Ästhetik*, Edited and Translated into German by Dagmar Mirbach, Hamburg: Meiner Verlag, 2007.

Baumgarten, Alexander, *Reflections on Poetry*, Edited and Translated by Karl Aschenbrenner and William B. Holther, Berkeley: University of California Press, 1954.

Beardsley, Monroe C., "The Aesthetic Point of View", Included in *Philosophy Looks at the Arts*, Edited by Joseph Margolis, Philadelphia: Temple University Press, 1987.

Beardsley, Monroe C., *Aesthetics from Classical Greece to the Present*, Tuscaloosa: University of Alabama Press, 1975.

Beardsley, Monroe C., *Aesthetics: Problems in the Philosophy of Criticism*(2nd edition), Indianapolis: Hackett Publishing, 1981.

Beck, Lewis White, *Early German Philosophy: Kant and his Predecessors*, Cambridge: Harvard University Press, 1969.

Becker, Howard, *Art Worlds*, Berkeley: University of California Press, 1982.

Beiser, Frederick, *Diotima's Children: German Aesthetic Rationalism from Leibniz to Lessing*, Oxford: Oxford University Press, 2009.

Beiser, Frederick, *German Idealism: The Struggle Against Subjectivism, 1781-1801*, Cambridge: Harvard University Press, 2002.

Beiser, Frederick, *The Fate of Reason: German Philosophy from Kant to Fichte*, Cambridge: Harvard University Press, 1987.

Beiser, Frederick, *The German Historicist Tradition*, Oxford: Oxford University Press, 2011.

Benjamin, Walter, *Selected Writings, Volume 2: 1927-1934*, Edited by Michael W. Jennings, Howard Eiland, and Gary Smith, Cambridge: Harvard University Press, 1999.

Bentley, Richard, *A Dissertation Upon the Epistles of Phalaris*, London: J. Leake,

1697.

Bentley, Richard, *Q. Horatius Flaccus*, Cambridge: Cambridge University Press, 1711.

Berghahn, Klaus L., "Lessing the Critic: Polemics as Enlightenment", Included in *A Companion to the Works of Gotthold Ephraim Lessing*, Edited by Barbara Fischer and Thomas C. Fox, Rochester: Camden House, 2005.

Berghahn, Klaus L., "From Classicist to Classical Literary Criticism, 1730-1806", Included in *A History of German Literary Criticism: 1730-1980*, Omaha: University of Nebraska Press, 1988.

Blincoe, Adam, "The Priority of Reason: Mendelssohn's Rationalist Aesthetics", *Proceedings of the European Society for Aesthetics* 4(2012): 105-120.

Blumenberg, Hans, *The Legitimacy of the Modern Age*, Translated by Robert M. Wallace, Cambridge: MIT Press, 1985.

Boileau-Despréaux, Nicolas, *Art of Poetry*, Translated by William Soame and John Dryden, Included in *The Art of Poetry: The Poetical Treatises of Horace, Vida, and Boileau*, Edited by Albert S. Cook, Boston: Ginn & Co, 1892.

Boileau-Despréaux, Nicolas, *Longinus' Treatise of the Sublime*, Included in *The Works of Mons. Boileau Despreaux*, Edited by Pierre de Moizeau and Nicholas Rowe, London: Sanger & Curll, 1711.

Bosanquet, Bernard, *A History of Aesthetic*, London: George Allen & Unwin, 1892.

Bouhours, Dominique, "The *Je ne sais quoi* from The Conversations of Aristo and Eugene", Translated by Donald Schier, Included in *The Continental Model: Selected French Critical Essays of the Seventeenth Century in English Translation*, Edited by Scott Elledge and Donald Schier, Minneapolis: University of Minnesota Press, 1960.

Bourdieu, Pierre, *Distinction: A Social Critique of the Judgment of Taste*, Translated by Richard Nice, Cambridge: Harvard University Press, 1987.

Bourdieu, Pierre, *The Field of cultural Production*, Cambridge: Polity Press, 1993.

Bray, René, *La Formation de la Doctrine Classique en France*, Paris: Nizet, 1966.

British Commission for Architecture & the Built Environment(CABE), "The Value of Good Design: How Buildings and Spaces Create Economic and Social Value", 2002, http://webarchive.nationalarchives.gov.uk/20110118095356/http://www.cabe.org.u k/files/the-value-of-good-design.pdf.

Buchenau, Stefanie, *The Founding of Aesthetics in the German Enlightenment: The Art of Invention and the Invention of Art*, Cambridge: Cambridge University Press, 2013.

Bullough, Edward, "Psychical Distance as a Factor in Art and an Aesthetic Principle", *British Journal of Psychology* 5(1912): 87-118.

Bürger, Peter, *The Decline of Modernism*, Surrey: Polity, 1992.

Burke, Edmund, *A Philosophical Enquiry into the Origin of our Ideas of the Sublime and Beautiful*, Edited by David Womersley, New York: Penguin Books, 1998.

Butler, Judith, *Gender Trouble*(2nd edition), New York: Routledge, 1999.

Callières, François de, *Characters and Criticisms Upon the Ancient and Modern Orators, Poets, Painters, Musicians, Statuaries, and Other Arts and Sciences*, Translated by J. G. London: Richard Smith, 1714.

Callières, François de, *Histoire poétique de la guerre nouvellement declarée entre les anciens et les modernes*, Amsterdam: Pierre Savouret, 1688.

Carroll, Nöel, "Aesthetic Experience Revisited", *British Journal of Aesthetics* 42, no. 2(2002): 145-168.

Carroll, Nöel, "Art and the Domain of the Aesthetic", *British Journal of Aesthetics* 40, no. 2(2000): 191-208.

Carroll, Nöel, "Recent Approaches to Aesthetic Experience", *Journal of Aesthetics and Art Criticism* 70, no. 2(2012): 165-177.

Cassirer, Ernst, *The Philosophy of the Enlightenment*, Translated by Fritz A. Koelln and James P. Pettegrove, Princeton: Princeton University Press, 1979.

Chambray, Roland Fréart Sieur de, *A Parallel of the Ancient Architecture with the Modern*, Translated by John Evelyn, London: D. Brown, 1707.

Chalmers, David, David Manley, and Ryan Wasserman, *Metametaphysics: Essays on the Foundations of Ontology*, Oxford: Oxford University Press, 2009.

Chatterjee, Anjan, *The Aesthetic Brain*, Oxford: Oxford University Press, 2013.

Christensen, Thomas, *Rameau and Musical Thought in the Enlightenment*, Cambridge: Cambridge University Press, 1993.

Cicero, *De Oratore*, Included in *Cicero on Oratory and Orators*, Translated and Edited by J. S. Watson, London: Bell & Daldy, 1871.

Clark, T. J., "Clement Greenberg's Theory of Art" and "Arguments about Modernism", Included in *Pollock and After: The Critical Debate*, Edited by Francis Frascina, London: Routledge, 2000.

Cohen, H. Flores, *The Scientific Revolution: A Historiographical Inquiry*, Chicago: University of Chicago Press, 1994.

Cohen, H. F., *Quantifying Music: The Science of Music at the First Stage of the Scientific Revolution, 1580-1650*, Dodrecht: D. Reidel, 1984.

Commission for Architecture & the Built Environment, "The Value of Good Design: How Buildings and Spaces Create Economic and Social Value", London(2002).

Cooper, Anthony Ashley, *Characteristics of Men, Manners, Opinions, Times*, Edited by Lawrence E. Klein, Cambridge: Cambridge University Press, 1999.

Copenhaver, Brian P and Charles B. Schmidt, *Renaissance Philosophy*, Oxford: Oxford University Press, 1992.

Corneille, Pierre, *Of the Three Unities of Action, Time, and Place*, Translated by Donald Schier, Included in *The Continental Model: Selected French Critical Essays of the Seventeenth Century in English Translation*, Edited by Scott Elledge and Donald Schier, Minneapolis: University of Minnesota Press, 1960.

Corr, Charles A., "The Existence of God, Natural Theology and Christian Wolff", *International Journal for Philosophy of Religion* 4, no. 2(1973): 105-118.

Costelloe, Timothy M., *The British Aesthetic Tradition: From Shaftesbury to Wittgenstein*, Cambridge: Cambridge University Press, 2013.

Coward, Georgia, *French Musical Thought 1600-1800*, Rochester: Univesrity of Rochester Press, 1989.

Crawford, Donald, *Kant's Aesthetic Theory*, Madison: University of Wisconsin Press, 1974.

Croce, Benedetto, *Aesthetic as Science of Expression and General Linguistic*(2nd edition), Translated by Douglas Ainslie, New York: MacMillan, 1922.

Curtius, Ernst Robert, *European Litearture and the Latin Middle Ages*, Translated by Willard R. Trask, Princeton: Princeton University Press, 1953.

D'Alembert, Jean le Rond, *Elements of Music, Theoretical and Practical*, Translated by Kristie Beverly Elsberry, Tallahassee: Florida State Univesrity, 1984.

D'Alembert, Jean le Rond, *Preliminary Discourse to the Encyclopedia of Diderot*, Translated by Richard N. Schwab, Chicago: University of Chicago Press, 1995.

Dacier, André, *Aristotle's Art of Poetry*, London: Dan Browne, 1705.

Dacier, André, *La Poetique D'Aristote*, Paris: Claude Barbin, 1692.

Dacier, Anne, *Des Causes de la Corruption du Goust*, Paris: Rigaud, 1714.

Dacier, Anne, *Homère défendu*, Paris: Coignard, 1716.

Danto, Arthur, "The End of Art: A Philosophical Defense", *History and Theory* 37, no. 4(1998): 127-143.

Danto, Arthur, *After the End of Art: Contemporary Art and the Pale of History*, Princeton: Princeton University Press, 1997.

Danto, Arthur, "The Artworld", *Journal of Philosophy* 61, no. 19(1964): 571-584.

Darnton, Robert, *The Literary Underground of the Old Regime*, Cambridge: Harvard University press, 1985.

Darnton, Robert, *The Forbidden Best-Sellers of Pre-Revolutionary France*, New York: Norton, 1996.

Darnton, Robert, *Censors at Work: How States Shaped Literature*, New York: Norton, 2014.

Davies, David, "Medium in Art", Included in *The Oxford Handbook of Aesthetics*, Edited by Jerrold Levinson, Oxford: Oxford University Press, 2003.

Davies, David, "This is your brain on art: What can philosophy of art learn from Neuroscience?", Included in *Aesthetics and the Sciences of Mind*, Edited by Greg Currie, Matthew Kieran, Aaron Meskin, and Jon Robson, Oxford: Oxford University Press, 2014.

Davies, Stephen, *The Artful Species*, Oxford: Oxford University Press, 2012.

De Chambray, Roland Fréart, *Idée de la Perfection de la Peinture*, Paris: Jacques Ysambart, 1662.

De Clercq, Rafael, "The Structure of Aesthetic Properties", *Philosophy Compass* 3(2008): 894-909.

De La Motte, Antoine Houdar, *L'Iliade: Poëme avec un discours sur Homere*, Paris: Gregoire Dupuis, 1714.

De Piles, Roger, *The Principles of Painting*, London: J Osborn, 1743.

Derrida, Jacques, *The Politics of Friendship*, Translated by George Collins, London: Verso, 1997.

Des Chene, Dennis, *Physiologia: Natural Philosophy in Late Aristotelian and Cartesian Thought*, Ithaca: Cornell University Press, 1996.

Descartes, René, *The Passions of the Soul*, Translated by Stephen H. Voss, Indianapolis: Hackett Publishing, 1989.

Descartes, René, *The Philosophical Writings of Descartes*, Translated by John Cottingham, Robert Stoothoff, and Dugald Murdoch, Cambridge: Cambridge University Press, 1985.

Devereaux, "The Philosophical Status of Aesthetics", *Aesthetics Online*(1998), http://www.aesthetics-online.org/articles/index.php?articles_id _6.

Dickie, George, *The Art Circle*, Chicago: Chicago Spectrum Press, 1997.

Dickie, George, *The Century of Taste: The Philosophical Odyssey of Taste in the Eighteenth Century*, Oxford: Oxford University Press, 1996.

Dickie, George, "The New Institutional Theory of Art", *Proceedings of the 8th International Wittgenstein Symposium*(1984): 85-97.

Dickie, George, *Art and Aesthetic: An Institutional Analysis*, Ithaca: Cornell University Press, 1974.

Dickie, George, "The Myth of the Aesthetic Attitude", *American Philosophical Quarterly* 1, no. 1(1964): 56-65.

Diderot, Denis, "Art", Included in *Encyclopedia: Selections*, Translated by N. S. Hoyt and T. Cassirer, Indianapolis: Bobbs-Merrill, 1965.

Dissanayake, Ellen, *Homo Aestheticus: Where Art Comes From and Why*, Seattle: University of Washington Press, 1995.

Dissanayake, Ellen, *What is Art For?* Seattle: University of Washington Press, 1990.

Donougho, Martin, "Art an History: Hegel on the End, Begnning, and the Future of Art", Included in *Hegel and the Arts*, Edited by Stephen Houlgate, Evanston: Northwestern University Press, 2007.

Dryden, John, "Author's Apology for Heroic Poetry and Poetic License", Included in *The Works of John Dryden*(2nd Edition), Edited by Sir Walter Scott, Edinburgh: Constable, 1821.

Du Bos, Jean-Baptiste, *Critical Reflections on Poetry, Painting, and Music*, Translated by Thomas Nugent, London: John Nourse, 1748.

Du Fresnoy, Charles-Alphonse, *De Arte Graphica/The Art of Painting*, Translated by John Dryden, London: J. Hotinstall, 1695.

Dufrenne, Mikel, *The Phenomenology of Aesthetic Experience*, Translated by Edward S. Casey et al., Evanston: Northwestern University Press, 1973.

Dutton, Denis, *The Art Instinct: Beauty, Pleasure, and Human Evolution*, New York: Bloomsbury, 2009.

Eagleton, Terry, *The Ideology of the Aesthetic*, Oxford: Blackwell, 1990.

Eagleton, Terry, *The Function of Criticism: From the Spectator to Post-Structuralism*, London: Verso, 1984.

Eagleton, Terry, *Marxism and Literary Criticism*, Berkeley: University of California Press, 1976.

Eco, Umberto, *The Aesthetics of Thomas Aquinas*, Translated by Hugh Bredin, Cambridge: Harvard University Press, 1988.

Eliot, T. S., *Selected Essays, 1917-1932*, New York: Harcourt, 1932.

Farago, Claire J., *Leonardo da Vinci's Paragone: A Critical Interpretation with a New Edition of the Text in the Codex Urbinas*, Leiden: Brill, 1992.

Fenner, David E. W., *The Aesthetic Attitude*, Atlantic Highlands: Humanities Press, 1970.

Fontenelle, Bernard Le Bovier, *A Digression on the Ancients and the Moderns*, Translated by Donald Schier, Included in *The Continental Model: Selected French Critical Essays of the Seventeenth Century in English Translation*, Edited by Scott Elledge and Donald Schier, Minneapolis: University of Minnesota Press, 1960.

Fontenelle, Bernard Le Bovier, *Of Pastorals*, Translated by Peter Motteux, Included in *The Continental Model: Selected French Critical Essays of the Seventeenth Century in English Translation*, Edited by Scott Elledge and Donald Schier, Minneapolis: University of Minnesota Press, 1960.

Fontenelle, Bernard le Bovier, *The Panegyrick of Sir Isaac Newton*, Included in *The Present State of the Republick of Letters*, London: William and John Innys, 1728.

Forsey, Jane, "The Disenfranchisement of Philosophical Aesthetics", *Journal of the History of Ideas* 64.4(2003): 581-597.

Foucault, Michel, "What is Enlightenment?", Translated by Catherine Porter, Included in *The Essential Foucault*, Edited by Paul Rabinow and Nikolas Rose, New York: The New Press, 2003.

Foucault, Michel, *The Order of Things: An Archaeology of the Human Sciences*, New York: Vintage Books, 1970.

Frank, Manfred, *The Philosophical Foundations of Early German Romanticism*,

Translated by Elizabeth Millán-Zaibert, Albany: SUNY Press, 2004.

Franks, Paul W., *All or Nothing: Systematicity, Transcendental Arguments, and Skepticism in German Romanticism*, Cambridge: Harvard University Press, 2005.

Freudenthal, Gideon, *No Religion Without Idolatry: Mendelssohn's Jewish Enlightenment*, Notre Dame: Notre Dame University Press, 2012.

Fried, Michael, "How Modernism Works: A Response to T. J. Clark", Included in *Pollock and After: The Critical Debate*, Edited by Francis Frascina, London: Routledge, 2000.

Gadamer, Hans-Georg, *Truth and Method*(2nd edition), Translated by Joel Weinsheimer and Donald G. Marshall, New York: Continuum, 2003.

Galilei, Galileo, *Dialogue Concerning the Two Chief World Systems*, Translated by Stillman Drake, New York: Modern Library, 2001.

Gaukroger, Stephen, *Descartes: An Intellectual Biography*, Oxford: Oxford University Press, 1995.

Gerard, Alexander, *An Essay on Genius*, London: Strahan & Cadell, 1774.

Gerard, Alexander, *An Essay on Taste*, London: A. Millar, 1759.

Gilbert, Katharine Everett and Helmut Kuhn, *A History of Esthetics*, New York: Macmillan, 1939.

Gilson, Etienne, *Elements of Christian Philosophy*, New York: Doubleday, 1960.

Ginsborg, Hannah, *The Normativity of Nature. Essays on Kant's Critique of Judgment*, Oxford: Oxford University Press, 2015.

Glock, Hans-Johann, *What is Analytic Philosophy?*, Cambridge: Cambridge University Press, 2008.

Goldenbaum, Ursula, "Lessing ein Wolffianer?", Included in *hristian Wolff und die europäische Aufklärung*, Edited by Jürgen Stolzenberg and Oliver-Pierre Rudolph, Hildesheim: Georg Olms Verlag, 2008.

Goldenbaum, Ursula, "Der Skandal der Wertheimer Bibel: Die philosophisch-theologish Entscheidungsschlacht zwischen Pietisten und Wolffianern", Included in *Appell an das Publikum: Die öffentliche Debatte in der deutschen*

Aufklärung, 1687-1796, Edited by Ursula Goldenbaum, Berlin: Akademie Verlag, 2004.

Gombrich, Ernst, "Hegel und die Kunstgeschichte", *Neue Rundschau* 88.2(1977): 202-219.

Grafton, Anthony, *Defenders of the Text: The Traditions of Scholarship in an Age of Science, 1450-1800*, Cambridge: Harvard University Press, 1991.

Grafton, Anthony, *Forgers and Critics: Creativity and Duplicity in Western Scholarship*, Princeton: Princeton University Press, 1990.

Graves, David, "The Institutional Theory of Art: A Survey", *Philosophia* 25.1(1997): 51-67

Greenberg, Clement, "Avant-Garde and Kitsch" and "Towards a Newer Laocoon", Included in *Pollock and After: The Critical Debate*, Edited by Francis Frascina, London: Routledge, 2000.

Guyer, Paul, "18th Century German Aestheics", *Stanford Encyclopedia of Philosophy*, Edited by Edward N. Zalta, 2014. http://plato.stanford.edu/entries/aesthetics-18th-german/.

Guyer, Paul, "History of Modern Aesthetics", Included in *The Oxford Handbook of Aesthetics*, Edited by Jerrold Levinson, Oxford: Oxford University Press, 2003.

Guyer, Paul, *A History of Modern Aesthetics*, Cambridge: Cambridge University Press, 2014.

Guyer, Paul, *Kant and the Claims of Taste*(2nd edition), Cambridge: Cambridge University Press, 1997.

Guyer, Paul, *Values of Beauty: Historical Essays in Aesthetics*, Cambridge: Cambridge University Press, 2005.

Habermas, Jürgen , *The Structural Transformation of the Public Sphere*, Translated by Thomas Burger and Frederick Lawrence, Cambridge: MIT, 1989.

Habermas, Jürgen , *The Philosophical Discourse of Modernity*, Translated by Frederick G. Lawrence, Cambridge: MIT Press, 1990.

Hall, Vernon, "Life of Julius Caesar Scaliger, 1484-1558", *Transactions of the American Philosophical Society* 40, no. 2(1950): 85-170.

Holloran, John, *Professors of Enlightenment at the University of Halle, 1690-1730*, Dissertation, Department of History, University of Virginia, 2000.

Hamann, Johann Georg, *Aesthetica in Nuce: A Rhapsondy in Cabbalistic Prose*, Translated by Joyce P. Crick, Included in *Classical and Romantic German Aesthetics*, Edited by J. M. Bernstein, Cambridge: Cambridge University Press, 2003.

Hammermeister, Kai, *The German Aesthetic Tradition*, Cambridge: Cambridge University Press, 2002.

Hardison, O. B. Jr. and Leon Golden, *Horace for Students of Literature: The Ars Poetica and its Tradition*, University Press of Florida, 1995.

Harries, Karsten, "Hegel on the Future of Art", *Review of Metaphysics* 27, no. 4(1974): 677-696.

Harrison, Charles, Paul Wood, and Jason Gaiger, *Art in Theory, 1648-1815*, Oxford: Blackwell Publishers, 2000.

Hatfield, Gary, "Descartes Physiology and its relation to his psychology", Included in *The Cambridge Companion to Descartes*, Edited by John Cottingham, Cambridge: Cambridge, 1992.

Haugen, Kristine Louise, *Richard Bentley: Poetry and Enlightenment*, Cambridge: Harvard University Press, 2011.

Hawkesworth, John, *An Account of the Voyages Undertaken By the Order of his Present Majesty for Making Discoveries in the Sourthern Hemisphere*, Cambridge: Cambridge University Press, 2013.

Hazard, Paul, *The Crisis of the European Mind, 1680-1715*, Translated by J. Lewis May, New York: NYRB, 2013.

Hegel, G. W. F., *Hegel's Aesthetics: Lectures on Fine Art*, Translated by T. M. Knox, Oxford: Oxford University Press, 1975.

Hegel, G. W. F., *Lectures on the Philosophy of Art: The Hotho Transcript of the 1823*

Berlin Lectures, Edited and Translated by Robert F. Brown, Oxford: Oxford University Press, 2014.

Hegel, G. W. F., *The Difference Between Fichte's and Schelling's System of Philosophy*, Translated by H. S. Harris and Walter Cerf, Albany: SUNY Press, 1977.

Hegel, G. W. F., *The Phenomenology of Spirit*, Translated by Terry Pinkard, Cambridge: Cambridge University Press, Forthcoming.

Hegel, G. W. F., *The Philosophy of Mind*, Translated by A. V. Miller, Oxford: Oxford University Press, 1971.

Hegel, G. W. F., Friedrich Hölderlin, and F. W. J. Schelling, *Oldest System Program of German Idealism*, Translated by Stefan Bird-Pollan, Included in *Classic and Romantic German Aesthetics*, Edited by J. M. Bernstein, Cambridge: Cambridge University Press, 2003.

Henrich, Dieter, "Art and Philosophy of Art Today: Reflections with Reference to Hegel", Included in *New Perspectives in German Literary Criticism*, Edited by Richard E. Amacher and Victor Lange, Princeton: Princeton University Press, 1979.

Herder, Johann Gottfried, *Outlines of a Philosophy of the History of Man*(2nd Edition), Translated by T. Churchill, London: J. Johnson, 1803.

Herder, Johann Gottfried, *Selected Writings on Aesthetics*, Edited and Translated by Gregory Moore, Princeton: Princeton University Press, 2006.

Herder, Johann Gottfried, *Philosophical Writings*, Edited and Translated by Michael N. Forster, Cambridge: Cambridge University Press, 2002.

Herder, Johann Gottfried, *Werke*, Edited by Ulrich Gaier et al., Frankfurt am Main: Deutscher Klassiker Verlag, 1985.

Hobbes, Thomas, *Leviathan*, Edited by Richard Tuck, Cambridge: Cambridge University Press, 1991.

Home, Henry, *Elements of Criticism*, Edited by Peter Jones, Indianapolis: Liberty Fund, 2005.

Horgan, Terry and Mark Timmons, *Metaethics after Moore*, Oxford: Oxford University Press, 2006.

Horkheimer, Max and Theodor Adorno, *Dialectic of Enlightenment*, Translated by Edmund Jephcott, Stanford: Stanford University Press, 2002.

Houlgate, Stephen, "Hegel and the 'End' of Art", *The Owl of Minerva* 19, no. 1(1997): 1-21.

Hugh of St. Victor, *Didascalion: A Medieval Guide to the Arts*, Translated by Jerome Taylor, New York: Columbia, 1991.

Hume, David, *A Treatise of Human Nature*, Edited by P. H. Nidditch, Oxford: Oxford University Press,1978, pp. xv-xvi.

Hume, David, *Essays: Moral, Political, and Literary*(Revised Edition), Edited by Eugene F. Miller, Indianapolis: Liberty Fund, 1987.

Hutcheson, Francis, *An Inquiry in the Original of Our Ideas of Beauty and Virtue*, Edited by Wolfgang Leidhold, Indianapolis: Liberty Fund, 2004.

Hyman, John, "Art and Neuroscience", Included in *Beyond Mimesis and Convention: Representation in Art and Science*, Edited by Roman Frigg and Matthew Hunter, Dodrecht: Springer, 2010.

Irvin, Shelly, "The Pervasiveness of the Aesthetic in Ordinary Experience", *British Journal of Aesthetics* 48.1(2008): 29-44.

Irvin, Sherri, "Aesthetician Seeks Work", *Aesthetics Online*(2007), http://www.aesthetics-online.org/articles/index.php?articles_id _36.

Israel, Jonathan, *Radical Enlightenment: Philosophy and the Making of Modernity, 1650-1750*(New Edition), Oxford: Oxford University Press, 2012.

Jacobi, Friedrich Heinrich, T*he Main Philosophical Writings and the Novel Allwill*, Translated by George di Giovanni, Montreal: McGill-Queen's University Press, 1994.

Jesseph, Douglas, "Hobbes and the Method of Natural Science", Included in *The Cambridge Companion to Hobbes*, Edited by Tom Sorell, Cambridge: Cambridge University Press, 1996.

Junius, Franciscus, *The Painting of the Ancients*, Edited by K. Aldrich, P. Fehl, and R. Fehl, Berkeley: University of California Press, 1991.

Kant, Immanuel, *Lectures on Anthropology*, Edited and Translated by Allen W. Wood, Robert B. Louden, et al., Cambridge: Cambridge University Press, 2012.

Kant, Immanuel, *Anthropology, History, and Education*, Edited by Günter Zöller and Robert B. Louden, Cambridge: Cambridge University Press, 2007.

Kant, Immanuel, *Critique of the Power of Judgment*, Translated by Paul Guyer and Eric Matthews, Cambridge: Cambridge University Press, 2000.

Kant, Immanuel, *Critique of Pure Reason*, Translated by Paul Guyer and Allen W. Wood, Cambridge: Cambridge University Press, 1998.

Kant, Immanuel, *Practical Philosophy*, Translated by Mary Gregor, Cambridge: Cambridge University Press, 1996.

Kant, Immanuel, *Lectures on Logic*, Edited and Translated by J. Michael Young, Cambridge: Cambridge University Press, 1992.

Kant, Immanuel, *Theoretical Philosophy, 1755-1770*, Edited and Translated by David Walford and Ralf Meerbote, Cambridge: Cambridge University Press, 1992.

Kant, Immanuel, Kant's *Gesammelte Schriften*(Akademie Ausgabe), Edited by the Prussian Royal Academy of Sciences, et al., Berlin: Walter de Gruyter, 1900-.

Kawabata, Hideaki and Zeki, Semir, "Neural Correlates of Beauty", Journal of Neurophysiology 91(2004): 1699-1705.

Kazakina, Katya, "Art Market Nears Record with $66 Billion in Global Sales", *Bloomburg Business*, March 12, 2014. http://www.bloomberg.com/news/2014-03-12/global-art-market-surged-to-66-billio n-in-2013-report.html.

Kellert, Stephen H., Helen E. Longino, and Kenneth C. Waters, "The Pluralist Stance", Included in *Scientific Pluralism*, Minneapolis: University of Minnesota Press, 2006.

Kemp, Gary, "The Aesthetic Attitude", *British Journal of Aesthetics* 39.4(1999): 392-399.

Kern, Edith, *The Influence of Heinsius and Vossius upon French Dramatic Theory*, Baltimore: Johns Hopkins University Press, 1949.

Kivy, Peter, *The Seventh Sense: Frances Hutcheson & Eighteenth-Century British Aesthetics*(2nd Edition), Oxford: Oxford University Press, 2003.

Klein, Lawrence E., *Shaftesbury and the Culture of Politeness: Moral Discourse and Cultural Politics in Early Eighteenth-Century England*, Cambridge: Cambridge University Press, 1994.

Korsmeyer, Carolyn, *Savoring Disgust: the Foul and the Fair in Aesthetics*, Oxford: Oxford University Press, 2011.

Koyré, Alexandre, *From the Closed World to the Infinite Universe*, Baltimore: The Johns Hopkins Press, 1957.

Kristeller, Paul Oskar, "The Modern System of the Arts: A Study in the History of Aesthetics, Part II", *Journal of the History of Ideas* 13, no. 1(1952): 17-46.

Kristeller, Paul Oskar, "The Modern System of the Arts: A Study in the History of Aesthetics, Part I", *Journal of the History of Ideas* 12, no. 4(1951): 496-527.

Kuhn, Thomas S., "Possible Worlds in History of Science", Included in *The Road Since Structure: Philosophical Essays, 1970-1993*, Edited by James Conant and John Haugeland, Chicago: University of Chicago Press, 2000.

Kuhn, Thomas, *The Copernican Revolution: Planetary Astronomy in the Development of Western Thought*, Cambridge: Harvard University Press, 1957.

Kuhn, Thomas, *The Essential Tension: Selected Studies in Scientific Tradition and Change*, Chicago: University of Chicago Press, 1977.

Kuhn, Thomas, *The Structure of Scientific Revolutions*(Fourth Edition), Chicago: The University of Chicago Press, 2012.

Langer, Ullrich, *Perfect Friendship: Studies in Literature and Moral Philosophy from*

Boccaccio to Corneille, Geneva: Droz, 1994.

Leibniz, Gottfried Wilhelm, *Philosophical Essays*, Edited and Translated by Roger Ariew and Daniel Garber, Indianapolis: Hackett Publishing, 1989.

Lessing, Gotthold Ephraim et al., *Correspondence on Tragedy*, Included in *Eighteenth Century German Criticism*, Edited and Translated by Timothy J. Chamberlain, New York: Continuum, 2002.

Lessing, Gotthold Ephraim, *Fragments from Reimarus*, Translated by Rev. Charles Voysey, London: Williams and Norgate, 1879.

Lessing, Gotthold Ephraim, *Hamburg Dramaturgy*, Translated by Helen Zimmern, New York: Dover Publications, 1962.

Lessing, Gotthold Ephraim, *Laocoön: An Essay on the Limits of Painting and Poetry*, Translated by Ellen Frothingham, New York: Dover Publications, 2013.

Levine, Joseph M., "Ancients and Moderns Reconsidered", *Eighteenth-Century Studies* 15.1(1981): 72-89.

Levine, Joseph M., *The Battle of the Books: History and Literature in the Augustan Age*, Ithaca: Cornell University Press, 1991.

Levinson, Jerrold, "What Are Aesthetic Properties?", *Aristotelean Society*, Supplementary Volume 79(2005): 191-227.

Lichtenstein, Jacqueline, *The Blind Spot: An Essay on the Relations between Painting and Sculpture in the Modern Age*, Translated by Chris Miller, Los Angeles: Getty Research Institute, 2008.

Locke, John, *An Essay Concerning Human Understanding*, Annotated by Alexander Campbell Fraser, New York: Dover Publications, 1959.

Lombard, Alfred, *L'Abbé Du Bos: Un initiateur de la pensée moderne, 1670-1742*, Paris: Librarie Hachette, 1913.

Löwith, Karl, *Meaning in History*, Chicago: University of Chicago Press, 1949.

Lukács, Georg, *The Theory of the Novel: A Historico-Philosophical Essay on the Forms of Great Epic Literature*, Translated by Anna Bostock, Cambridge: MIT

Press, 1971.

Luther, Martin, "The Disputation Concerning Man", Included in *Luther's Works*(Volume 34), Edited by J. Pelikan and H. T. Lehmann, Philadelphia: Fortress Press, 1960.

Mag Uidhir, Christy, *Art and Art-Attempts*, Oxford: Oxford University Press, 2013.

Makkreel, Rudolf A., *Imagination and Interpretation in Kant: The Hermeneutical Import of the Critique of Judgment*, Chicago: University of Chicago Press, 1990.

Makkreel, Rudolf A., *Orientation & Judgment in Hermeneutics*, Chicago: University of Chicago Press, 2015.

Margolis, Joseph, "Robust Relativism", *The Journal of Aesthetics and Art Criticism* 35, no. 1(1976): 37-46.

Mariage, Thierry, *The World of André Le Nôtre*, Translated by Graham Larkin, Philadelphia: University of Pennsylvania Press, 1999.

Maritain, Jacques, *Art and Scholasticism*, Minneapolis: Filiquarian Publishing, 2007.

Markoff, John, "Steven P. Jobs, 1955-2011: Apple's Visionary Redefined Digital Age", *New York Times*, October 5, 2011. http://query.nytimes.com/gst/fullpage.html?res_9E0CE6DD1139F935 A35753C1A9679 D8B63.

Marshall, David, "Shaftesbury and Addison: Criticism and the Public Taste", Included in *The Cambridge History of Literary Criticism(Vol. 4: The Eighteenth Century)*, Edited by George Alexander Kennedy, H. B. Nisbet, and Claude Rawson, Cambridge: Cambridge University Press, 2005.

Martin, Éva Madeleine, "The Prehistory of the Sublime in Early Modern France", Included in *The Sublime: From Antiquity to the Present*, Edited by Timothy M. Costelloe, Cambridge: Cambridge University Press, 2012.

Marx, Karl and Friedrich Engels, *The German Ideology*, Edited by C. J. Arthur, New York: International Publishers, 1970.

Matravers, Derek, "The Aesthetic Experience", Included in *The Bloomsbury*

Companion to Aesthetics, Edited by Anna Christina Ribeiro, London: Bloomsbury, 2015.

Matthen, Mihan, *Eye Candy*, 2014. http://aeon.co/magazine/philosophy/why-did-we-evolve-to-appreciate-beauty/.

McAteer, John Michael, *Moral Beauty and Moral Taste from Shaftesbury to Hume*, Dissertation, Department of Philosophy, University of California Riverside, 2010.

McMahon, Darrin M., *Divine Fury: A History of Genius*, New York: Basic Books, 2013.

McQuillan, J. Colin, "Kant's Critique of Baumgarten's Aesthetics", *Idealistic Studies* 45(2015): 69-80.

McQuillan, J. Colin, *Immanuel Kant: The Very Idea of a Critique of Pure Reason*, Evanston: Northwestern University Press, 2016.

McQuillan, J. Colin, "Baumgarten on Sensible Perfection", *Philosophica* 44(2014): 47-64.

McQuillan, J. Colin, "Beyond the Limits of Reason: Kant, Critique, and Enlightenment", Included in *Conceptions of Critique in Modern and Contemporary Philosophy*, Edited by Karin de Boer and Ruth Sonderegger, Houndsmills: Palgrave Macmillan, 2012.

Meier, Georg Friedrich, *Anfangsgründe aller schönen Wissenschaften*, Halle: Hemmerde, 1748.

Mendelssohn, Moses, *Ästhetische Schriften*, Edited By Anna Pollok, Hamburg: Meiner Verlag, 2006.

Mendelssohn, Moses, *Jerusalem: Or, On Religious Power and Judaism*, Translated by Alexander Altmann, Hanover: Brandeis University Press, 1983.

Mendelssohn, Moses, *Philosophical Writings*, Edited and Translated by Daniel O. Dahlstrom, Cambridge: Cambridge University Press, 1997.

Mendelssohn, Moses, *Philosophische Schriften*, Berlin: Voss, 1761.

Mercer, Christia and Eileen O'Neill, *Early Modern Philosophy: Mind, Matter, and*

Metaphysics, Oxford: Oxford University Press, 2005.

Mersenne, Marin, *Harmonie Universelle: The Books on Instruments*, Translated by Roger E. Chapman, The Hague: Martinus Nijhoff, 1957.

Millán-Zaibert, Elizabeth, *Friedrich Schlegel and the Emergence of Romantic Philosophy*, Albany: SUNY Press, 2007.

Mills, Susan, "The Challenging Patient: Descartes and Princess Elisabeth on the Preservation of Health", *Journal of Early Modern Studies* 2.2(2013): 101-122.

Monk, James Henry, *The Life of Richard Bentley, Master of Trinity College*, London: Rivington, 1830.

Montagu, Jennifer, *The Expression of the Passions: The Origin and Influence of Charles Le Brun's "Conférence sur l'expression générale et particuliere"*, New Haven: Yale University Press, 1994.

Montaigne, Michel, *The Complete Works*, Translated by Donald M. Frame, New York: Everyman's Library, 2003.

Moore, Evelyn Knopp, *Lessing's Theory of Polemic*, Dissertation, Department of Germanic Languages and Literatures, University of Illinois at Urbana-Champaign, 1990.

Moore, Fabienne, "Homer Revisited: Anne Le Fèvre Dacier's Preface to Her Prose Translation of the Iliad in Early Eighteenth-Century France", *Studies in the Literary Imagination* 33.2(2000): 87-107.

Morizot, Jacques, "18th Century French Aesthetics", *Stanford Encyclopedia of Philosophy*, Edited by Edward N. Zalta, 2013. http://plato.stanford.edu/entries/aesthetics-18th-french/.

Nadler, Steven, *A Book Forged in Hell: Spinoza's Scandalous Treatise and the Birth of the Secular Age*, Princeton: Princeton University Press, 2011.

Nadler, Steven, *A Companion to Early Modern Philosophy*, Malden: Wiley-Blackwell, 2002.

Nanay, Bence, "Philosophy of Perception as a Guide to Aesthetics", Included in *Aesthetics and the Sciences of Mind*, Edited by Greg Currie, Matthew Kieran, Aaron Meskin, and Jon Robson, Oxford: Oxford University Press, 2014.

Nanay, Bence, *Aesthetics as Philosophy of Perception*, Oxford: Oxford University Press, 2016.

Nassar, Dalia, *The Relevance of Romanticism: Essays on German Romantic Philosophy*, Oxford: Oxford University Press, 2014.

Nassar, Dalia, *The Romantic Absolute: Being and Knowing in Early German Romantic Philosophy, 1795-1804*, Chicago: University of Chicago Press, 2014.

Nathan, Daniel O., "Department Seeks Aesthetician", *Aesthetics Online*(2007), http://www.aesthetics-online.org/articles/index.php?articles_id_37.

Newton, Isaac, *Principia Mathematica*, Selections included in *Philosophical Writings*, Edited by Andrew Janiak, Cambridge: Cambridge University Press, 2004.

Nietzsche, Friedrich, *Human, All Too Human: A Book for Free Spirits*, Translated by R. J. Hollingdale, Cambridge: Cambridge University Press, 1996.

Nisbet, H. B., *Gotthold Ephraim Lessing: His Life, Work, and Thought*, Oxford: Oxford University Press, 2013.

Norman, Larry F., *The Shock of the Ancient: Literature and History in Early Modern France*, Chicago: University of Chicago Press, 2011.

Oudry, Jean-Baptiste, *Discourse on the Practice of Painting and its Main Processes: Underpainting, Overpainting, and Retouching*, Translated by Steve Stella and Alan Phenix, Tiarna Doherty, Michael Swicklick, Los Angeles: The Getty Conservation Institute, 2008.

Perrault, Charles, *La Peinture: Poëme*, Paris: Frederic Leonard, 1668.

Perrault, Charles, *Critique de l'Opéra*, Paris: Claude Barbin, 1674.

Perrault, Charles, *Le siècle de Louis le Grand: poème*, Paris: Jean Baptiste Coignard, 1687.

Perrault, Claude, *Ordonnance for the Five Kinds of Columns after the Method of the Ancients*, Translated by Indra Kagis McEwen, Santa Monica: The Getty

Center, 1993.

Petropoulos, Jonathan, *The Faustian Bargain: The Art World in Nazi Germany*, Oxford: Oxford University press, 2000.

Pfeiffer, Rudolf, *History of Classical Scholarship, 1300-1850*, Oxford: Oxford University Press, 1976.

Philpapers Foundation and the American Philosophical Foundation, *Philjobs: Jobs for Philosophers*. http://philjobs.org/.

PhilPapers Surveys, "Demographic Statistics", 2009. http://philpapers.org/surveys/demographics.pl.

Pippin, Robert, *Modernism as a Philosophical Problem: On the Dissatisfactions of European High Culture*(2nd Edition), Malden: Blackwell, 1999.

Plato, *Alcibiades I*, Translated by D. S. Hutchinson, Included in *Plato: Complete Works*, Edited by John M. Cooper and D. S. Hutchinson, Indianapolis: Hackett Publishing, 1997.

Plato, *Republic*, Translated by G. M. A. Grube, Revised by C. D. C. Reeve, Indianapolis: Hackett Publishing, 1992.

Plato, *Symposium*, Translated by Alexander Nehamas and Paul Woodruff, Indianapolis: Hackett Publishing, 1989.

Plotinus, *The Essential Plotinus*, Edited and translated by Elmer O'Brien, Indianapolis: Hackett, 1964.

Pocock, Gordon, *Boileau and the Nature of Neo-Classicism*, Cambridge: Cambridge University Press, 1980.

Pope, Alexander, *The Dunciad*, Included in *Major Works*, Edited by Pat Rogers, Oxford: Oxford University Press, 2006.

Pope, Alexander, *The Iliad of Homer*, London: T. J. for B. L., 1718.

Pseudo-Dionysius, *The Divine Names*, Included in *The Complete Works*, Translated by Colm Luibheid, New York: Paulist Press, 1987.

Rameau, Jean-Philippe, "Errors in Music in the Encyclopedia" and Jean-Jacques Rousseau, "On the Principle of Melody", Included in *The Col-*

lected Writings of Rousseau(Vol. 7), Edited and Translated by John T. Scott, Hanover: The University press of New England, 1998.

Rameau, Jean-Philippe, *Treatise on Harmony*, Translated by Philip Gossett, Mineola: Dover Books, 1971.

Reill, Peter Hanns, *The German Enlightenment and the Rise of Historicism*, Berkeley: University of California Press, 1975.

Reimarus, Hermann Samuel, *Fragments*, Edited by Charles H. Talbert, Philadelphia: Fortress Press, 1970.

Reiss, Hans, "The 'Naturaliztion' of the Term 'Ästhetik' in Eighteenth-Century German: Alexander Gottlieb Baumgarten and his Impact", *Modern Language Review* 89(1994): 645-658.

Reynolds, Joshua, *Discourses*, Edited by Edward Gilpin Johnson, Chicago: McClurg and Co., 1891.

Ribeiro, Anna Christina, "Aesthetics' Philosophical Importance", *Aesthetics for the Birds*(2014). http://www.aestheticsforbirds.com/2014/03/the-philosophical-impor tance-of_22.html.

Ribeiro, Anna Christina, *The Bloomsbury Companion to Aesthetics*, London: Bloomsbury Publishing, 2015.

Rorty, Richard, J. B. Schneewind, and Quentin Skinner, *Philosophy in History*, Cambridge: Cambridge University Press, 1984.

Ross, Stephanie, "Painting the Passions: Charles LeBrun's Conference sur l'Expression", *Journal of the History of Ideas* 45, no. 1(1984): 25-47.

Rousseau, Jean-Jacques, *The Collected Writings of Rousseau*, Edited and Translated by John T. Scott, Hanover: The University Press of New England, 1998.

Rousseau, Jean-Jacques, *The Social Contract and Other Later Political Writings*, Edited and Translated by Victor Gourevitch, Cambridge: Cambridge University Press, 1997.

Rubens, Peter Paul, "Letter to Franciscus Junius", Included in *Art in Theory, 1648—1815: An Anthology of Changing Ideas*, 28-29, Edited by Charles

Harrison, Paul Wood, and Jason Gaiger, Oxford: Blackwell Publishers, 2000.

Rubens, Peter Paul, *De Imitatione Statuorum*, Included in De Piles, Roger, *The Principles of Painting*, London: J Osborn, 1743.

Russell, Bertrand, *A History of Western Philosophy*, New York: Simon & Schuster, 1972.

Russell, Bertrand, *The Problems of Philosophy*, Oxford: Oxford University Press, 1912.

Russell, Bertrand, "On Denoting", *Mind* 14, no. 56(1905): 479-493.

Rutherford, Donald, *The Cambridge Companion to Early Modern Philosophy*, Cambridge: Cambridge University Press, 2006.

Said, Edward W., *Culture and Imperialism*, New York: Vintage Books, 1993.

Schapiro, Meyer, H. W. Janson, and E. H. Gombrich, "A Symposium on Periods", *New Literary History* 1, no. 2(1970): 113-125.

Schellekens, Elizabeth, "Aesthetic Properties", Included in *The Bloomsbury Companion to Aesthetics*, Edited by Anna Christina Ribeiro, London: Bloomsbury, 2015.

Schelling, F. W. J., *On the History of Modern Philosophy*, Translated by Andrew Bowie, Cambridge: Cambridge University Press, 1994.

Schelling, F. W. J., *System of Transcendental Idealism*, Translated by Peter Heath, Charlottesville: University Press of Virginia, 1978.

Schelling, F. W. J., *The Philosophy of Art*, Edited and Translated by Douglas W. Stott, Minneapolis: University of Minnesota Press, 1989.

Schlegel, Friedrich, *Philosophical Fragments*, Translated by Peter Firchow, Minneapolis: Universityh of Minnesota Press, 1991.

Schliesser, Eric, "On Rules for the History of Philosophy ⋯ Or, a Defense of Methodological Anachronism" and "Three Cheers for (Methodological) Anachronism!", *Digressions & Impressions*(2014). http://digressionsnimpressions.typepad.com/digressionsimpressions/2014/10/on-rulesfor-the-history-of-philosophy.html and http://digressionsnimpressions. typepad.com/digressionsimpressions/2014/12/three-cheers-for-anachronism.html.

Schmidt, James, "Genocide and the Limits of Enlightenment: Horkheimer and Adorno Revisited", Included in *Enlightenment and Genocide: Contradictions of Modernity*, Edited by Bo Strath, Bruxelles: Peter Lang, 2000.

Scholar, Richard, *The Je-Ne-Sais-Quoi in Early Modern Europe: Encounters with a Certain Something*, Oxford: Oxford University Press, 2005.

Schwaiger, Clemens, *Alexander Gottlieb Baumgarten - Ein intellectuelles Porträt*, Stuttgart-Bad Cannstatt: Frommann-Holzboog, 2011.

Schweitzer, Albert, *The Quest of the Historical Jesus: A Critical Study of its Progress from Reimarus to Wrede*, Translated by W. Montgomery, Mineola: Dover Publications, 2005.

Seamon, Roger, "For the Ghettoization of Aesthetics", *Aesthetics Online*(2006). http://www.aesthetics-online.org/articles/index.php?articles_id_30.

Shapiro, Lisa, "Descartes' Passions of the Soul", *Philosophy Compass* 1, no. 3(2006): 268-278.

Shapiro, Lisa, *The Correspondence between Princess Elisabeth of Bohemia and René Descartes*, Chicago: University of Chicago Press, 2007.

Shaw, Devin Zane, *Freedom and Nature in Schelling's Philosophy of Art*, London: Continuum, 2010.

Shelley, James, "18th Century British Aesthetics", *Stanford Encyclopedia of Philosophy*, Edited by Edward N. Zalta, 2014. http://plato.stanford.edu/entries/aesthetic-concept/.

Shelley, James, "The Concept of the Aesthetic", *Stanford Encyclopedia of Philosophy*, Edited by Edward N. Zalta, 2013. http://plato.stanford.edu/entries/aesthetics-18th-british/.

Shiner, Larry, *The Invention of Art: A Cultural History*, Chicago: University of Chicago Press, 2001.

Shusterman, Richard and Adele Tomlin, *Aesthetic Experience*, New York: Routledge, 2008.

Shusterman, Richard, "Aesthetics Between Nationalism and Internationalism", *Journal of Aesthetics and Art Criticism* 51, no. 2(1993): 157-167.

Sibley, Frank, "Aesthetic Concepts", *The Philosophical Review* 68(1959): 421-450.

Sikka, Sonia, *Herder on Humanity and Cultural Difference: Enlightened Relativism*, Cambridge: Cambridge University Press, 2011.

Simon, Richard, *A Critical History of the Old Testament*, Translated by "A Person of Quality", London: Walter Davis, 1682.

Simon, Richard, *A Critical History of the Text of the New Testament*, London: R. Taylor, 1689.

Simonsuri, Kirsti, *Homer's Original Genius: Eighteenth Century Notions of the Early Greek Epic*, Cambridge: Cambridge University Press, 1979.

Smith, Justin E. H., *Nature, Human Nature, and Human Difference*, Princeton: Princeton University Press, 2015.

Sorell, Tom, "Hobbes' Scheme of the Sciences", Included in *The Cambridge Companion to Hobbes*, Edited by Tom Sorell, Cambridge: Cambridge University Press, 1996.

Sorkin, David Jan, *The Religious Enlightenment: Protestants, Jews, and Catholics from London to Vienna*, Princeton: Princeton University Press, 2008.

Spalding, Paul S., *Seize the Book, Jail the Author: Johann Lorenz Schmidt and Censorship in Eighteenth-Century Germany*, West Lafayette: Purdue University Press, 1998.

Spinoza, Baruch, *Complete Works*, Translated by Samuel Shirley, Edited by Michael L. Morgan, Indianapolis: Hackett, 2002.

Starnes, D. T., "The Figure Genius in the Renaissance", *Studies in the Renaissance* 11(1964): 234-244.

Starr, G. Gabrielle, *Feeling Beauty: The Neuroscience of Aesthetic Experience*, Cambridge: MIT Press, 2013.

Stecker, Robert, *Aesthetics and the Philosophy of Art: An Introduction*, Lanham: Rowman & Littlefield, 2010.

Stolnitz, Jerome, "The Aesthetic Attitude in the Rise of Modern Aesthetics", *Journal of Aesthetics and Art Criticism* 36, no. 4(1978): 409-422.

Stolnitz, Jerome, "On the Origins of Aesthetic Distinterestedness", *Journal of Aesthetics and Art Criticism* 20, no. 2(1961): 131-143.

Stolnitz, Jerome, "On the Significance of Lord Shaftesbury in Modern Aesthetic Theory", *Philosophical Quarterly* 11, no. 43(1961): 97-113.

Strohminger, Nina, "Disgust Talked About", *Philosophy Compass* 9, no. 7(2014): 478-493.

Strohminger, Nina, "The Meaning of Disgust: A Refutation", *Emotion Review* 6, no. 3(2014): 214-216.

Swift, Jonathan, *A Proposal for Correcting, Improving, and Ascertaining the English Tongue*, London: Benjamin Tooke, 1712.

Swift, Jonathan, *A Tale of a Tub and Other Works*, Edited by Angus Ross and David Woolley, Oxford: Oxford University Press, 2008.

Taylor, Charles, *The Malaise of Modernity*, Toronto: House of Anansi Press, 1991.

Temple, William, *An Essay upon the Ancient and Modern Learning*, Edited by J. E. Spingarn, Oxford: Clarendon Press, 1909.

Theophanidis, Philippe, "O Friends, There are No Friends: On a Quote Attributed to Aristotle", *Aphelis*(2014), http://aphelis.net/o-friends-there-are-no-friends-aristotle/.

Thomas Aquinas, *On Truth(Questiones Disputatae de Veritate)*, Translated by Robert W. Mulligan et al., Indianaplis: Hackett, 1994.

Thomas Aquinas, *Summa Theologica*, Selections included in *Introduction to St. Thomas Aquinas*, Edited by Anton C. Pegis, New York: McGraw-Hill, 1948.

Thomasson, Amie L., "Debates about the Ontology of Art: What are we doing here?" *Philosophy Compass* 1(2006): 245-255.

Tonelli, Giorgio, "Genius from the Renaissance to 1770", Included in *Diction-*

ary of the History of Ideas, Edited by Philip P. Wiener, New York: Charles Scribner's Sons, 1974.

Turner, James, *Philology: The Forgotten Origins of the Modern Humanities*, Princeton: Princeton University Press, 2014.

Urmson, J. O., "What Makes a Situation Aesthetic?", *Proceedings of the Aristotelean Society* 31(1957): 75-106.

Vasari, Giorgio, *Lives of the Most Eminent Painters, Sculptors, and Architects*, Translated by Mrs. Jonathan Foster, London: George Bell & Sons, 1900.

Vico, Giambattista, *On The Study Methods of Our Time*, Translated by Elio Gianturco, Ithaca: Cornell University Press, 1990.

Vico, Giambattista, *The New Science of Giambattista Vico*, Translated by Thomas Goddard Bergin and Max Harold Fisch, Ithaca: Cornell University Press, 1968.

Voltaire, *Philosophical Letters(Letters Concerning the English Nation)*, Translated by Ernest Dilworth, Mineola: Dover Publications, 2003.

Walton, Kendall L., "Categories of Art", *Philosophical Review* 79.3(1970): 334-367.

Waugh, Joanne and Roger Ariew, "The Contingency of Philosophical Problems", Included in *Philosophy and its History: Aims and Methods in the Study of Early Modern Philosophy*, Edited by Mogens Laerke, Justin E. H. Smith, and Eric Schliesser, Oxford: Oxford University Press, 2013.

Wellbery, David, "Aesthetic Media: The Structure of Aesthetic Theory Before Kant", Included in *Regimes of Description in the Archive of the Eighteenth Century*, Edited by John Bender and Michael Marrinan, Stanford: Stanford University Press, 2005.

Wellbery, David, *Lessing's Laocoon: Semiotics and Aesthetics in the Age of Reason*, Cambridge: Cambridge University Press, 2009

Wilson-Okamura, David Scott, *Virgil in the Renaissance*, New York: Cambridge University Press, 2010.

Winckelmann, Johann Joachim, *Reflection on the Painting and Sculpture of the Greeks*(2nd Edition), Translated by Henry Fusseli, London: Millar & Cadell, 1767.

Winckelmann, Johann Joachim, *The History of Ancient Art*, Translated by G. Henry Lodge, Boston: Osgood & Co., 1873.

Witte, Egbert, *Logik ohne Dornen: Die Rezeption von A. G. Baumgartens Ästhetik im Spannungsfeld von logischem Begriff und Ästhetischer Anschauung*, Hildesheim: Olms Verlag, 2000.

Wolf, Friedrich August, *Prolegomena to Homer*, Edited and Translated by Anthony Grafton, Princeton: Princeton University Press, 1989.

Wolff, Christian, *Preliminary Discourse on Philosophy in General*, Translated by Richard J. Blackwell, Indianapolis: Bobbs-Merrill, 1963.

Wolff, Christian, *Vernünftige Gedancken von Gott, der Welt, und der Seele des Menschen, auch allen Dingen überhaupt(German Metaphysics)*, Included in *Christian Wolff: Gesammelte Werke*(I. Abt., Bd. 2.1), Edited by Jean École et al., Hildesheim: Georg Olms Verlag, 2009.

Wölfflin, Heinrich, *Principles of Art History: The Problem of Style in Later Art*, Translated by M. D. Hottinger, New York: Dover, 1950.

Wollheim, Richard, *Art and its Objects(2nd Edition)*, Cambridge: Cambridge University Press, 1980.

Wolterstorff, Nicholas, "Beardsley's Approach", *The Journal of Aesthetics and Art Criticism* 63, no. 2(2005).

Wotton, Henry, *Elements of Architecture*, London: Longmans, Green, & Co., 1903.

Wotton, William, *Reflections upon Ancient and Modern Learning*, London: J. Leake, 1694.

Zeki, Semir, "Aesthetic Creativity and the Brain", *Science Magazine* 293, no. 5527(2001): 51-52.

Zeki, Semir, *Inner Vision: An Exploration of Art and the Brain*, Oxford: Oxford University Press, 1999.

Zeki, Semir, Statement on Neuroestetics, n. d. http://www.neuroesthetics.org/statement-on-neuroesthetics.php.

옮긴이의 말

모든 게 위기를 맞이한 것처럼 보이는 요즘 같은 시대에 새삼 "철학의 위기"를 운운하는 것은 이제 가뜩이나 진부할뿐더러 지나치게 팔자 좋은 소리를 하는 일일지 모르겠다. 지금 우리에게 중요한 사안은 월급 인상률이나 부동산 가격, 주가 동향이지, 사물 자체Ding an sich의 인식가능성이나 악의 존재근거, 육신과 정신의 관계 같은 게 아니다. 그러니까 "철학의 위기"는 고사하고 "철학"을 말한다는 것 자체부터가 시대착오적이다. 이러한 상황에서 "아름다운 사물의 본성"이나 "인간의 미적 능력의 구조와 원리", "예술과 진리의 관계" 같은 미학의 주제를 논한다면 이는 그야말로 철부지 같은 일이겠다. 당장 생계와 생명이 경각에 달린 마당에 한가하게 아름다움과 예술이라니? 그런데 가만히 생각해보면 철학적인 이야기를 하는 게 시대착오적이지 않았던 때가, 철학이 위기에 놓여 있지 않았던 때가 과연 있기는 했던가? 테러든 경제 대공황이든 자연재해든 전염병의 세계적 확산이든 그 어떤 대단한 일이 일어났든, 아니면 아무 일도 일어나지 않았든 철학은 언제나 위기에 처해 있었다. 이는 약 2500년 전에 진리의 산파였던 소크라테스가 청년들을 타락시켰다는 죄목으로 외려 사형을 언도받았을 때도 마찬가지였다. 결국 철학은 언제나 위기였고, 언제나 시대착오적이었다. 이를 거꾸로 생각해보면 철학을 논할 적절한 시기 따위는 애초부터 없었다는 뜻이 된다. 다시 말해 철학은 논의되기에 언제나 적절했으며, 제때에 저마다의 방식으로 제 목소리를 내었다. 따라서 지금 여기서 미학을 논한다 해도 이는 도리어 시의적절하다고 할 수 있겠다.

미학은 고대 그리스의 인문주의를 표방하던 근대인들이 고대인들과 자신들을 구분하여 스스로 고유한 자아상을 확립하기 시작하면서, 또 지성과 이성을 통한 인식을 중시하는 경향에서 여태까지 사상捨象되어왔던 감성의 요소들(상상력, 감각, 감정 등)을 고려하기 시작하면서 생겨났다. 요컨대 미학은 근대인들의 정체성과 그들이 거둔 지적 성취가 집약된 학문으로, 감성 영역의 인식론적 가치를 발견하고 감성의 인식 대상의 존재론적 지위를 격상시키려는 의도를 지닌다. 즉 미학은 "근대"라는 시대와 그 시대의 철학 및 여타 학문의 복잡한 진영 속에서 자연과학, 형이상학, 인식론, 개별 예술에 관련된 논의들이 복합적으로 이루어지는 과정에서 기존의 인식론, 논리학, 존재론 등을 보완하거나 극복하려는 시도로 등장한, 나름의 야심을 지닌 철학적 학문인 것이다. 바움가르텐이 미학을 새로운 학문으로 자부했던 까닭이나 미학적 탐구에 몰두했던 근대인들이 스스로 자신들은 종래까지와 완전히 다른 작업을 하고 있다고 여겼던 까닭은 바로 여기에 있다. 그들은 미학을 통해 세상을 바라보고 이해하는 완전히 새로운 눈을 얻었던 것이다. 그런데 어째서인지 다수의 미학 관련 입문서나 근대 미학 관련 서적들에서는 이 같은 사실이 좀처럼 지적되지 않는 것 같다. 인간의 감성 능력을 다루는 미학이 왜 하필 감각적 인식을 긍정했던 경험주의가 아니라 오히려 감각을 다소 부정적으로 평가했던 합리주의에서 탄생했는지, 취미 비판과 감성학 및 예술철학은 서로 어떻게 다른지, 미학이 성립하기 이전과 이후의 미학"적" 논의들을 바움가르텐이 세운 미학"의" 논의들과 진정 동일한 종류에 속하는 것으로 볼 수 있는지 등등 미학의 성립 배경과 근본이념에 긴밀하게 맞닿아 있는 이와 같은 물음들은 미학을 이해하는 데 중요하지만, 그럼에도 많은 경우 관심 밖으로 밀려나 있다. 그보다는 차라리 "미학을 공부하면 미술관이나 극장에서 예술 작품을 더 잘 감상할 수 있으리라는" 식의 세속적 기대만이 미학에 걸리고 있을 따름이다. 즉 미학에는 그것이 다소 가벼운 분야라는, 또 철학의 한 아류라는, 달리 말하자면 우리를 "폼 나고 세련된 교양인"처럼 보이게 만들어줄 수는 있을지언정 한가하고 사치스러운 지적 유희에 지나지 않는다는 오해가 덧씌워져 있는 것처럼 보인다. 이는 이미 언급했듯이 미학의 성립 배경과 근본이념에 결부된 여러 물음, 제반 사안들이 정작 미학을 다루는 데서 자주 간과되고 있기 때문일 것이다. 철학의 한 분야로서 미학이 지니는 정체성이 희미해져버린 것이다. 미학에 소박한 관심을 지닌 독자들 — 심지어는 일부 철학 전공자들 — 사이에서 위와 같은 오해가 불식되지 않는 까닭도 바로 여기에 있는 것 같다.

그 점에서 이 책은 미학에 대한 오해를 해소하고, 미학의 본성과 이념을 올바르게 이해하는 데 적절한 도움을 줄 수 있다. 이 책에서 매퀼런은 미학이 2차 르네상스를 거쳐 바움가르텐을 통해 철학의 한 분야로 공식적으로 탄생하고, 칸트와 헤겔 등을 통해 현대적 의미의 미학으로 거듭나기까지의 17-18세기 근대 초기를 주로 다룬다. 이때 지은이가 취한 접근법은 기존의 여타 개론서들과 다소 다르다. 그는 미학의 탄생에 기여한 인물들 및 그들의 작업을 그저 연대순으로 나열하는 통상적인 설명 방식을 택하지 않는다. 그 대신에 미학이 등장하기까지 어떠한 역사적-철학적 계기들이 있었는지를 살펴보고, 그러한 계기들 및 관련 인물들이 미학의 성립에 어떠한 방식으로 영향을 주었는지를 검토한다. 이를테면 고대인과 근대인 중 어느 쪽이 더 우월한지를 둘러싸고 벌어졌던 신구논쟁이라든지, 당대의 학문 지형도에 지대한 영향을 끼쳤던 과학혁명, 각 민족의 전통(민족성), 체계를 중시하는 근대 철학의 특성, 감성적 인식의 가능성을 검토할 필요성의 대두 등은 미학(의 성립)과 무관하다고 생각될 수 있으나 실제로는 미학이 등장하는 데 중요한 핵심 토대를 제공하였다. 매퀼런은 이와 같은 요인들을 역사적-철학적 맥락 안에서 꼼꼼하게 따진다. 그리하여 그는 미학이 "근대"라는 시대와 그러한 시대의 학문 자체가 지닌 특수한 경향 및 배경에서 등장한 "철학적" 탐구라는 사실을 드러내 보여준다. 이와 같은 접근법 및 서술 방식은 무엇보다도 미학이 왜 하필 "근대"에 "철학"의 한 분야로 성립하게 되었는지를 이해하는 데 도움을 줄 수 있을 것이다. 또 철학의 엄연한 한 분야로서 독자성을 갖춘 미학의 떳떳한 의의와 근거를 재확인시켜줄 수도 있다.

한편 이 책은 일반 독자들은 물론이거니와 (근대)철학이나 미학을 연구하는 전공자들에게조차 생소하게 느껴질 수 있을 법한 사건과 분야, 철학자와 비평가 및 예술가를 다룬다. 그러한 사건이나 인물은 미학의 성립과 발전에 중대한 기여를 했음에도 지금까지 비교적 주목받지 못한 것처럼 보인다. 그것들을 역사적-철학적 맥락에서, 그리고 그것들 저마다의 상호 관계 속에서 되짚어봄으로써 이 책은 미학의 본성과 그 성립의 역사를 더욱 정확하고 풍부하게 이해하는 데 도움이 될 만한 새로운 정보들을 제공한다.

번역을 마치기까지 도움을 주신 분들께 감사의 인사를 드리는 것으로 이만 글을 마무리하려 한다. 우선 이 책의 번역을 감수해주시고 또 공부의 길을 걷는 데 많은 격려와 가르침을 주시는 김수배 지도 교수님께 감사드린다. 학업에 여러 도움을 주시는 충남대학교 철학과의 다른 모든 교수님께도 감사를 드린다. 이 책을 번역하고 출간할 기회를 주신 이학사의 강동권 사장님과 꼼꼼하게 교정을 봐주신 이학사 편집부, 여러 성가신 문의에도 항상 친절하게 답해준 저자 매퀄런에게도 감사를 전하고 싶다. 여러 사람의 도움에도 여전히 번역에서 발견될 수 있을 문제들은 오롯이 나의 탓이니 독자들의 기탄없는 질정을 바란다.

2022년 4월
이한균

찾아보기

ㄱ

가상 209-212
가와바타, 히데아키 247
가이어, 폴 33, 120, 145, 159, 173-174, 198, 215, 241
『근대 미학사』 33, 120, 173
가치 20, 25, 34, 38, 41, 45, 51, 63-65, 71, 74, 81, 83, 94-95, 98, 117, 126, 133, 136, 139-140, 151, 156, 162, 166, 191-192, 202, 219, 226-227, 234, 236-238
갈릴레이, 갈릴레오 21, 43, 73
감각 31, 39, 83, 107-109, 114-116, 122, 127, 134-137, 142-143, 145, 149, 151-156, 158-161, 174, 177-178, 180, 182, 185, 189, 193, 195, 210, 213, 241, 245-246, 249
감관 31, 143, 145, 154, 181, 198
감동 55, 102
감성 30-31, 102, 115-117, 158-159, 161, 168, 173, 177-186, 188-189, 192-197, 199-200, 210-211, 218, 242
감수성 31, 66, 83, 146, 233
개념 20, 22-23, 25, 29, 31, 39-40, 80, 87, 115, 119, 122-123, 125-126, 136, 159, 162, 175, 177, 182-183, 186-188, 192, 195-199, 201, 216, 219, 229, 238-239, 251-252
개연성 91, 101, 110, 185
건축 38, 50, 58, 79-80, 86-88, 94, 100, 102, 106, 111-112, 116-119, 122
검열 96
게스너, 요한 마티아스 51, 190-191
『라틴어 표현 및 학습을 위한 새로운 유의어 사전』 191
결정론 246-247
경건주의 47, 175-178
경이 48, 52, 105, 139, 175

경제학 29, 224
경험주의 25, 125, 127, 136, 141, 168, 198, 207-208
계몽주의 19-20, 23-25, 126, 173, 223, 253
계층 99, 216, 241
고대 27, 34-35, 37-38, 43-45, 47, 53-55, 58-64, 66-74, 80-81, 83-85, 90, 94, 96, 128 132-133, 150, 171, 203, 219, 223-226, 250, 253
고대인과 근대인 40, 44, 51, 56-58, 63, 70, 72, 74-75, 81, 132, 221-222, 225
고전 학문 37, 58, 73
고통 18, 102, 108-109, 142-143, 145, 147-150, 193, 197, 218
고트셰트, 요한 크리스토프 91-93, 100-101, 121, 174
　『독일의 언어, 시, 웅변에 대한 비판적 역사에의 기여』 101; 『독일의 연극 무대』 101; 『독일인을 위한 비판적 시학』 91-92, 101; 『비더만』 101; 『이성적 태틀러』 100-101
공통감 161
관념론 127, 201, 204-206, 224
관념연합 39, 145, 147-148
관습 82, 93, 95, 99, 147-148, 242, 251
관심 16-17, 25, 28, 31, 38, 44, 77, 79, 81, 90-93, 103, 110, 112, 116, 119, 128, 132, 137, 139, 148, 154, 164, 174, 177, 193, 203, 221, 231, 244-245
광학 58
괴테 102, 200
　『젊은 베르테르의 슬픔』 102
국수주의 153
그래프톤, 앤서니 130
그로티우스, 후고 48
그리스 53, 58, 71, 80, 83-85, 88, 90, 94, 171, 211, 256
그린버그, 클레멘트 231-235, 251
　「더 새로운 라오콘을 향하여」 231-232
그림 50, 87, 110, 142, 199, 227, 232, 247
극장 103
근대주의 38, 40, 45-46, 54, 60-61, 63, 74, 221-223, 225-226
기적 46-48, 92, 101, 208
기하학 79, 111, 232
기호론 186
기후 56-57, 67, 94-95, 154
길버트 173-174
길핀, 윌리엄 87
　『자작 코범 경의 대화』 87; 『주로 그림 같은 아름다움에 관한 고찰』 87

ㄴ

나네이, 벤스 245
낭만주의 90, 102, 200-201, 228-229, 231
내적 감각 39, 135-137, 151, 153, 249
논리학 27-28, 32, 58, 79, 167-168,

179-180, 184, 186, 195-196, 217, 249, 252
뉴턴, 아이작 21, 23, 44, 62, 73
니콜라이 93

ㄷ

다 코르토나, 피에트로 86
다시에, 안 르 페브르 16, 51, 65-67, 71, 74, 96, 225
 『취미를 타락시킨 원인들에 관하여』 225
다시에, 앙드레 50, 96
단턴, 로버트 96
달랑베르 79, 89-90, 119-120, 163
 『예비 논고』 79, 119-120
더튼, 데니스 242-243
 『예술 본능』 242
덕 65, 136, 149
데모스테네스 54, 103
데우스엑스마키나 91, 101
데이비스, 데이비드 233
데이비스, 스티븐 243-244
데카르트, 르네 21, 23, 28, 32, 43, 52, 68, 73, 78, 82, 88-89, 138-142
 『방법서설』 43; 『음악 개론』 88; 『인간론』 138; 『정념론』 82, 138-141, 146; 『철학의 원리』 78, 138
도덕 28, 34, 39, 52, 58, 74, 79, 90, 99, 136-137, 139-140, 150, 176, 203, 222, 232, 238, 246, 248
독일 16, 33, 39, 50-51, 92, 94, 99-102, 120, 127, 174-175, 180, 187, 199-200, 204-205, 213, 224, 239
독창성 119, 228
『돈키호테』 152
동물 193, 242-244
동물의 정신 139-140
동물학 58
동의(칸트) 157, 159-162
뒤 보, 장-바티스트 16, 108-111, 113-114, 118, 141-142
 『시, 회화, 음악에 대한 비판적 성찰』[『비판적 성찰』] 108-110, 141-142
뒤 프레누아, 샤를 알퐁스 81-82
 『회화에 관하여』 81
뒤엠, 피에르 21, 224
드 라 모트, 앙투안 우다르 51, 66-67
드 라 바로디에르, 자크 보이소 86
 『자연과 예술의 규칙에 따른 조경 연구』 86
드 샹브레, 롤랑 프레아르 81, 88
 『회화의 완전성의 이념』 81
드 필, 로제 81-82, 84
 『회화 예술』 81
드라이든, 존 44, 49, 132
 『영웅시와 시적 허용에 관한 작가의 변론』 132
디드로 16, 79, 82-83, 90, 119, 163
 『백과전서』 79, 90, 119, 163; 『회화론』 82
디오게네스 라에르티우스 129
디자인 29, 83, 94, 226
디키, 조지 126-127, 216

디포 99

ㄹ
라모, 장-필리프 89-90, 96-97
　『화성론』 89
라블레 45
　『가르강튀아와 팡타그뤼엘』 45
라신 96, 143
　〈페드라〉 143
라이마루스, 헤르만 사무엘 48
　『하느님을 이성적으로 숭배하는 사람들의 변명 혹은 변호』 48
라이스케, 요한 야코프 51
라이프니츠, 고트프리트 빌헬름 21, 73, 123, 141, 182-183, 208, 217
　『인식, 진리, 관념에 관한 성찰』 123, 182
라인홀트 194, 204
라파엘로 55, 81
라팽, 르네 50, 91
　『아리스토텔레스의 시학에 관한 성찰』 50, 91
랑시에르, 자크 251-253
　『감각』 252
랑에, 요하임 47, 176
러셀 217
레싱, 고트홀트 에프라임 16, 41, 48, 50, 85, 93, 117, 121, 165-166, 189-191, 199-200, 202, 221, 227-229, 232, 234-236
　『라오콘』 41, 50, 85, 117, 189, 191, 199, 202, 221, 227-228, 232, 235-236; 『함부르크 극작법』 165, 200, 235
레이놀즈, 조슈아 83
　『예술에 관한 담론』[『담론』] 83
로마 27, 55, 58, 71, 80, 83-84, 90, 94
로지에, 마르크 앙투안 87-88
　『건축론』 87
로크, 존 136, 141, 143, 145, 147-148
　『인간 지성론』 143, 147
롱기누스 49, 64
　『숭고에 관하여』 49, 64
루벤스 81, 84
루소, 장자크 16, 57, 74, 89-90, 97, 228
　『근대음악 연구』 89; 『백과전서』 90; 『음악 사전』 89
루이 14세 55, 95, 103-104
루이 15세 97
루카누스 48
루카치, 게오르크 239-240
　『소설의 이론』 239
루크레티우스 49
루키아노스 52, 130
루터, 마틴 177-178
륄리, 장-바티스트 55
르 노트르, 앙드레 86
르네상스 21, 45-46, 72, 80, 83, 90, 94, 128, 130, 132, 162
르로이, 쥘리엥-다비드 87-88
　『고대 그리스에서 가장 아름다운 기념비들의 몰락』 87
르브룅, 샤를 55, 59, 81-82, 140-141, 143

『정념 설계 학습법』 82, 140-
141; 〈학살당하는 아기들〉 143
리베이로, 안나 크리스티나 26
리벳, 니콜라스 87
리비우스 103
리처드슨 99, 102
　　『파멜라』 102

ㅁ
마르티아누스 카펠라 48
마이어, 게오르크 프리드리히 40, 167,
174-175, 184-185, 187-189,
194, 198, 208
　　『논리학』 167, 194; 『모든 예술
과 학문의 기초』[『기초』] 184-
185, 187-188
마텐, 모한 245
매체 38, 40, 113-114, 229-231, 233-
236, 252
맥락주의 22-23
맥아티어, 존 136
메난드로스 54
메르센, 마랭 89
　　『일반 화성학』 89
멘델스존, 모제스 16, 93, 113-118,
121, 187-189, 199, 227
　　『감정들에 관하여』 115-116,
187-189; 『예루살렘』 116; 「예
술과 학문의 주요 원리들에 관
하여」[「주요 원리들에 관하여」]
113, 115, 117
명석함 183, 185, 188
모방 27, 85, 110, 112-117, 131, 142,
149, 192
몰리에르 96
무관심 232, 244
무리요 253
무용 94, 112-113, 116, 118-119
문법 58, 203
문화 28, 41, 71, 94, 101, 104, 151, 203,
234, 237-239, 241-242
문헌학 17, 39, 43, 49, 51, 125, 127-
128, 130-133, 203
미신 153, 208
미적 경험 175, 243-244, 247
미적 이념 122, 201
미켈란젤로 81
미학(감성학) 30, 125, 168, 194-196,
200
민족 전통 79, 95, 99, 104-105
민족지학 242
밀턴, 존 92, 101-102
　　『실낙원』 92, 101, 133

ㅂ
바로크양식 86-88
바움가르텐, 알렉산더 고트리프 30-
31, 36-37, 40, 115, 120-121,
123, 125, 166-169, 172-196,
198-200, 202, 207-208, 213,
219, 249, 252
바움가르텐, 지그문트 야코프 176-
177
　　『미학[감성학]』 30, 173, 178,
184-195; 『시에 관한 성찰』 30,
178, 181-183, 185, 191, 213;

『형이상학』 30, 181-182, 184-185, 188-189, 191, 194
바이저, 프레더릭 120-121, 156, 173-174, 201
『디오티마의 자녀들』 173
바퇴, 샤를 111-114, 118, 192
『단일한 원리로 환원되는 아름다운 기술들[예술들]』 111; 『일련의 순수 문예』 111
발레 95
배빗, 어빙 228-229, 231-233, 235
『새로운 라오콘』 228
버크, 에드먼드 144-147
『숭고와 아름다움의 관념의 기원에 대한 철학적 탐구』[『탐구』] 144, 147
버틀러, 주디스 216
『젠더 트러블』 216
번역 31, 44, 47-51, 54, 61, 66, 71, 74, 82, 92, 100, 111, 119, 132, 138, 141, 163, 176, 192, 211
베르길리우스 49, 54, 56, 58, 85, 131
베르니니, 로렌초 59, 81, 86
베를린 100, 175, 209
베이컨, 프랜시스 52, 73, 118-119, 130-131
「공부에 관하여」 52; 『자연사 및 경험사 개요』 43, 118; 『학문의 진보와 존엄에 관하여』 130
베크만, 아이작 88
베토벤 242
벤야민, 발터 240
「제작자로서의 작가」 240

벤틀리, 리처드 52, 59-63, 71, 73, 130
『팔라리스, 테미스토클레스, 소크라테스, 에우리피데스의 편지들 및 이솝우화에 관한 논문』[『논문』] 59-60, 63
〈벨베데레의 토르소〉 252
보드머, 요한 야코프 92, 100-101, 174
『시에서 기적적인 것에 관하여』 92
보로미니, 프란체스코 86
보일, 로버트 58, 60
보일, 찰스 60, 71
보일, 토머스 21
보즌켓, 버나드 171-172
볼테르 45, 97-98, 227
『철학편지』 97
볼프, 크리스티안 92, 120-121, 174, 176-183, 186, 188-189, 207-208, 213
『독일어 형이상학』 182; 『민간 건축의 요소』 121; 『일반 수학의 요소』 121; 『철학 일반에 관한 예비 논의』[『예비 논의』] 120-121, 179, 181
볼프, 프리드리히 아우구스트 53
『호메로스 서설』 53
뵐플린, 하인리히 104
부르주아 102, 251
부알로-데스페로, 니콜라 49, 64-67, 71, 74, 96, 225
『시학』 65, 225
부우르, 도미니크 123
부헤나우, 슈테파니 120, 173-174, 178

『독일 계몽주의에서 미학의 성립』173
분류 20, 38, 130, 222
불워, 존 237
　「인간 변태」237
불쾌 108, 123, 127, 150, 169, 197

브라이팅어, 요한 야코프 92, 100-101, 174
비극 50, 57, 65, 91, 93, 96, 101-102, 109-110, 142-143
비율 55, 134-136, 253
비코, 잠바티스타 52-53
　『새로운 학문』53
비트겐슈타인, 루트비히 242
빙켈만, 요한 요하임 84, 87-88, 227, 252
　『고대 예술사』50, 84;『고대인의 건축에 관한 기록』50, 87;『그리스인들의 회화 및 조각에 관한 성찰』50

ㅅ
사진 230, 253
산문 51, 66, 202
산수 79
상상(력) 119, 122, 145, 162, 185, 209, 256

새들을 위한 미학 26
색(색채) 82, 84, 107, 113, 122, 232
색맹 151
생-랑베르, 장-프랑수아 드 163

「천재」163
생리학 39, 137-138, 140-141, 143-145, 151, 162, 247
생물학 77, 224, 247, 254
섀프츠베리, 앤소니 애슬리 쿠퍼 16, 60, 115, 133-137, 244
　「도덕주의자들」115
선(함) 28-29, 34, 105, 126, 136-137, 156, 204-205, 248
셸리, 제임스 145
셸링, 프리드리히 빌헬름 요제프 204, 206-209
　『독일 관념론의 가장 오래된 체계 구상』[『체계 구상』] 204-205;『선험적 관념론 체계』206, 208
소설 45, 90, 95, 99, 102, 239-240
소크라테스 59, 171, 217
소포클레스 57
속성 8, 40, 175, 181, 197, 214-216, 218, 222, 243, 254
송과선 139-140
수사학 58, 67, 71, 79, 94, 102, 111-112, 116, 122, 181, 202
수학 58-59, 68, 88-90, 177, 203, 218, 224, 248
숭고 79, 64, 69, 97, 102, 104, 147, 149, 163, 244
슈미트, 요한 로렌츠 47-48
　『베르트하임 성경』47
슐레겔, 프리드리히 201-203
　『관념들』203;『비판적 단편』201;『시에 관한 대화』203;『아테네움 단편』202

스위프트, 조나단 16, 45, 63, 69-71, 73-74, 98, 132-133
『통 이야기』 69, 74, 132; 『책들의 전쟁』 69-71, 74, 132
스턴, 로렌스 45, 99
『신사 트리스트럼 섄디의 생애와 견해』 45
스튜어트, 제임스 87
『아테네의 유물들』 87
스틸, 리처드 92-93, 99-100
『태틀러』 98, 100-101
스피노자, 바루흐 46-47, 140-141
『신학-정치론』 46; 『윤리학』 140
스칼리제르, 조제프 쥐스튀스 131
스칼리제르, 줄리어스 케사르 131
시몽, 리샤르 47, 129
시점 착오 16, 32-33, 35, 37, 52, 219
시학 68, 91, 178-179, 181, 203
식물학 58
식인 237
신경 미학 246-247
신경과학 41, 245-246, 254
신고전주의 64, 91-92, 101, 228-229
신앙 177, 181-182, 199
신체 55, 85, 116, 138-139, 141-142, 144-145, 152, 189, 237, 239, 253
신학 39, 43, 136-137, 176-177, 180, 208, 232, 249, 253
심리학/영혼론 39, 41, 46, 108, 111, 114, 137-138, 143, 150-151, 162, 180-182, 193, 208, 224, 236, 245, 247-248, 252, 254

ㅇ
아도르노, 테오도어 24
『계몽의 변증법』 24
아라비아 58
아른하임, 루돌프 229-231, 233, 235
「새로운 라오콘」 229
아름다움 15, 17, 27-31, 34, 39, 54, 66, 69-70, 74, 77, 87, 102, 106, 114-115, 117, 126-127, 134-137, 144, 146-147, 151-152, 167-168, 171-173, 185, 187-189, 191, 193-195, 198-200, 202, 204-205, 208, 210-211, 213, 215, 227, 235, 237-238, 244, 246, 248-250, 254
아리스토텔레스 21, 27, 32, 44, 50, 57, 64, 90-91, 101, 129, 164, 175, 180, 192, 224, 228, 248
『니코마코스 윤리학』 129; 『시학』 50, 90, 164, 228
아리스토파네스 51, 57
아리아 202
아방가르드 231-233, 251
아우구스투스 55
아우구스티누스 27
아자르, 폴 45, 47, 72
『유럽 정신의 위기』 45
아테네 103
알베르티, 레온 바티스타 85-86
『건축론』 85
알키비아데스 217
알-파라비 28, 32
애디슨, 조지프 16, 92-93, 99, 105-

298

108, 111, 118, 133, 145-146
「상상력의 쾌에 관하여」, 105, 146; 『스펙테이터』 99, 105
애플Apple 29
야코비, 프리드리히 하인리히 199
언어 33, 60, 71, 116, 118, 133, 187, 191, 194, 199, 229-230
에르네스티, 요한 아우구스트 51
에이지, 제임스 253
『이제 우리가 유명인들을 칭송할 수 있게 하라』 253
엘리엇, 토마스 스티언스 232
「어빙 배빗의 인문주의」 232; 「인문주의를 재고해보다」 232
역사 16-18, 20-24, 28, 30, 32-36, 39-41, 53-54, 60, 62, 79, 85, 118, 128, 130, 137, 151, 153-156, 162, 174, 207, 218-219, 225, 227, 234, 236-237, 239-241, 250
역사주의 236-237, 239, 241, 247-248
역설 61, 87, 142, 201
영국 15-16, 33-34, 39, 45, 51, 57-59, 61, 67, 74, 94, 97-102, 125, 127, 143, 145, 172, 174, 199, 208, 222, 237
영혼 27, 106, 108, 110, 114-115, 138-139, 163, 180-181, 192
영화 41, 229-231
예나 207
예술미 102, 113, 173
예쉐, 벤야민 167, 169
오비디우스 49, 54
오페라 95, 97, 117

완전성 46, 83, 102, 115-117, 120, 134, 146, 150, 173, 179-181, 183, 185-186, 189, 195, 198-199
우드리, 장-바티스트 82
『회화의 실제와 그 주요 과정에 관한 담론』[『담론』] 82-83
우주론 181
운명론 176, 199
운문 66
워튼, 윌리엄 58-59, 61-62, 71, 73, 225-226
『고대와 근대의 학문 성찰』 58-59, 62, 81, 225-226
워튼, 헨리 86-87
『건축 요소들』 87
워프, 벤자민 리 242
원자론 25, 136
위대함 64, 96, 106, 146, 185
위僞 디오니시우스 27-28, 32, 248
위조 130
유니우스, 프란시스쿠스 81
『고대인의 회화』 81
유머 99, 149
유물론 136, 241
유베날리스 49
유희 122, 145, 159, 161, 174, 197-198, 209, 245, 253
윤리학 27, 68, 75, 79, 217-218, 232, 248
음악 27-28, 34, 38, 55, 58, 61, 79-80, 84, 88-90, 94-97, 102, 106-107, 110-113, 116-118, 122, 229, 248

이글턴, 테리 240
    『미학의 이데올로기』 240; 『비평의 기능』 240
이끌림attraction 243-244
이데올로기 233, 240-242
이상 24, 31, 83, 157
이성 21, 31, 39, 48, 56, 64-65, 79, 83, 115, 122, 126, 134-135, 137-138, 161, 166-169, 177-178, 180-181, 189, 194, 196, 199, 204, 209, 241
이솝 49
이집트(인) 58, 85, 211
인간학 180, 193, 238
인도 58, 68, 211
인문주의 48, 229, 232-233
인식능력 161, 179-182, 184-185, 197-198, 201
인식론 27, 32, 75, 120, 217, 222, 254
인종 103-104, 156, 216
인체 144, 238
입체파 232

ㅈ

자민족 중심주의 239
자본주의 234
자연 56-57, 81, 85, 87, 105-106, 112-114, 116-117, 119, 123, 133-136, 142, 177, 201, 206-208, 214, 237
자연주의 46-47, 86-87, 89, 140, 229, 246-248
자연학 21, 54, 79, 97

자유 24-25, 57, 140, 207-208
자유의지 176
자율성 234, 251-252
장르 65, 92-93, 97, 252
재치 45, 71, 102-103, 185
재현 107, 242-243, 251, 253
적응 242-244
전사前史 37, 40, 45, 80
전통 15-16, 20, 23, 25, 27, 32, 39, 46-48, 52, 63, 72-73, 77, 90-91, 94, 99, 145, 174, 224, 227, 231, 234, 238, 240
절대 27, 135, 204, 210, 240
점성술 79
정념 25, 89-90, 93, 108-109, 116, 139-140, 142, 144, 148, 152, 174, 193, 199, 214
정신 28, 60, 122, 138-139, 149, 153, 166, 180, 192, 199, 209-212
정원 86-87, 106
정치 58, 95, 98, 240-241, 246
제라드, 알렉산더 148-150, 163-164
    『천재론』 163-164; 『취미론』 148-150
제키, 세미르 246-247
조각 38, 50, 55, 58, 61, 68, 79, 80-81, 83-85, 88, 94-95, 102, 106-107, 111-113, 116, 118-119, 121-122, 212, 225-226
조화 83, 86, 114-115, 149, 214
존재론 173, 180-181, 214
종교 24, 47, 68-69, 137, 176-178, 209, 211, 246

주느세쿠아je ne sais quoi 123
주지주의 179
중국 29, 68, 106, 239
중세 21, 27, 34-35, 37, 43-44, 68, 80, 100, 223-224, 239, 249-251, 253
중용 229, 232
지각 41, 143, 145, 149, 151-152, 181-182, 189, 195, 245-246
지라르동, 프랑수아 55
〈님프 요정들의 시중을 받는 아폴론〉 55
지리학 69, 79
지성 57, 115, 122-123, 134, 159, 161, 163, 168, 171, 180, 184, 195-197, 206, 208
질서 38-39, 60, 77, 80, 92, 103, 112, 118, 120, 134-136, 149, 173, 186, 245, 253

ㅊ

차를리노, 지오세포 88
『화성론』 88
창의(성) 128, 162
창조 39, 112, 122, 136-137, 146, 209
천문학 21-22, 58, 61-63, 68, 73, 224
천재(성) 64, 74, 82-83, 93, 97, 101-103, 113-114, 128, 159, 162-166, 201, 207-208, 235-236
체계 39, 43, 77-80, 94, 104-105, 108, 113-114, 117-120, 134, 141, 153, 155, 196, 204-206, 208-209, 222, 228, 248, 250, 253

추상 185, 232, 234
추함 144, 151-153, 246
취미 15, 17, 29, 33-34, 39, 41, 56, 62, 67, 75, 96, 102-104, 119, 122, 125-128, 133, 136-138, 143-158, 162-168, 172, 185, 194, 201, 203, 219, 221, 225, 236-237, 239, 241-242, 244-248, 250, 254
취미판단 30, 74, 83, 133, 150, 157-162, 194, 238

ㅋ

카소봉, 이삭 129
카타르시스 90
칸트, 임마누엘 16, 28, 30-31, 36-37, 40, 102-103, 120-123, 125-126, 129, 156-162, 166-169, 175, 183, 188, 191-192, 194-201, 203-204, 209, 213, 219, 237-238, 240, 249, 252
「'계몽이란 무엇인가?'라는 물음에 대한 답변」 126; 『논리학 강의』 167; 『순수이성비판』 30-31, 125-126, 195-196, 199; 『아름다움과 숭고함의 감정에 관한 고찰』 102; 『인간학 강의』 156, 159, 162; 『판단력비판』 31, 121, 159-160, 168-169, 194, 196-198, 200-201, 209, 237
커피하우스 98
케플러, 요하네스 73
코르네유, 피에르 50, 90-91

『극시에 관한 세 가지 담론』 50, 90
코스마이어, 캐롤린 244
코스텔로, 티모시 87, 134
　『영국의 미학 전통』 87, 134
코이레, 알렉산드레 21, 37
콩트, 오귀스트 21
쾌(락) 92-93, 105-109, 112, 127, 135,
　137, 142-143, 146-150, 157,
　159, 161, 169, 188-189, 193,
　197-198, 213, 218, 244-245
쿠르베, 구스타프 231
쿠인틸리아누스 64, 67, 227
쿤, 토마스 22, 78, 242
쿤, 헬무트 173-174
크로체, 베네데토 195
크리스텔러, 폴 오스카 79-80, 94, 118
　「근대의 예술 체계」 79-80
크리시포스 27
크세노폰 103
클라크, 사무엘 49
클락, 티모시 제임스 233-234
키비, 피터 136, 172
　『제7의 감각』 172
키치 233
키케로 131, 227

ㅌ

타소, 토르콰토 92
　「구원받은 예루살렘」 92
템플, 윌리엄 60, 67-69, 71, 73-74
　『고대와 근대의 학문에 관한 논고』 60, 71
토마스 아퀴나스 28, 32, 34, 205, 248
　『신학대전』 205; 『진리에 관하여 논박된 물음들』 205
통일(성) 86, 90-91, 101, 137, 189, 195,
　204-205, 207-208, 214, 229
투키디데스 48

ㅍ

판단(력)
판정 111, 131-132, 153, 162, 164-
　165, 169, 194
『팔라리스의 편지들』
퍼시, 워커 253
페로, 샤를 16, 44, 54-56, 59, 61-62,
　66, 71, 73, 81, 85, 95-96, 225-
　226
　『고대인과 근대인 비교』 55, 81;
　「루이 대왕의 시대」 54
포르스터, 게오르크 238
포에스터, 노먼 232
포프, 알렉산더 44, 50, 63, 66
퐁트넬, 베르나르 르 보비에 드 56-
　57, 59, 61-62, 67, 71, 73, 225
　『고대인과 근대인에 관한 여담』
　[『여담』] 56-57, 67; 『전원시에 관하여』 56
표상 142, 148, 158-159, 161, 178, 181,
　183, 187-188, 196-197, 208,
　210-211
푸생, 니콜라 59, 81, 94
푸코, 미셸 25, 77
풍부함 185-186
프랑스 16, 33, 39, 47, 50, 55, 58, 64,
　66, 70, 74, 84, 86, 89, 91, 94-97,

99-100, 102-103, 127, 143, 199, 208, 217, 222, 228
프랑케, 아우구스트 헤르만 176
프로이센 47, 100, 176
플라톤 32, 34, 57, 136, 171, 204, 248
『국가』 33, 204, 248
플롯 101
피라네시, 조반니 바티스타 87-88
『마리에트 씨의 편지에 관한 고찰』 87
피타고라스 130
피히테 204
필딩 99

ㅎ

하만, 요한 199
『미학 개요』 199
하비, 윌리엄 68
하이네, 크리스티안 고틀로프 51
하이델베르크 209
할레 175-176
합리주의 25, 47, 92, 178-179, 188-189, 199
해부학 58
허치슨, 프랜시스 15, 127, 135-137, 249
『아름다움, 질서, 조화, 디자인에 관한 탐구』 135-136
헤겔, 게오르크 빌헬름 프리드리히 31, 36-37, 40, 175, 201, 204, 209-213, 219, 240, 252
『독일 관념론의 가장 오래된 체계 구상』[『체계 구상』] 204-205;
『미학 강의』 31, 213
헤로도토스 54
헤르더, 요한 고트프리트 102-104, 154-156, 164-165, 173, 191-193, 199-200, 228, 238-239, 242
『바움가르텐 기념문』 192; 『인류사에 대한 철학 개요』 239; 『취미의 변화에 관하여』 154-155; 『한때 번창했던 다른 민족들 가운데서 취미가 퇴락하게 된 원인에 관하여』 164
헤인시우스, 다니엘 50
「비극의 구성에 관하여」 50
혁명 37, 45, 224, 240
현상학 215
혐오 237, 244
형식 27, 30, 41, 53, 62, 98, 102, 109, 115-116, 134, 160-161, 177, 195-197, 201-202, 210-212, 214, 218, 232, 240-241, 248
형식주의 92, 228-229
형이상학 27, 31, 58, 75, 78, 136, 157, 180-182, 196, 205, 217-218, 222, 224, 233, 254
호가스 99
호라티우스 44, 50, 60-61, 63, 65, 90, 92, 227
『시학』 44, 65, 90, 92
호르크하이머, 막스 24
『계몽의 변증법』 24
호메로스 44, 48, 51, 53-54, 57-58, 66, 131

찾아보기 **303**

호크스워스, 존 238
호토, 하인리히 구스타프 211-213
홈, 헨리(케임즈 경) 149, 166-169, 192
　『비평의 요소들』 149, 166
홉스, 토머스 21, 43, 48, 68, 73, 79, 118-119, 136
　『리바이어던』 79
홍적세 243
화학 77, 224
회의주의 25, 136, 153-154, 156, 215
회화 38, 55, 58, 61, 68, 79-84, 87-88, 94-95, 99-100, 102, 106-107, 109-113, 116-119, 122, 142-143, 191, 225-227, 229, 231-232, 234-235, 242, 253
횔덜린, 프리드리히 204
훔볼트, 빌헬름 폰 238, 242
휴웰, 윌리엄 21
흄, 데이비드 15, 28, 34, 57, 119, 127, 144, 147-149, 151-154, 166
　『인간 본성론』 119, 148, 166;
　「취미의 기준에 대하여」 34, 151
희극 50-51, 57, 65, 96, 102, 109-110